El último duelo

Primera edición en este formato: enero de 2026
Título original: *The Last Duel: A True Story of Crime, Scandal, and Trial by Combat in Medieval France*

Diseño de cubierta: Taller de los Libros
Crédito de la imagen: THE LAST DUEL film artwork ©2021 20th Century Studios. All Rights Reserved.

Publicado por Ático de los Libros
C/ Roger de Flor n.º 49, escalera B, entresuelo, oficina 10
08013, Barcelona
info@aticodeloslibros.com
www.aticodeloslibros.com

ISBN: 979-13-87592-87-5
THEMA: NHDJ
Depósito Legal: B 540-2026
Preimpresión: Taller de los Libros
Impresión y encuadernación: Liberdúplex
Impreso en España — *Printed in Spain*

ERIC JAGER

EL ÚLTIMO DUELO

Una historia real de crimen,
escándalo y juicio por combate
en la Francia medieval

TRADUCCIÓN DE
JOAN ELOI ROCA

ÁTICO DE
LOS LIBROS

BARCELONA - MADRID

Para Peg,
sine qua non

Las complejas reglas del juicio por combate no dejaban nada al azar, excepto, por supuesto, el propio resultado del duelo.

Martin Monestier, *Duels: les combats singuliers*

Este duelo fue el último jamás decretado por orden del Parlamento de París.

J. A. Buchon, editor de las *Crónicas* de Jean Froissart

Nadie conoce realmente la verdad sobre este asunto.

Jean Le Coq, abogado parisino, finales del siglo XIV

ÍNDICE

NOTA DEL AUTOR

La idea de escribir este libro se me ocurrió hace diez años, mientras leía una crónica medieval de la legendaria disputa entre Jean de Carrouges y Jacques Le Gris. La historia me fascinó, así que empecé a recopilar cuanto hallé sobre la querella Carrouges–Le Gris. Una cosa llevó a la otra y, al final, me encontré viajando a Normandía y a París para explorar archivos de manuscritos y para visitar en persona los lugares en los que se había desarrollado este drama hace ya más de seiscientos años. El resultado de esa experiencia es este libro, una historia real basada en las fuentes originales: crónicas, actas judiciales y otros documentos que han sobrevivido hasta nuestros días. Todas las personas, fechas, lugares y muchos otros detalles —incluido lo que cada persona dijo e hizo, sus contradictorias afirmaciones ante la corte, las sumas de dinero que pagaron o recibieron e incluso el tiempo que hizo un día concreto— son hechos reales y se basan en las fuentes consultadas. Allí donde estas ofrecen diversas versiones, me inclino por la más probable de ellas y, cuando el registro histórico guarda silencio, utilizo la deducción y la imaginación para rellenar los huecos, pero siempre escuchando con atención las voces del pasado.

PRÓLOGO

Una fría mañana de 1386, pocos días después de Navidad, miles de personas abarrotaron un gran espacio al aire libre tras un monasterio de París para contemplar cómo dos caballeros se batían en un duelo a muerte. El campo de batalla era rectangular y estaba cercado por una alta empalizada de madera que rodeaban guardias armados con lanzas. Carlos VI, el joven rey de Francia, de solo dieciocho años, estaba sentado rodeado por su corte en unas coloridas gradas en un lado del rectángulo mientras que una multitud de espectadores se apiñaba alrededor del resto del campo.

Los dos combatientes, pertrechados con armadura completa y con espada y dagas pendiendo de sus cintos, estaban sentados en dos sillas semejantes a tronos situadas en extremos opuestos del campo, justo al lado de sendas grandes puertas que daban entrada al recinto del combate. Junto a ellas, los respectivos escuderos sostenían las riendas de un caballo de batalla mientras los sacerdotes retiraban rápidamente del recinto el altar y el crucifijo ante los que los dos enemigos acababan de pronunciar sus juramentos.

Cuando el alguacil diera la señal, ambos caballeros montarían en sus caballos, pondrían sus lanzas en ristre y cargarían a través de la liza. Los guardias cerrarían las puertas tras ellos, encerrando a los dos hombres dentro de la gruesa empalizada. Allí, lucharían sin cuartel, y sin ninguna posibilidad de huir, hasta que uno matara al otro, lo que probaría que aquel llevaba razón en su disputa y revelaría el pronunciamiento de Dios sobre su querella.

La excitada multitud no solo se deleitaba con el espectáculo de los dos fieros guerreros y del joven rey rodeado por su espléndida corte, sino también con la contemplación de la bella joven sentada sola en un cadalso forrado de negro junto al campo, de luto de la cabeza a los pies y también rodeada de guardias.

Con los ojos de la multitud clavados en ella, la dama se preparaba para el calvario que la esperaba con la vista fija en el recinto despejado y llano en el que pronto se escribiría con sangre cuál habría de ser su destino.

Si su campeón ganaba el juicio por combate y mataba a su oponente, ella quedaría libre; pero, si era él quien moría, sería ejecutada por haber jurado en falso.

Era la festividad de santo Tomás Becket, la muchedumbre estaba de un humor festivo y ella sabía perfectamente que muchos no solo querían disfrutar del espectáculo de la muerte de un hombre en combate, sino también del ajusticiamiento de una mujer.

Cuando las campanas de París tocaron la hora, el alguacil del rey salió al campo y levantó la mano para pedir silencio. El juicio por combate estaba a punto de empezar.

PRIMERA PARTE

1

CARROUGES

En el siglo XIV, los caballeros y peregrinos tardaban varios meses en viajar de París o Roma hasta Tierra Santa, y a los frailes y comerciantes les llevaba un año, o incluso más, recorrer la distancia que separaba Europa de China a través de la Ruta de la Seda. Los europeos todavía no habían colonizado Asia, África ni la todavía no descubierta América. Y la propia Europa había estado a punto de ser conquistada por los ejércitos de jinetes musulmanes que habían emergido de Arabia en el siglo VII, navegado desde África para adueñarse de Sicilia y España y cruzado espadas con los cristianos en lugares tan al norte como Tours (Francia) antes de estar obligados a retroceder. En el siglo XIV, la cristiandad llevaba más de seiscientos años enfrentada a la amenaza musulmana y había lanzado repetidas cruzadas contra el infiel.

Cuando no estaban unidos contra su enemigo común, los cristianos guerreaban a menudo entre ellos. Los reyes y reinas de Europa, una amplia familia de hermanos, hermanas y primos casados entre sí, reñían y combatían unos con otros continuamente

Soldados saquean una casa: soldados ingleses saquearon gran parte de Francia durante la guerra de los Cien Años. *Chronique du Religieux de Saint-Denys.* MS. Royal 20 C VII, fol. 41v (Biblioteca Británica).

por tronos y territorios. Las frecuentes guerras entre los belicosos monarcas redujeron ciudades y campos a humeantes ruinas, provocaron incontables muertes en el campo de batalla o a consecuencia del hambre y dejaron a los gobernantes con grandes deudas que hubieron de sufragar mediante subidas de impuestos, devaluando la moneda o simplemente expropiando la riqueza de víctimas como los judíos, que utilizaban como chivos expiatorios.

En el centro de Europa se encontraba Francia, un vasto reino que tardaba en cruzarse veintidós días de norte a sur y dieciséis de este a oeste. Francia, la forja del feudalismo, había perdurado durante casi diez siglos. Fundada sobre las ruinas de la Galia romana en el siglo v, había sido la fortaleza de Carlomagno contra la España islámica en el siglo IX y, a principios del XIV, era la nación más poderosa y rica de Europa. Pero, en unas pocas décadas, Fortuna se había vuelto en su contra y la nación estaba sumida en una lucha desesperada por la supervivencia.

En 1339, los ingleses cruzaron el Canal de la Mancha e invadieron Francia, lo que marcó el inicio del largo y calamitoso conflicto que se conocería como la guerra de los Cien Años. Tras aniquilar la flor de la caballería francesa en la batalla de Crécy en

1346, los ingleses se hicieron con Calais. Una década después, en Poitiers, en medio de otra gran matanza de caballeros franceses, los ingleses capturaron al rey Juan y se lo llevaron a Londres, de donde lo liberaron solo tras recibir inmensos territorios en Francia, una legión de rehenes nobles y promesas de que se les pagaría un colosal rescate de tres millones de escudos de oro.

Conmocionada por la pérdida de su monarca y por lo que había costado recuperarlo, Francia se precipitó a una guerra civil. Nobles rebeldes traicionaron al rey Juan y se unieron a los invasores ingleses, campesinos furiosos por los nuevos impuestos se alzaron y mataron a sus señores, y los siempre volátiles ciudadanos de París se dividieron en facciones y se mataron los unos a los otros por las calles de la ciudad. Las constantes sequías y una sucesión de pésimas cosechas empeoraron todavía más la situación y, cuando parecía que las cosas no podían ir a peor, la peste negra llegó a Europa en 1348-49 y acabó con un tercio de su población. Ciudades y campos quedaron cubiertos de cadáveres insepultos, y la peste regresó aproximadamente cada década, cobrándose en cada ocasión su macabra factura.

La Muerte, que los artistas de la época representaron como un esqueleto envuelto en un sudario que blandía una gran guadaña, asoló el país y banderas negras de aviso ondeaban en los campanarios de las iglesias de los pueblos afectados por la peste. Parecía que Dios había abandonado a Francia. Cuando el Gran Cisma de Occidente sacudió a Europa en el año 1378 y dividió a la cristiandad en dos bandos enfrentados liderados por papas rivales, uno en Roma y otro en Aviñón, el pontífice romano bendijo la cruel y mercenaria guerra de conquista que Inglaterra había emprendido contra Francia y los clérigos ingleses predicaron una nueva «cruzada» y vendieron indulgencias para financiar la masacre de los «herejes» franceses.

Tras los ejércitos conquistadores ingleses, acudieron a Francia criminales y forajidos de toda Europa, bandas de hombres salvajes conocidos como *routiers,* o «el flagelo de Dios», que vagaban por los campos, saqueaban pueblos y aldeas y obligaban a sus aterrorizadas víctimas a pagarles onerosos tributos. Ante tal violencia y anarquía, Francia se arrojó a un frenesí de construcción de fortificaciones. Los aterrorizados aldeanos levantaron murallas de tierra y cavaron fosos defensivos. Los desesperados granjeros rodearon sus casas y establos con torres de piedra y fosos inundados de agua. Las ciudades y los monasterios construyeron o reforzaron sus murallas. Las iglesias se fortificaron hasta parecer castillos.

El ardor bélico y el espíritu cruzado que alentó el Gran Cisma de Occidente llevaron a muchas atrocidades. Ni siquiera se respetaron los conventos. En julio de 1380, tropas inglesas lanzaron un brutal ataque contra Bretaña durante el cual «asaltaron un convento y violaron y torturaron a las monjas, y se llevaron a algunas de las desventuradas mujeres para entretenerse con ellas durante el resto de la campaña».

En el otoño de 1380 murió el rey Carlos V y el reino pasó a su hijo de once años, Carlos VI. Francia ocupaba entonces solo dos tercios de su tamaño actual y era menos una nación unificada que un mosaico de feudos. Grandes territorios estaban en manos de los cuatro celosos tíos del joven monarca, que habían sido nombrados regentes durante su minoría de edad; otros estaban ocupados por tropas enemigas. Borgoña pertenecía a Felipe el Audaz, el más poderoso de los tíos del rey y el fundador de una dinastía que pronto rivalizaría con la misma Francia. Anjou pertenecía a otro tío del monarca, el duque Luis. Provenza era un condado aparte que todavía no formaba parte de Francia y zonas de la Guyena estaban ocupadas por los ingleses. Bretaña era un ducado prácticamente independiente, y Normandía estaba también infestada de ingleses, que la utilizaban para lanzar incursiones sobre el resto de Francia para las que reclutaban a muchos nobles normandos desafectos. El estratégico puerto de Calais, que desde hacía tiempo era un bastión inglés repleto de hombres y armas, apuntaba como una daga hacia el mismo corazón de Francia: París.

Rodeado por rivales y enemigos, el niño rey gobernaba, en teoría, sobre diez millones de personas. Sus súbditos pertenecían a tres principales estamentos o clases sociales: guerreros,

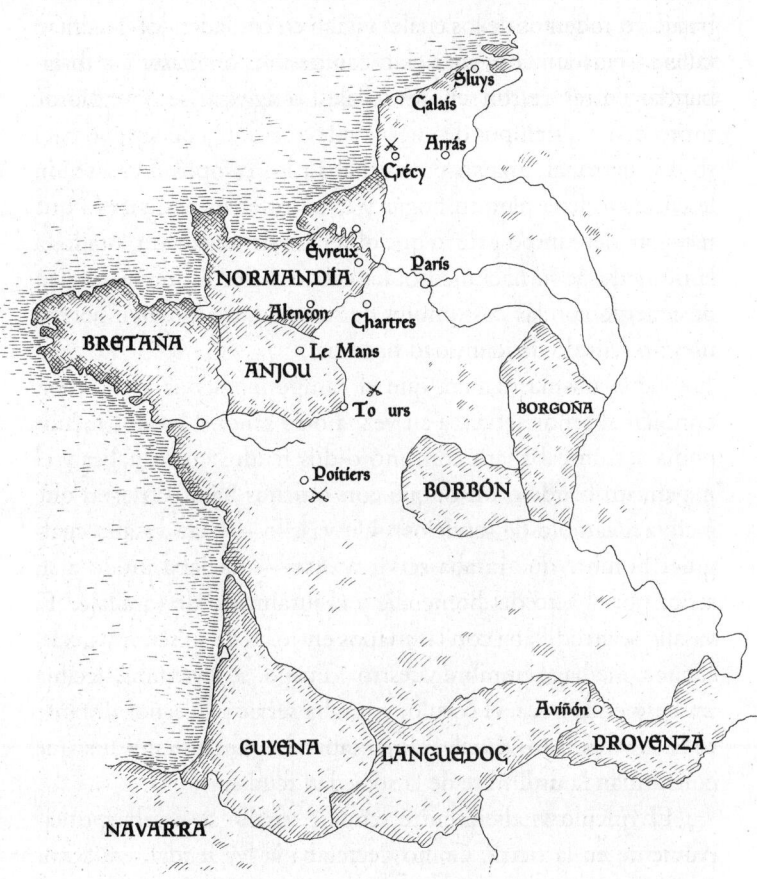

Francia en 1380: el rey Carlos VI, coronado a los once años, heredó un mosaico de territorios feudales, muchos en manos de parientes poderosos u ocupados por tropas enemigas.

sacerdotes y trabajadores, o «los que combaten, los que oran y los que trabajan». La inmensa mayoría de la población eran trabajadores, algunos de los cuales vivían en ciudades donde tenían talleres, pero muchos más eran campesinos o *villeins* y trabajaban las tierras de sus señores locales, o *seigneurs*. A cambio de protección en tiempos de guerra y de una franja de terreno para su uso personal, araban y cosechaban los campos de su señor, le cortaban leña para su hogar y le entregaban parte de lo que recogían del campo y de lo que obtenían de su ganado. Atados a la tierra desde su nacimiento, hablaban dialectos locales, vivían de acuerdo con las costumbres de su provincia y tenían poco o ningún sentido de identidad nacional.

De la misma manera que el campesino servía a su señor, también el señor servía, a su vez, a otro señor. El señor menor podía ser un caballero con uno o dos feudos en su haber y el mayor, un conde o un duque con muchos feudos (tierras que recibía a cambio de servicios). Un vasallo —y era vasallo cualquier hombre que juraba servir a otro— quedaba unido a su señor por el acto del homenaje y el juramento de vasallaje.* El vasallo se arrodillaba con las manos entre las de su señor y decía: «Señor, me hago hombre vuestro». Luego, se levantaba, recibía un beso en la boca, el ósculo, y juraba servir a su señor durante toda su vida. Estos rituales cimentaban los vínculos mutuos que constituían la urdimbre de la sociedad feudal.

El vínculo vitalicio entre señor y vasallo se basaba principalmente en la tierra. Como decretaba la ley feudal, «ni señor sin tierra ni tierra sin señor». La tierra ofrecía las cosechas que sustentaban la vida, así como lucrativas rentas, bien en moneda o en especies, junto con levas de caballeros enfundados en cota de malla y hombres de armas. La tierra, pues, era la principal fuente de riqueza, poder y prestigio de la nobleza feudal, y lo más perdurable que un hombre podía dejar a sus descendientes, junto con el apellido familiar. Valiosa y muy deseada, la tierra era también la causa de muchas disputas y enfrentamientos mortales.

---

* El término *homage* procede del francés *homme*, 'hombre', y *feudo* procede de *fealte*, 'fe'.

En ningún lugar se luchaba con tanta ferocidad por la tierra como en Normandía, un sangriento cruce de caminos de la guerra desde la Antigüedad. Allí, los celtas habían luchado contra los romanos; los romanos, contra los francos, y los francos, contra los vikingos, antes de que franceses e ingleses se enfrentaran durante la guerra de los Cien Años. Los vikingos —u hombres del norte, *normanni*— habían terminado por asentarse allí. Habían tomado tierra y mujeres francesas, habían adoptado el francés como idioma y se habían convertido en normandos. Los duques de Normandía, un linaje fundado en el 911, se convirtieron en vasallos del rey de Francia.

En 1066, el duque Guillermo de Normandía cruzó el canal con un ejército de caballeros, se enfrentó y derrotó al rey Haroldo en la batalla de Hastings, se coronó rey de Inglaterra y pasó a la historia como Guillermo el Conquistador. Como rey de Inglaterra, el duque de Normandía ahora rivalizaba con el monarca de Francia. Durante el siguiente siglo y medio, Normandía, con sus prósperas ciudades y ricos monasterios, continuó siendo propiedad de la corona inglesa.

A principios del siglo XIII, el rey de Francia recuperó la mayor parte de Normandía en una dura campaña contra el rey de Inglaterra. Pero los monarcas ingleses, de sangre normanda, nunca dejaron de soñar con Normandía. Y muchas de las grandes familias normandas, que eran normandas antes que francesas, nunca apartaron la vista de Inglaterra, siempre atentas a cualquier cambio de viento que pudieran aprovechar.

Cuando empezó la guerra de los Cien Años y los ingleses emprendieron la reconquista de Normandía, muchos nobles normandos traicionaron al rey francés y se aliaron con los invasores ingleses.

Entre los normandos leales que juraron lealtad al joven rey Carlos en 1380 se contaba una vieja familia noble de apellido Carrouges. Jean de Carrouges III, que andaba entonces ya por la sesentena, había alcanzado la mayoría de edad al principio de la guerra de los Cien Años y había combatido en muchas campañas contra los ingleses. El caballero era vasallo del conde de Perche, que lo había nombrado capitán militar de Bellême, un castillo importante cuyo mando ansiaban muchos. También era vizconde de Bellême, el oficial local del rey, un equivalente al *reeve* comarcal inglés, también llamado *sheriff*.* En 1364 había ayudado a recaudar dinero para el rescate del rey Juan. Este respetable caballero estaba casado con Nicole de Buchard, una dama de alta cuna con quien tuvo al menos tres hijos. El hogar ancestral de la familia era Carrouges, una pequeña ciudad fortificada en la cima de una colina a unos veinticinco kilómetros al noroeste de Alençon.

Según la leyenda, el linaje de los Carrouges nació de la sangre y la violencia. Una historia cuenta que un antepasado, el conde de Ralph, se enamoró de una hechicera con la que se encontraba cerca de una fuente en un claro de un bosque hasta que, una noche, su celosa esposa sorprendió allí a los dos amantes armada con una daga. Al día siguiente, el conde fue encontrado muerto con un tajo en la garganta. Nadie sospechó de la condesa, a pesar de que tenía una misteriosa marca roja en el rostro. Poco después, tuvo un hijo llamado Karle, a quien le apareció la misma marca roja en el rostro cuando cumplió los siete años, lo que le valió el apodo de Karle le Rouge. Durante siete generaciones, todos los hijos de la familia tuvieron esta marca roja, hasta que se apaciguó la ira de la hechicera. Según esta leyenda, el nombre Karle le Rouge acabó por convertirse en Carrouges. El color rojo, además, aparecía en el escudo de armas de la familia: un campo carmesí sembrado con flores de lis plateadas.

Puede que el violento pasado de la familia solo formara parte del folclore, pero, en cualquier caso, el linaje de Carrouges engendró una dinastía de feroces guerreros. Uno de los primeros señores de Carrouges, Robert de Villers, combatió a las ór-

---

* *Sheriff* procede de *shire reeve,* el alguacil del condado. Un *reeve* era el representante local del monarca. Piense el lector, por ejemplo, en el célebre *sheriff* de Nottingham, el antagonista de Robin Hood. *(N. del T.)*

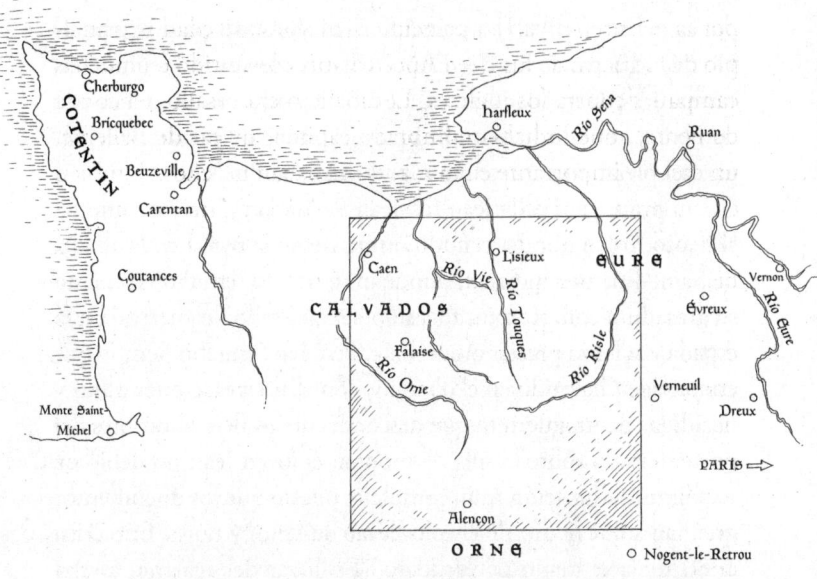

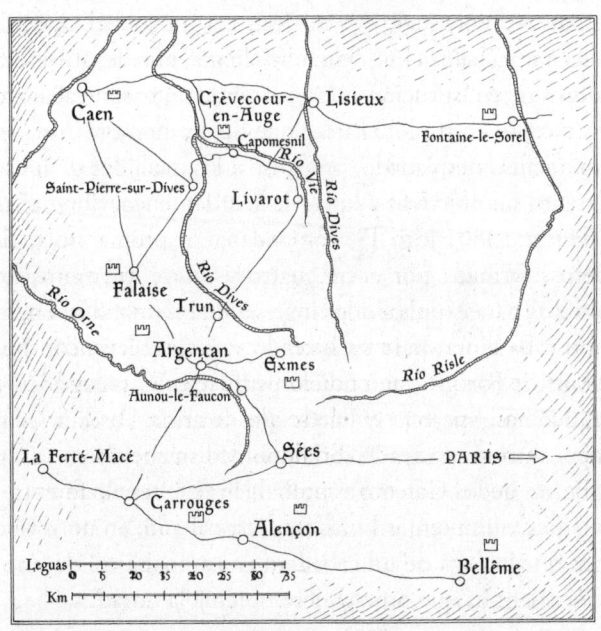

Normandía en 1380: la familia Carrouges, vasallos de los condes de Perche y Alençon, poseía tierras en zonas de Normandía que hoy reciben los
nombres de Calvados y Orne. Las carreteras que aparecen en este mapa
son rutas medievales.

denes del rey Felipe II a principios del siglo XIII para recuperar Normandía para Francia. En 1287, otro de sus descendientes, Richard de Carrouges, sirvió como segundo en un juicio por combate, lo que comportaba juramentarse para combatir en lugar del pleiteante si este no se presentaba al duelo.

El primogénito de Jean III, Jean IV, fue un guerrero nato. Su belicoso rostro miraba ceñudo otrora desde la pared de la abadía de Saint-Étienne en Caen, donde un mural lo retrataba luciendo su armadura completa junto a su pesado caballo de guerra, con la espada y la lanza prestas al combate. Pero hace mucho tiempo que esta imagen ha caído en el olvido y, con ella, las facciones duras y decididas de un guerrero que descendía de los fieros hombres del norte. Criado sobre la silla de montar, el joven Jean no debió de recibir una educación muy completa, puesto que los documentos que han sobrevivido de él solo llevan su sello, y no su firma. En 1380 tenía el rango de escudero.* En lugar del «galante joven» que este término suele evocar, Jean era un soldado curtido en batalla que ya había cumplido los cuarenta, uno de esos «hombres maduros de constitución más bien pesada que son caballeros en todo excepto en título». Parece que fue un hombre duro, ambicioso, incluso despiadado, propenso a los estallidos de ira si veía frustrados sus objetivos y capaz de guardar rencor durante años.

Hacia 1380, Jean IV comandaba su propia tropa de escuderos, formada por entre cuatro y nueve miembros, en las campañas para expulsar a los ingleses de Normandía. En la guerra buscaba gloria para su apellido y enriquecerse con botín y prisioneros por los que pudiera pedir rescate, un negocio muy lucrativo en el siglo XIV. Puede que también buscara ser nombrado caballero, lo que habría doblado su sueldo en campaña. Las tierras de los Carrouges probablemente rentaban entre cuatrocientas y quinientas libras francesas al año, en unos tiempos en los que la paga de un caballero en campaña era de una libra al día, mientras que un escudero obtenía la mitad.

---

* La nobleza tenía tres rangos básicos: barón *(pair)*, caballero *(chevalier)* y escudero *(escuier)*. Los condes de Perche pertenecían al primer rango, Jean III, al segundo y su hijo, Jean IV, al tercero.

Jean había recibido parte de su herencia, incluidas algunas tierras que producían rentas, a los veintiún años. El resto pasaría a su nombre tras la muerte de su padre, salvo por los legados menores que correspondían a sus dos hermanos: su hermano menor, Robert, y su hermana, Jeanne. Robert, como muchos hermanos menores de la nobleza, solo podía aspirar a una modesta herencia y, por lo tanto, entró en la iglesia. Jeanne se casó con un caballero y se llevó como dote una porción de las tierras de su padre. Su madre, Nicole, tenía algunas propiedades a su nombre que retendría, así como las rentas que dieran, si su marido moría antes que ella. Pero el resto de la herencia iría a Jean, que debía asegurar la supervivencia del apellido Carrouges y pasar las tierras a su propio heredero cuando llegara el momento.

El principal elemento del legado de Jean era el castillo y las tierras de Carrouges. La pequeña ciudad en la colina dominaba una vasta llanura de tierra fértil que se extendía al noroeste, hacia Argentan. El primer castillo de Carrouges lo había construido en 1032 Roberto I, duque de Normandía, padre de Guillermo el Conquistador, y había sido objeto de múltiples asedios. Situado en un importante cruce de caminos y en la ruta de peregrinaje a Monte Saint-Michel, Carrouges era también un próspero centro donde se celebraban ferias regionales cada año.

Hacia 1380, la familia Carrouges había abandonado el castillo de la ciudad —que los ingleses habían atacado y quemado— por otra fortaleza cercana. Construyeron este segundo fuerte en algún momento tras 1367 por órdenes del rey Carlos V a fin de reforzar las defensas de Normandía contra los ingleses (otra señal de la lealtad de la familia a la corona). El imponente *donjon,* 'torreón' o 'torre del homenaje', todavía sobrevive como parte del elegante *château* de Carrouges, la mayor parte del cual data de fechas posteriores.

La vieja torre del homenaje mide más de quince metros de altura y sus muros de granito tienen tres metros de espesor en la base. Todavía conserva muchas de sus defensas originales, entre ellas una base inclinada para desviar asaltos, *meurtrières,* o 'aspilleras' (aberturas alargadas y estrechas para disparar contra el enemigo), y un parapeto que sobresalía del borde de la torre con aberturas en el suelo para arrojar proyectiles o líquidos hirviendo sobre los sitiadores. Los pisos superiores de esta *logis-tour*, o 'torre del homenaje residencial', incluían una cocina, salones, aposentos para los sirvientes y una letrina que se vaciaba a través de una de las paredes. Un pozo interior aseguraba el abastecimiento de agua durante un ataque o asedio. Otros edificios a ambos lados del torreón alojaban a más sirvientes y a la guarnición. La torre del homenaje en sí consiste en dos torres cuadradas adjuntas y, dentro de las gruesas paredes en su base, que sirven de cimientos, hay una inteligente disposición de puertas y aspilleras que permitían a los defensores retirarse de una cámara mayor a una más pequeña y disparar dardos y flechas sobre el espacio que acababan de desalojar. La arquitectura militar ofrece un mudo pero poderoso testimonio de las condiciones extremas en las que vivía la nobleza feudal, mientras ejércitos enemigos asolaban Normandía y bandas de ladrones saqueaban los campos.

Además del castillo y las tierras de Carrouges, Jean también esperaba heredar de su padre su muy deseada capitanía de Bellême, y quizá incluso su prestigioso título de vizconde. Bellême, una fortaleza construida en el siglo XI en la cima de una colina a unos sesenta y cinco kilómetros al este de Carrouges, había estado en manos inglesas hasta 1229, cuando había sido recuperada por los franceses tras un asedio durante un invierno brutalmente frío. La corona francesa concedió Bellême a los condes de Perche, que podían entregar la capitanía de esta fortaleza clave a quien les pluguiera.

Mientras esperaba el resto de su herencia, la riqueza y el estatus de Jean aumentaron gracias a un matrimonio estratégico. Su esposa, Jeanne de Tilly, era la hija del rico señor de Chambois, cuya gran fortaleza cuadrada tenía paredes de cuatro metros de anchura y veintisiete metros de altura. Jean aportó a la unión algunas de las tierras y parte del dinero de su padre. El matrimonio no solo hizo a Jean más rico, sino que mejoró sus contactos con la nobleza normanda. Y, mucho antes de que Jean obtuviera su herencia completa, Jeanne le brindó también un heredero, un varón, que probablemente nació a finales de 1370.

Carrouges: la familia Carrouges construyó este formidable *donjon* o 'torre del homenaje' para proteger sus tierras de las tropas inglesas. De quince metros de altura y con paredes de tres metros de grosor en su base, tiene un parapeto con agujeros para disparar proyectiles. Archivos Fotográficos, Coll. M.A.P.(c) CMN, París.

Jean IV y su padre fueron leales vasallos de su señor, el conde Roberto de Perche, que había heredado sus dominios en 1367. El conde, cuarto hijo de Carlos de Valois, era miembro de la familia real francesa y primo de varios reyes. Mantenía su corte en Nogent-le-Retrou, una ciudad fortificada a unos quince kilómetros al sureste de Bellême y de la antigua capital de Perche. Cuando Roberto se convirtió en conde de Perche con poco más de veinte años, los Carrouges, padre e hijo, se arrodillaron en la corte ante su mucho más joven señor para rendirle homenaje y le dijeron: «Señor, me hago hombre vuestro»; acto seguido, se pusieron en pie, recibieron un beso en la boca de su señor y juraron vasallaje. Durante la década siguiente, asistieron a su señor en la corte, le entregaron las rentas anuales que le correspondían, se aseguraron de aplicar sus decretos y respondieron a sus llamadas a las armas para luchar contra los ingleses.

En 1377, sin embargo, el conde Roberto murió súbitamente cuando todavía estaba en la treintena y sin dejar heredero. Según el sistema feudal, el control de las tierras y castillos que Robert tenía en Perche revirtieron a su señor, el rey Carlos V. De acuerdo con la costumbre, el monarca concedió Perche al hermano mayor de Roberto, el conde Pedro de Alençon. Virtualmente de la noche a la mañana, Jean y su padre se encontraron al servicio de un nuevo señor, ante quien debían rendir homenaje y jurar vasallaje, lo que suponía poner en buena medida sus vidas y destino bajo su control.

El conde Pedro de Alençon era uno de los barones más ricos y poderosos de Francia. Era el tercer hijo de Carlos de Valois y también primo de muchos reyes. En 1363, cuando apenas contaba veinte años, fue enviado a Inglaterra como rehén junto con otros jóvenes nobles franceses para garantizar el pago del rescate del rey Juan. Pedro permaneció en Inglaterra más de un año y no regresó a Francia hasta 1364, tras la muerte de aquel.

Como tercer hijo, en un principio, Pedro tenía pocas posibilidades de suceder a su padre como conde. Pero, poco después de su regreso de Inglaterra, un súbito giro de la rueda de la

Fortuna lo llevó a acumular grandes riquezas y a conseguir un estatus elevado, pues sus dos hermanos mayores entraron en la Iglesia y, aunque ascendieron rápidamente a la posición de arzobispo —un cargo que conllevaba mucho poder—, tuvieron que renunciar a las tierras y títulos que habían heredado. En 1367, todavía en la veintena, Pedro se convirtió en conde de Alençon y en señor de grandes dominios. En 1371, dobló sus posesiones al casarse con María Chamaillard, una vizcondesa que trajo consigo cinco feudos más. Con el tiempo, el conde Pedro adquirió todavía más tierras y amasó una inmensa fortuna gracias a las rentas anuales. Cuando falleció su hermano Roberto en 1377, Pedro heredó también todas las tierras de Perche, incluida la fortaleza de Bellême y otra en Exmes.

Pero la gran riqueza de Pedro no sació su sed de tierras, y comenzó a comprar todavía más territorios. Su adquisición más importante fue Argentan, una ciudad fortificada en lo alto de una colina a unos cuarenta kilómetros al norte de Alençon. Argentan era una ciudad muy bella, se encontraba en una ubicación estratégica y había sido la residencia favorita del rey Enrique II cuando los ingleses controlaban Normandía. El conde Pedro estaba decidido a hacerse con ella. En 1372, compró la ciudad, el *château* y las tierras circundantes por seis mil libras francesas en oro.

Pedro reconstruyó de inmediato el viejo palacio de Argentan y trasladó allí su residencia, lo que implicó que toda su corte abandonara Alençon. El palacio, una imponente estructura de cuatro pisos con ventanas románicas y tres torres cuadradas culminadas por tejados muy inclinados, sigue en pie hoy. En su segundo piso hay un gran salón donde el conde reunía a su corte, presidía juicios, recibía visitas o daba órdenes sentado en una silla delicadamente tallada y entre paredes adornadas con suntuosos tapices. Hacia mediodía, se disponían en la sala mesas sobre caballetes y el conde comía allí con sus caballeros, escuderos, clérigos e invitados. También allí, según se rumorea, se reunía con sus amantes, entre ellas Jeanne de Maugastel, la esposa de uno de sus vasallos, con quien engendró un hijo bastardo. El conde Pedro también cumplió con sus deberes conyugales con su esposa, María, con quien tuvo ocho hijos durante sus primeros catorce años de matrimonio.

Tampoco es que el conde Pedro pudiera dedicar todo su tiempo a la ampliación de sus dominios, a disfrutar de sus muchas y excelentes posesiones y a engendrar herederos y algún que otro bastardo. Como primo del monarca y príncipe de sangre real, el conde era uno de los vasallos de Normandía en quien más confiaba el rey de Francia, y, como vasallo de este, tenía el deber de aportarle ayuda militar regular en el ejército enviándole caballeros, escuderos y otros hombres de armas reclutados de sus vastos dominios. El propio Pedro combatió en muchas campañas reales, fue herido de gravedad durante un asedio y, durante un tiempo, sirvió como lugarteniente del rey en la Baja Normandía, todo el territorio de la provincia al oeste del Sena.

Jean IV y su padre, como nuevos vasallos del conde Pedro, visitaron periódicamente Argentan para asistir a su nuevo señor, tomar parte en los procedimientos de la corte señorial y responder a las llamadas a las armas en tiempos de guerra. Cuando no se encontraba fuera por cuestiones de la corte o campañas militares, Jean III pasaba la mayor parte de su tiempo en Bellême, donde, como capitán de la fortaleza, tenía el deber de mantener las defensas y encargarse de proveer los suministros necesarios para la plaza y su guarnición, que consistía en unas pocas docenas de hombres armados. Por este motivo, el caballero fijó en Bellême su residencia habitual, donde vivía con su esposa, Nicole.

El escudero, que vivía con su mujer, Jeanne, y su joven hijo en la residencia de la familia en Carrouges, con su propio séquito de hombres de armas, pasaba más tiempo que su padre en la corte de Argentan. Carrouges estaba mucho más cerca de Argentan que Bellême, a poco menos de veinte kilómetros en comparación con los casi sesenta y cinco que la separaban de Bellême, o, lo que es lo mismo, una o dos horas a caballo en lugar de todo un día en la silla. Además, Jean era el chambelán del conde Pedro, un cargo que recibió poco después de haber entrado al servicio del conde en 1377.

Al principio, un chambelán atendía a su señor en privado, una tarea que comportaba gran intimidad y confianza. Pero, con el tiempo, el cargo se tornó más honorífico que práctico. Aun así, como funcionario de la corte, el escudero podía ser convocado sin previo aviso para auxiliar a su señor en algún asunto especial o para que estuviera presente en alguna ocasión importante. Por sus servicios de chambelán, Jean recibía una pequeña suma anual, junto con la distinción de pertenecer, al menos nominalmente, al círculo íntimo de cortesanos y asesores del conde Pedro.

Junto a Jean, otro de los chambelanes de la corte del conde Pedro en Argentan era otro escudero, Jacques Le Gris. Este tenía más o menos la misma edad que Carrouges, y los dos hombres eran viejos amigos. Su amistad se había forjado al servicio del conde de Perche, pues también Le Gris había sido uno de los vasallos de Roberto hasta 1377, cuando este había muerto y sus tierras y hombres habían pasado al conde Pedro. Así pues, los dos escuderos habían llegado juntos a Argentan como nuevos vasallos del conde Pedro y ambos estaban deseosos de demostrar su valía como leales servidores de su nuevo señor.

Aunque Le Gris tenía rango de noble, su familia era de origen humilde y su apellido no era ni tan antiguo ni tan distinguido como el de Carrouges. El primer rastro escrito que tenemos de él se remonta a 1325: se trata de una mención de Guillaume Le Gris, el padre de Jacques, en una cédula. Pero, a lo largo del siguiente medio siglo, esta familia de astutos y ambiciosos arribistas acumuló tierras y otras fuentes de riqueza, adquirió numerosos feudos valiosos en Normandía y ascendió sin cesar en las filas de la nobleza. Las armas de la familia Le Gris tenían los mismos colores que las de los Carrouges, pero invertidos: un campo plateado cruzado por una raya carmesí.*

Jacques Le Gris era un hombre grande y fornido, conocido por la potencia de su brazo y por lo fuerte que era su presa. Este

---

* Ambos escudos de armas sugieren el apellido de la familia mediante el color del campo (el fondo), rojo *(rouge)* para los Carrouges y plata o gris *(gris)* para los Le Gris.

escudero y hombre de armas había sido capitán de la fortaleza clave de Exmes desde 1370. Le Gris, a diferencia de su amigo y colega escudero, era un hombre educado, pues era un clérigo en órdenes menores, lo que significaba que podía leer y estaba formado para asistir al sacerdote en la misa, aunque aún no había hecho el voto de celibato. De hecho, Le Gris estaba casado y tenía varios hijos. Hay algunos indicios de que tenía fama de seductor —nada inusual entre escuderos o clérigos— y de que se unía al conde Pedro cuando este disfrutaba del placer con sus amantes.

La amistad de Jacques Le Gris y Jean de Carrouges se remontaba a muchos años atrás y, para cuando ambos entraron al servicio del conde Pedro, el trato entre ellos era cálido y de confianza. Cuando Jeanne, la esposa de Jean, dio a luz a su hijo, Jean pidió a Jacques que fuera su padrino. Esto era un gran honor en la Edad Media, especialmente entre la nobleza, para quien un padrino era prácticamente un miembro más de la familia. Durante la ceremonia del bautizo, que se celebraba tan pronto como era posible tras el nacimiento del bebé para proteger su vulnerable alma, Jacques sostuvo al niño en brazos sobre la pila bautismal. Cuando el sacerdote sumergió al bebé en el agua bendita, Le Gris juró protegerlo del diablo y guardarlo durante siete años «de agua, fuego, los cascos de los caballos y los colmillos de los sabuesos».

Si Jacques Le Gris había prosperado bajo el conde Roberto, su fortuna mejoró todavía más rápido bajo el conde Pedro. Como su viejo amigo Carrouges, Le Gris fue nombrado chambelán del conde Pedro poco después de entrar a su servicio. Pero el rico escudero pronto se reveló tan útil para el conde, a quien en un momento dado prestó tres mil francos, que su agradecido señor lo distinguió con un favor especial.

En 1378, solo un año después de que los dos escuderos entraran a formar parte de su corte, el conde Pedro concedió a Le Gris un regalo verdaderamente generoso: una posesión grande y valiosa, Aunou-le-Faucon, que Pedro había adquirido hacía poco. El regalo era una recompensa a Le Gris por su leal servicio al conde, incluido su reciente y sorprendentemente cuantioso préstamo. Dado que la concesión de estas tierras siguió con rapidez al préstamo, es incluso posible que el dinero de Le Gris fuera lo que permitiera al conde Pedro comprar Aunou-le-Faucon, es decir, que fuera Le Gris quien, de hecho, hubiese ayudado al conde Pedro a financiar la compra.

Un presente tan generoso despertó inevitablemente celos y envidia entre los demás cortesanos de Argentan, que rivalizaban entre sí por el patronazgo del conde. Y debió de irritar en especial al viejo amigo y colega en la corte de Jacques Le Gris, Jean de Carrouges. La familia de Jean era mucho más antigua y mucho más distinguida que la de Jacques, pero, como era evidente, la estrella de Le Gris estaba mucho más en alza en la corte del conde Pedro. Ambos hombres eran chambelanes, pero solo Le Gris era capitán de un fuerte, Exmes. Como protegido del conde Pedro, Le Gris frecuentaba también la corte real en París. Y, como nuevo favorito del conde, su fortuna crecía a marchas forzadas. A pesar de la antigua amistad entre los dos escuderos, el éxito y prosperidad de Le Gris irritaron a Jean de Carrouges, y las relaciones entre ambos empezaron a agriarse.

En algún momento a finales de la década de 1370, no mucho después de que los dos escuderos juraran lealtad al conde Pedro y se unieran a su corte en Argentan, Jean de Carrouges sufrió una calamidad: su esposa, Jeanne, enfermó y murió. A este terrible golpe siguió pronto otra catástrofe, pues el hijo que había tenido la pareja varios años antes —el ahijado de Jacques Le Gris— falleció también. De súbito, Jean se vio privado de su esposa y de su único heredero.

La causa de la dolorosa doble pérdida que padeció Jean pudo ser cualquiera de las numerosas enfermedades que asolaban la Europa medieval y azotaban a la población con devastadora regularidad —entre ellas la peste, el tifus, el cólera, la viruela y la disentería— y para las que no existía cura. Quizá Jeanne murió durante un parto, una causa de muerte frecuente entre las mujeres durante el medievo, que daban a luz en condiciones insalubres y no recibían ayuda médica si había complicaciones, como sucedía a menudo. Muchas mujeres morían simplemente a causa de infecciones puerperales.

Poco después de perder a su familia, Jean de Carrouges abandonó su hogar para arriesgar su vida en el campo de batalla. En 1379, el enfermo Carlos V decidió expulsar a los ingleses de Normandía antes de dejar su reino a su hijo, que tenía solo diez años, y reclutó un ejército bajo el mando de Jean de Vienne, el célebre almirante francés. Jean de Carrouges se unió a la campaña real en otoño de 1379 y sirvió a las órdenes del almirante Vienne en la Baja Normandía, al mando de la tropa de escuderos que él mismo costeaba. Como Jean, todos los hombres tenían la responsabilidad de proveerse a sí mismos de armaduras, armas, sirvientes y caballos, y recibían un sueldo diario de media libra.

La campaña duró casi cinco meses y llevó a Carrouges por toda la península de Cotentin, que los ingleses habían estado saqueando desde su plaza fortificada de Cherburgo. Varios *montres,* o 'revistas', fechadas entre finales de octubre de 1379 y principios de marzo de 1380 muestran a Jean y a sus tropas moviéndose en zigzag por Cotentin en una Z tumbada: de Beuzeville, en el noroeste, a Carentan, en el sur, luego hacia el noroeste, a Bricquebec, cerca de Cherburgo, y finalmente al sur, a Coutances, a medio camino entre Cherburgo y Monte Saint-Michel. La unidad de Carrouges creció de cuatro escuderos en octubre a nueve en enero y, luego, se redujo otra vez a cuatro en marzo, quizá a consecuencia de las bajas.

A pesar del inevitable peligro, Jean de Carrouges probablemente agradeció ir a la guerra. La campaña de Cotentin apartó al viudo de su solitaria vida en Carrouges y lo arrojó a la familiar emoción y aventura de la batalla con sus camaradas de armas, hombres del séquito de su propia casa u otros a quienes debía conocer muy bien.

Pero, mientras Carrouges arriesgaba en repetidas ocasiones la vida combatiendo contra los ingleses, e incluso perdía a varios de sus hombres en combate, era consciente de que estaba poniendo en juego mucho más: la extinción de su apellido y del linaje familiar. Si lo mataban, su nombre perecería con él y sus tierras abandonarían la familia Carrouges. Si sobrevivía, debía volver a casarse —y bien— tan pronto como fuera posible. Su hermano era sacerdote, así que no tendría hijos legítimos; su hermana había perdido el apellido familiar al contraer matrimonio, así que dependía por completo de Jean asegurar la supervivencia del legado de los Carrouges.

Mientras Jean viajaba por Cotentin, se detuvo entre batallas en castillos como los de Beuzeville, Carentan y Coutances, donde mantuvo los ojos bien abiertos en busca de jóvenes nobles solteras. Como invitado ocasional en el gran salón del señor local o del capitán de un fuerte, el escudero tuvo ocasión de conocer a doncellas de la nobleza normanda en la mesa y evaluarlas como posibles esposas.

Tras las sonrisas y los cumplidos del cortejo, estaba el asunto profundamente serio que era el matrimonio feudal, que no se basaba principalmente en el amor ni en el romance, sino en la tierra, el dinero, el poder, las alianzas familiares y la producción de herederos. La esposa ideal del escudero debía ser de noble cuna y rica, con una dote que lo enriqueciera y ampliara sus propiedades. Tenía, además, que ser joven y fértil para aportarle hijos sanos, aunque no había forma de garantizar que fuera virgen. Y debía ser virtuosa y casta para asegurar que sus herederos fueran legítimos. Si, además, la chica era guapa, miel sobre hojuelas.

2

LA DISPUTA

En 1380, el año en que Francia coronó a un nuevo rey, Jean de Carrouges culminó con éxito su búsqueda de una nueva esposa. Poco después de su regreso de la campaña de Cotentin, el escudero viudo contrajo matrimonio con una heredera llamada Marguerite. Esta, hija única de una antigua familia normanda, nunca había estado casada antes y es posible que no hubiera cumplido los veinte años cuando se produjo la unión. Marguerite, joven, noble, rica, y también muy bella, parecía la novia ideal para un noble deseoso de asegurar el nombre y las tierras familiares. Como única heredera de su padre, traería consigo una gran dote y, al final, heredaría todavía más tierras y riqueza.

Según todas las fuentes, Marguerite era una mujer magnífica. Un cronista la describe como «joven, bella, buena, sensible y modesta»; este último término implicaría que, a pesar de su belleza, no flirteaba con hombres ni era coqueta. Otro la retrata como «una mujer muy bella y valiente». Solo hay una crónica, escrita por un monje que recelaba profundamente de las mujeres en general, que no alaba la belleza y el carácter de Marguerite. El propio Jean de Carrouges testificó más adelante ante la corte que su segunda esposa era «joven y bella», así como «virtuosa y casta», aunque, por supuesto, era un testigo parcial que, para entonces, tenía sus propios intereses legales en mente.

El retrato de Marguerite estuvo mucho tiempo expuesto en la misma pared de la abadía de Caen que mostraba a su belicoso marido, pero también su rostro se ha desvanecido con el paso del tiempo y no ha sobrevivido ninguna descripción detallada de ella. Sin embargo, escritores y artistas han dejado muchas crónicas de los rasgos que admiraban en la belleza femenina. Una dama ideal del norte de Francia tenía cabello de color claro, una frente despejada de un blanco reluciente, cejas arqueadas, ojos de un azul grisáceo, una nariz atractiva, una boca pequeña, con labios rojos y carnosos, un aliento dulce y un hoyuelo en el mentón. También tenía el cuello fino, el pecho blanco como la nieve y «un cuerpo bien formado y esbelto». Llevaba un vestido largo de lino o *chainse,* por lo general blanco, aunque también podía ser de vivos colores en ocasiones festivas. La mayoría de las nobles también lucían joyas: un broche o un collar y tal vez un anillo con gemas engarzadas.

Como señora del castillo, o *châtelaine,* se esperaba de Marguerite que gestionara la casa y ayudara a su esposo a gobernar sus tierras. Aunque es posible que fuera poco más que una adolescente, se encargaría del castillo durante las frecuentes ausencias de Jean para visitar la corte o ir a la guerra, y, ceñido al cinto del largo vestido, llevaría un racimo de llaves que abrían bodegas, cofres y almacenes. Sería la encargada de dirigir a los sirvientes en sus tareas cotidianas, de supervisar la crianza de los niños y de asegurar la comodidad de los invitados, así como de presidir la mesa de honor en las comidas comunales celebradas en el gran salón. Y, al menos en privado, también podría asesorar a su marido en asuntos de la corte y otros temas, pues tenía influencia política entre sus propios parientes y amigos nobles.

Asimismo, Marguerite tenía que comportarse como una dama y actuar con máximo recato. Debía ser cortés, piadosa, caritativa (mostrar lo que todavía se llama *noblesse oblige),* discreta y, sobre todo, leal a su marido. Para mantener la pureza de los linajes aristocráticos era crucial que «una mujer reciba una sola semilla, la de su marido, a fin de evitar que intrusos de la sangre de otro hombre ocupen un lugar entre los que tienen derecho a reclamar la herencia ancestral». Por muchas libertades que los nobles se permitieran con las campesinas en sus tierras o con sus amantes en la ciudad, insistían en que sus esposas fueran absolutamente castas.

Al casarse con una joven de alcurnia que combinaba belleza y virtud, Jean de Carrouges tenía ciertas garantías de que Marguerite sería una esposa fiel y le proporcionaría herederos legítimos. Marguerite era muchos años más joven que él, y el escudero sin duda conocía el dicho popular que advertía de que «un hombre viejo rara vez tiene a una esposa joven para él solo». Aun así, nobles viejos se casaban a menudo con mujeres mucho más jóvenes que ellos, puesto que la juventud implicaba fertilidad y se creía que prometía herederos saludables.

Marguerite tenía solo un defecto que podría haber hecho que Jean albergara ciertas dudas sobre la unión. Era la hija del infame Robert de Thibouville, un caballero normando que había traicionado dos veces a los reyes de Francia. La doble traición de Robert había tenido lugar mucho antes del nacimiento de Marguerite, en la década de 1360, pero había ensombrecido el apellido familiar, y Marguerite había crecido sabiendo que era «la hija de un traidor».

El apellido Thibouville era incluso más antiguo que el de Carrouges y, al igual que este, todavía hoy marca el paisaje de Normandía. La familia de Marguerite procedía de Eure, la húmeda y fértil región justo al sur de donde los meandros del Sena bañan Vernon y Les Andelys de camino a Ruan y el mar. El castillo de su padre, Fontaine-le-Sorel, se alzaba en el hermoso valle del río Risle, cerca de la vieja vía romana que iba al oeste desde Évreux hasta Lisieux.

De este lugar procedió el primer Robert de Thibouville, cuyo hijo estuvo a las órdenes de Guillermo el Conquistador en la batalla de Hastings. En 1200, Robert de Thibouville II sirvió como segundo en un duelo judicial. Más o menos en esta época se fijó el escudo de armas de la familia Thibouville: un campo de plata partido por una banda horizontal azul bordeada arriba y abajo por una fila de tres armiños rojos, un emblema heráldico que se asemeja a una flor de lis invertida.

El padre de Marguerite, Robert de Thibouville V, estuvo a punto de perder el rico patrimonio familiar construido con sumo cuidado a lo largo de tres siglos al unirse con otros rebeldes normandos y combatir contra el rey Felipe IV en la década de 1340. Capturado en batalla y llevado ante el monarca y su parlamento para responder a cargos de alta traición, Robert tuvo suerte de no pagar con su vida y de pasar solo tres años miserables en prisión. A pesar de este encuentro con la muerte y el deshonor, quebrantó su juramento de vasallaje de nuevo una década después —esta vez ante el rey Juan— y combatió por Carlos el Malo, rey de Navarra, otro pretendiente al trono de Francia. Pero, una vez más, Robert consiguió evitar al verdugo del monarca y fue perdonado junto con más de trescientos rebeldes normandos en 1360.

Pronto restableció su fortuna. Hacia 1370, Robert era capitán militar de Vernon, una fortaleza clave que defendía el Sena a unos cincuenta kilómetros al sur de Ruan y que contaba con una gran torre redonda de casi veintitrés metros de altura. Ese mismo año, se casó con Marie de Claire, lo que indica que su primera esposa ya había muerto y que Marguerite debió de quedar huérfana de madre cuando todavía era una niña de solo ocho o diez años.

Marguerite nació después del encarcelamiento de su padre, pero la pérdida de su madre a una edad tan temprana y crecer en una casa gobernada por su madrastra debió de marcarla profundamente. El nuevo matrimonio de su padre también redujo su herencia, puesto que su madrastra, Marie, adquirió derechos sobre parte de las tierras de los Thibouville. Como única hija de Robert, sin embargo, Marguerite seguiría trayendo consigo una gran dote y heredaría una gran cantidad de tierras y dinero.

Lo más probable es que Jean de Carrouges conociera a Marguerite a través de su primo, Guillaume de Thibouville, señor de Crèvecoeur-en-Auge, un importante fuerte a unos pocos kilómetros al norte de Capomesnil, una de las propiedades de la familia Carrouges. Jean debió de sentirse fuertemente atraído por la riqueza de Marguerite, quizá incluso más que por su belleza o nobleza. No obstante, es probable que, al principio, Jean albergara dudas sobre comprometerse con ella por el problemático pasado de su familia, y que le preocupara que la unión perjudicara a su relación con su nuevo señor, el conde Pedro, a cuya corte se había unido solo tres años antes. Como rehén de guerra y primo del rey, Pedro sin duda despreciaba a los rebeldes normandos amnistiados. Y quizá se preguntara por qué Jean de Carrouges, su estimado chambelán y fiel vasallo, iba a casarse con un miembro de la familia de los Thibouville, que había traicionado dos veces a los reyes de Francia y servido pérfidamente a sus enemigos.

Pero uno de los rehenes con los que Pedro había estado en Inglaterra había sido un Thibouville. Y el propio Pedro había comprado recientemente Aunou-le-Faucon —las tierras que luego había otorgado a Jacques Le Gris— nada menos que al mismo padre de Marguerite. Quizá el deseo de Pedro de conseguir esas valiosas tierras, colindantes con sus dominios, era mayor que sus escrúpulos a la hora de hacer negocios con un viejo enemigo. O tal vez estaba dispuesto a honrar el espíritu del perdón real concedido a Robert unos veinte años antes si con ello facilitaba el cierre de un buen trato. En cualquier caso, no hay ningún indicio de que el conde Pedro se opusiera al matrimonio de su vasallo.

La boda de Jean y Marguerite tuvo lugar en el verano de 1380. Es muy probable que se celebrara en Sainte-Marguerite-de-Carrouges, la iglesia parroquial a solo tres kilómetros del castillo de Jean cuyo nombre celebraba el de la propia novia. Santa Margarita había sido una bella joven en la Antioquía del siglo III de quien se decía que había permanecido casta frente a las tentaciones y amenazas de un malvado gobernador y que, después de que el diablo se le apareciese en forma de un gran dragón que se la tragó entera, se liberó de su vientre haciendo la señal de la cruz. Era, además, la patrona de las parturientas y, por lo tanto, un auspicio de fertilidad.

La iglesia de Sainte-Marguerite-de-Carrouges tenía una planta de cruz latina con ventanas románicas de arco de medio punto y un campanario cuadrado normando. Allí fue donde Jean y Marguerite contrajeron matrimonio, ante un altar iluminado por cirios y perfumado con incienso, con sus manos derechas entrelazadas y en la presencia de sus parientes y amigos. El sacerdote, que sostenía un libro de oraciones abierto, bendijo a la pareja con la señal de la cruz tres veces mientras pronunciaba las palabras que santificaban su unión: «*Ego conjungo vos in matrimonium, in nomine Patris, et Filii, et Spiritus Sancti. Amen*».* A la misa siguió una celebración más mundana en el gran salón del castillo del novio, con juglares y bailes, muchos invitados y grandes cantidades de vino, tras lo cual las damas de la novia prepararon finalmente a Marguerite para su marido, que la aguardaba en el lecho, y el sacerdote bendijo la cama para asegurar la fertilidad.

La misa nupcial y las festividades matrimoniales eran precedidas por otra importante ceremonia, la del matrimonio civil, que tradicionalmente tenía lugar antes, en el porche de la iglesia, y en la que las partes expresaban en público su consentimiento, intercambiaban anillos y besos y se dotaban la una a la otra de tierras y riqueza. El acto de la *dotation,* la 'dotación', aseguraba tanto a Jean como a Marguerite los derechos sucesorios en caso de la muerte del otro al certificar el acuerdo al que se había llegado en el momento del compromiso. La nobleza terrateniente consideraba que el intercambio de tierra y riqueza que se producía fuera de la iglesia era más importante, en todos los sentidos, que la bendición del sacerdote ante el altar.

A pesar de lo contento que estaba Jean de casarse con la joven, bella y rica Marguerite, los términos del contrato matrimonial que se cerró en el porche de la galería ese día debieron de darle motivos para templarse un poco. A la dote de su esposa,

* «Os uno en sagrado matrimonio, en el nombre del Padre y del Hijo y del Espíritu Santo. Amén».

Banquete con músicos: una boda entre familias nobles solía estar acompañada por un gran banquete. MS. Harley 1527, fol. 36v. Biblioteca Británica.

aunque muy atractiva, le faltaba cierta tierra que Jean ansiaba. Se trataba, claro, de Aunou-le-Faucon, que el padre de Marguerite había vendido al conde Pedro de Alençon en 1377 y que este había concedido a Jacques Le Gris al año siguiente. La venta había reportado al padre de Marguerite más de ocho mil libras y puede que engrosara la dote de la joven, pero la pérdida de esa tierra —y de sus potenciales rentas y derechos de herencia— enfurecía al escudero.

Dos años antes, Jean de Carrouges había reconocido que el regalo de Aunou-le-Faucon era una muestra de que el conde Pedro prefería a Le Gris antes que a él y señalaba a aquel como el nuevo favorito de la corte. Pero, entonces, Jean no podía sospechar que la buena fortuna de Le Gris fuera a su costa. Solo después de que decidiera casarse con Marguerite y surgiera la cuestión de la dote de la novia, se dio cuenta de que Aunou-le-Faucon se le había escurrido de entre los dedos y había ido a parar a los de su rival.

Cuando Jean comprendió que podría haber adquirido este feudo para sí como parte de la dote de su esposa, pasó a la acción. Presentó una demanda para recuperar la tierra en la que discutía la legitimidad de la venta y la transferencia de propiedad de Aunou-le-Faucon, a pesar del hecho de que Le Gris ya llevaba un tiempo en posesión del feudo. Hacia mayo de 1380, la querella sobre este terreno se había vuelto tan ruidosa y enconada que llegó a oídos del rey de Francia.

En la primavera de 1380, a Carlos V le quedaban solo unos pocos meses de vida y pronto legaría su nación, asolada por la guerra y asfixiada por los impuestos, a su hijo, menor de edad. Mientras lidiaba con el interminable conflicto bélico con Inglaterra, el enorme rescate por su padre que todavía no se había pagado, las revueltas populares contra los nuevos impuestos y muchas otras crisis en su reino, Carlos recibió una petición del conde Pedro, que le solicitó que garantizara una cesión de tierras a uno de sus vasallos. El conde, por su parte, quería acabar de una vez por todas con la disputa sobre Aunou-le-Faucon obteniendo la aprobación real para la cesión. Ante tal solicitud del conde Pedro, que era su primo y también uno de sus más poderosos lugartenientes en Normandía, el enfermo y agobiado monarca accedió rápidamente.

El 29 de mayo de 1380, en el *château* real de Beauté-sur-Marne, justo a las afueras de París, el rey presentó al conde Pedro una cédula que confirmaba la concesión de Aunou-le-Faucon a Jacques Le Gris por parte del conde. El documento especificaba que la tierra había compensado al escudero por sus muchos leales servicios al conde, entre ellos el reciente préstamo de dos mil novecientos veinte francos de oro, suma que se especificaba en el documento. La hacienda era «una donación irrevocable» que el conde Pedro prometía «garantizar, defender y entregar» ante cualquier tercero, una alusión legal al pleito que había iniciado Jean de Carrouges. El rey firmó la cédula, la selló con cera verde y ordenó que fuera leída en voz alta a los habitantes de Aunou para que no les quedara la menor duda de quién era su amo y señor. Esta declaración pública tuvo lugar el 10 de junio en la iglesia parroquial de Aunou ante un público de treinta y nueve personas. Jean de Carrouges claramente había perdido su caso. La cédula real lo separaba del feudo que anhelaba tanto como lo hubiera hecho la más alta y gruesa de las murallas.

Los riesgos de casarse con la hija de un traidor eran menores comparados con el daño que Jean se infligió a sí mismo al querellarse por Aunou-le-Faucon. Había ofendido e irritado a su viejo amigo y cochambelán, Jacques Le Gris, y además no había conseguido recuperar el feudo perdido. Se había enfrentado también al conde Pedro, su señor feudal y principal fuente de patronazgo y protección. Y, por último, también había hecho que su apellido evocara connotaciones negativas en la corte real. Después de solo tres años al servicio del conde Pedro, Jean ya se había significado como un hombre celoso y conflictivo, incluso para lo habitual en Normandía.

La amistad entre Carrouges y Le Gris se había enfriado en los últimos años por su rivalidad en la corte del conde Pedro, y la disputa sobre Aunou-le-Faucon abrió una profunda sima entre ellos. Las pruebas de esta ruptura se encuentran en el hecho de que Le Gris, que había sido padrino del hijo de Jean —una señal de afecto y confianza—, no asistió a la boda de su viejo amigo y estuvo significativamente ausente de la multitud de amigos y parientes que festejaron a los recién casados luego. Puede que Le Gris estuviera fuera por algún asunto, pero es mucho más probable que no lo invitaran al enlace. Jacques Le Gris no solo se perdió la boda, sino que no conocería a Marguerite hasta mucho después.

A lo largo de los años siguientes, la estrella de Jean en la corte del conde Pedro declinó todavía más, mientras que la de

Jacques Le Gris siguió ascendiendo. En agosto de 1381, el conde Pedro visitó la corte real en París y se llevó a Le Gris con él en su séquito. Allí, Le Gris asistió a un consejo de alto nivel con el tío del rey, el duque Luis de Anjou. El consejo se reunió para decidir qué hacer con el reino de Nápoles, cuyo trono el rapaz duque pronto reclamaría a la cabeza de una cruzada bendecida por el papa de Aviñón. Jean Le Fèvre, obispo de Chartres, también estuvo entre los asistentes al consejo y mencionó a Le Gris en una entrada de su diario fechada el 23 de agosto, que sitúa al escudero de humilde origen en muy buena compañía: «Mi señor el duque de Anjou; yo mismo, obispo de Chartres; el señor de Châteaufromond; el señor de Bueul; el caballero Raymond Bardille; el caballero Raymond Bernard, y Jacques Le Gris, escudero del conde de Alençon».

El conde Pedro no acudió al cónclave, pero envió a Le Gris como su representante personal, una muestra de la gran confianza que depositaba en su favorito. Aunque Le Gris solo era un escudero de una familia recientemente ennoblecida, estaba accediendo a los círculos más altos de la corte real como protegido del conde Pedro. Más o menos en esta época, Le Gris fue nombrado también escudero personal del rey, un puesto en su mayor parte honorífico que reflejaba el valor del escudero para el conde Pedro, primo del monarca.

En cuanto a Jean de Carrouges, ni siquiera fue invitado a París. Tras la amarga disputa sobre Aunou-le-Faucon, el conde Pedro tenía pocos motivos para incluir al problemático escudero en su séquito durante el viaje o la visita a la corte real. Carrouges, vástago de una distinguida familia noble y convencido de que tenía derecho a privilegios por su linaje, se vio obligado a contemplar de brazos cruzados cómo su antiguo amigo, Le Gris, de cuna más baja pero con una astucia mucho mayor para la política de la corte, ascendía cada vez más en el mundo mientras su propia fortuna seguía decreciendo.

En 1382, una segunda y más amarga querella estalló entre Jean de Carrouges y el conde Pedro. Ese año, falleció el padre de Jean, con lo que su hijo heredó sus tierras y quedó vacante la capitanía de Bellême, el prestigioso puesto que había ocupado durante los últimos veinte años de su vida. Jean esperaba heredar el cargo, dado que las capitanías a menudo pasaban de padres a hijos. Pero no sería así. El conde Pedro, que había adquirido los derechos sobre Bellême de su difunto hermano Roberto, era quien debía nombrar a su nuevo capitán, y confió ese importante castillo a otro hombre.

Cuando Jean descubrió que no había sido elegido para este codiciado puesto, montó en cólera. Mientras que el feudo perdido de Aunou-le-Faucon había sido originalmente propiedad de los Thibouville, Bellême había sido propiedad de su padre, por lo que Jean creía incluso con más firmeza que había sido injustamente privado de su herencia. La decisión del conde Pedro no solo reducía el poder y el prestigio de Jean, sino que era una bofetada muy pública en la cara. Daba a entender a la corte de Argentan y a la nobleza local que Jean no era digno de seguir los pasos de su padre ni de hacerse cargo de la famosa y antigua fortaleza y de su guarnición. Lo que hizo que el insulto escociera todavía más fue que hacía tiempo que el propio Jean Le Gris era capitán de otra fortaleza clave, Exmes, así que, al ser privado de Bellême, Jean cayó todavía más por debajo de Le Gris en la corte del conde Pedro.

El enfado de Jean de Carrouges por lo ocurrido con Bellême fue tal que, de nuevo, pleiteó contra el conde Pedro. La Edad Media fue un periodo muy litigioso, y los nobles normandos eran más propensos a mover pleitos que la media, por lo que no era algo inaudito que un vasallo normando apelara la decisión de su señor ante una corte superior, como Jean había hecho ya con respecto a Aunou-le-Faucon. Sin embargo, este segundo pleito era un curso de acción muy arriesgado para Jean, y marcaría su vida y su destino durante años.

Por segunda vez, Carrouges perdió el juicio. Y, de nuevo, su pleito solo provocó que su relación con el conde Pedro empeorara todavía más, en una época en la que el vínculo entre señor y vasallo era la piedra de toque de toda la sociedad y los cimientos sobre los que se erigía la carrera de cualquier noble. La disputa por Bellême no implicó directamente a Jacques Le Gris, pero, tras el enfrentamiento sobre Aunou-le-Faucon, Le Gris sin duda apoyó a su señor y patrón. Este segundo pleito contribuyó a agriar aún más las relaciones entre Carrouges y Le Gris.

P oco después de la disputa por Bellême, estalló una tercera riña entre Jean de Carrouges y el conde Pedro: la tercera pelea de Jean con su señor en otros tantos años y una que, en esta ocasión, afectaba también directamente a Jacques Le Gris, lo cual enemistó todavía más a ambos escuderos. Este nuevo enfrentamiento se originó cuando Jean realizó otro intento mal calculado de asegurar más tierras y poder.

Ansioso por recuperarse de sus recientes reveses, y con dinero fresco en la mano, tal vez procedente de la dote de Marguerite, Jean decidió comprar tierras. El 11 de marzo de 1383 adquirió dos feudos, Cuigny y Plainville, a un caballero llamado Jean de Vauloger. Ambas haciendas, una cerca de Argentan y la otra, al norte, en la región que hoy se conoce como Calvados, eran excelentes tierras de cultivo que prometían abundantes cosechas y excelentes rentas. Así pues, que Jean quisiera adquirirlas no es ninguna sorpresa, aunque quizá pasara por alto el peligro que comportaba la ubicación de Cuigny, que se encontraba justo entre las tierras del conde Pedro y las de Jacques Le Gris.

Pronto el trato se malogró. El 23 de marzo de 1383, solo doce días después de la venta, el conde Pedro ejerció su derecho prioritario a ambos feudos y exigió que Carrouges se los entregara.* ¿Acaso no era Jean consciente cuando compró esas tierras de las cargas a las que estaban sometidas? ¿O conocía el derecho prioritario que tenía el conde sobre ellas y, simplemente, decidió cerrar la compra de todos modos? Dada la naturaleza conflictiva del escudero, puede que esto último fuera exactamente lo que sucediera. La combatividad que lo convertía en

---

* Según la ley feudal, los feudos hereditarios que se poseían en vasallaje con un señor no podían comprarse ni venderse fuera de la familia sin el permiso del señor. Si esas tierras quedaban vacantes, es decir, si el arrendatario moría sin descendencia, revertían al señor, quien entonces podía concederlas a otro vasallo.

un guerrero temible y que le había salvado la vida muchas veces en el campo de batalla era precisamente lo que estaba acabando con él en la corte de Argentan, donde el tacto y la diplomacia hacían avanzar a un hombre más rápido que la bravuconería o la fuerza física.

Como resultado de la reivindicación del conde Pedro, Jean de Carrouges tuvo que ceder Cuigny y Plainville antes de haber tomado plena posesión de ellas. El conde Pedro le devolvió el dinero que había pagado por las propiedades, pero este revés le costó a Carrouges no solo las tierras, las rentas que habría recibido de esos valiosos feudos y el derecho a legarlos a sus herederos, sino también otra vergonzosa pérdida de prestigio en la corte de Argentan.

Ultrajado por la prepotencia con que había actuado el conde Pedro, pero sin otra opción que plegarse a la voluntad de su señor, Jean de Carrouges dio rienda suelta a su ira contra su rival. Carrouges ya estaba resentido con Le Gris por cómo se había congraciado con el conde Pedro, por insinuarse como el nuevo favorito de la corte y por disfrutar del generoso patronazgo del conde. Le Gris era capitán del fuerte de Exmes, mientras que a Carrouges lo habían privado de Bellême. Le Gris había visitado París y lo habían nombrado escudero real, mientras que Carrouges había sido dejado atrás. Y, lo peor de todo, Le Gris había recibido las valiosas tierras de Aunou-le-Faucon abiertamente como un regalo del conde, mientras que Carrouges había tenido que comprar tierras a su costa para luego ver cómo su señor se las reclamaba sumariamente.

Frustrado por el éxito de Le Gris en la corte y por sus propios fracasos, Carrouges se convenció de que Le Gris había conspirado contra él a sus espaldas. Concluyó que, desde el principio, Le Gris había instado en secreto al conde Pedro a actuar contra él y que incluso se había beneficiado personalmente de los perjuicios que le había causado. El motivo por el que el conde Pedro había tomado las propiedades legítimas de Jean tres veces en otros tantos años —primero, Aunou-le-Faucon; luego, Bellême, y, ahora, Cuigny y Plainville— habían sido los malos consejos que Le Gris le había susurrado al oído durante todo ese tiempo. Para el amargado y suspicaz Carrouges, esta sucesión de pérdidas apuntaba a una sola conclusión: su viejo amigo, en quien otrora había confiado, lo había traicionado cruelmente para medrar; Le Gris había ascendido en la corte pasando por encima de Carrouges.

La tercera disputa de Jean con el conde Pedro, y su animosidad hacia Jacques Le Gris, destruyó los últimos resquicios de la amistad entre los dos escuderos. Carrouges culpaba a su viejo amigo de sus desgracias. «Ahora empezó a odiar y a despreciar a Le Gris». Jean se quejó a otros de su odiado rival. Puede incluso que acusara abiertamente a Le Gris en la corte de Argentan y que le lanzara a la cara iracundas acusaciones.

La actitud rencorosa de Jean no hizo sino acrecentar su reputación de hombre problemático, envidioso e irascible. Al final, se retiró de la corte. Aunque de manera oficial todavía era uno de los chambelanes del conde, se convirtió virtualmente en *persona non grata*. Durante el siguiente año, o puede que incluso más, Jean evitó la corte de Argentan, que estaba a solo veinte kilómetros de su castillo de Carrouges pero de la que ahora lo separaba un ancho y profundo abismo. Tras ser llamado en 1383 para servir al conde Pedro en Flandes, Jean abandonó la campaña al cabo de solo ocho días, otro indicio del distanciamiento con su señor.

Estos debieron de ser tiempos difíciles para Marguerite, que apenas llevaba tres años casada con Jean. No tuvo que ser fácil ver cómo su iracundo y malhumorado marido cortaba su relación con la corte y se quedaba sentado en el torreón de su castillo, rumiando sobre sus desgracias tras los altos y gruesos muros de piedra. Sin duda, Jean debió de hablarle a menudo sobre Jacques Le Gris, de quien seguro que había oído muchas cosas a lo largo de los últimos años, pero a quien aún no conocía.

El aislamiento de Jean respecto de la corte y su alejamiento tanto del conde Pedro como de Jacques Le Gris se alargó un año, o incluso más. Hasta 1384, cuando la última riña entraba en su segundo año, no se produjo ningún intento de conciliación. El acontecimiento que sacó a Jean de su autoimpuesto exilio de la corte del conde Pedro probablemente tuvo lugar en el otoño de ese año, puede que cerca de la Navidad.

Por toda Normandía, los manzanos habían perdido sus hojas y se había recogido toda su fruta y muchos campos arados estaban en barbecho, aunque en algunos se había sembrado trigo de invierno. El otoño normando es frío y lluvioso, y el invierno es todavía peor. La lluvia se torna nieve y hielo, que convierten los caminos en resbaladizos lodazales y someten la tierra a una larga helada de la que la gente se refugia buscando la compañía de los demás en torno al fuego del hogar. Las enormes chimeneas en los grandes salones de los castillos normandos son tan altas como un hombre y, al menos, igual de anchas, para calentar las amplias salas llenas de corrientes con sus gruesos muros de piedra, que a menudo permanecen frías y húmedas durante todo el año.*

A finales de 1384, a medida que el tiempo se volvía cada vez más inclemente y gélido, Jean de Carrouges recibió una invitación de un viejo amigo, un escudero llamado Jean Crespin. La esposa de Crespin acababa de tener un hijo y, para celebrar el bautizo del bebé y que su mujer se había recuperado del parto, el escudero había invitado a sus amigos y parientes a una fiesta en su casa. Crespin vivía a unos quince kilómetros al oeste de Carrouges, cerca de La Ferté-Macé, una ciudad que colindaba con un bosque real donde trabajaba como guardabosques, protegiendo la caza y manteniendo el suministro real de leña.

Jean acudió a la celebración acompañado de Marguerite. Tras su furiosa retirada de la corte de Argentan, esta debió de ser una de sus escasas apariciones sociales ese año. Marguerite, que había tenido menos oportunidades que su marido para abandonar el castillo de Carrouges y que había pasado el último año o más escuchando sus quejas, debía de tener tantas o más ganas que Jean de salir de casa y disfrutar de la compañía de gente en un ambiente festivo. Podía contar con encontrar algunos rostros conocidos en Crespin, así como con conocer a gente nueva,

---

* Las crónicas indican que desde principios a mediados de la década de 1380, Normandía experimentó una serie de inviernos especialmente duros, con frecuentes nevadas.

puesto que solo cuatro años antes había abandonado el castillo de su padre, mucho más al norte, para ir a vivir con su esposo.

Además de Jean y Marguerite, entre los invitados se contaban «muchas otras personas nobles y estimadas». Crespin, que tenía buenos contactos en la corte real de París, también conocía al conde Pedro. Sin embargo, La Ferté-Macé se hallaba a una distancia considerable de Argentan, al otro lado de Carrouges, y eso hacía improbable que Jean se encontrara allí con muchos de sus colegas cortesanos. Todavía dolido por su serie de costosas y embarazosas querellas con el conde Pedro, puede que ese fuera precisamente el motivo que lo llevó a aceptar la invitación de Crespin.

Y, sin embargo, cuando Jean llegó a casa de Crespin y entró en el gran salón del *château* con Marguerite a su lado, allí estaba Jacques Le Gris, bebiendo vino y participando en la celebración con los demás invitados. Marguerite, por supuesto, no conocía al escudero. Y lo que sabía de él le había llegado principalmente a través de su marido, que no tenía nada bueno que decir sobre su viejo amigo.

Carrouges y Le Gris —en tiempos amigos íntimos, luego rivales y, ahora, enemigos— se miraron directamente a los ojos, cada uno en un extremo de la sala. Otros huéspedes, que repararon en la intensidad de sus miradas, dejaron de celebrar y guardaron silencio, como quien ha visto el rayo y espera el estallido del trueno. La rivalidad entre ambos escuderos había sido la comidilla de la región, y su cáustico enfrentamiento en la corte del conde Pedro por tierras, títulos y patronazgo era de sobra conocido entre la nobleza local.

Pero no hubo ningún estallido de ira, ningún intercambio de insultos, ningún desafío ni amenaza. Tampoco se produjo ningún intento de ignorar flemáticamente la presencia del otro en la misma sala. Al contrario, los dos escuderos empezaron a acercarse el uno al otro, animados por el ambiente festivo a su alrededor y el vino, que fluía en abundancia. Se apagaron las charlas y las risas en la sala iluminada por las antorchas y todos los ojos se volvieron hacia ellos.

Para la ocasión, ambos escuderos vestían una chaqueta corta o jubón del color de sus respectivas familias: rojo en el caso de Carrouges, gris en el de Le Gris. Los dos hombres se detuvieron cerca del centro de la gran sala, frente a frente, pero a unos pocos pasos de distancia, y se miraron fijamente.

Jean fue el primero en dar un paso adelante, con la mano derecha extendida. Le Gris acudió rápidamente a su encuentro a medio camino, moviéndose con sorprendente rapidez para un hombre de su tamaño, y estrechó la mano que le ofrecía Jean con un fuerte apretón.

—¡Carrouges! —dijo el escudero vestido de gris, sonriente.

—¡Le Gris! —exclamó el escudero de rojo, que respondió a su sonrisa.

Con ese saludo y ese apretón de manos, los dos hombres pusieron fin a su enfrentamiento e hicieron las paces. La tensión en la sala se evaporó. Los nobles que los observaban prorrumpieron en gritos de aprobación, las damas aplaudieron y Crespin se acercó para felicitar a los dos hombres.

Es difícil creer que este encuentro fuera puramente fortuito. Crespin conocía tanto a Carrouges como a Le Gris, y quizá actuara a instancias del conde Pedro para ayudar a reconciliar a los dos escuderos enfrentados. Carrouges, capaz de guardar rencor durante años, debió de concluir, mientras rumiaba en su castillo, que prolongar su conflicto con Le Gris solo le acarrearía más perjuicios. Y, tal vez, tras varios años de empeoramiento de su relación con Carrouges y tras su violenta riña, Le Gris también deseara intentar arreglar las cosas.

Fueran cuales fueran las circunstancias del encuentro, a continuación sucedió algo todavía más sorprendente. Tras saludar y abrazar a Le Gris, Jean se volvió hacia Marguerite y le pidió que besara al escudero como señal de su renovada paz y amistad. Marguerite, enjoyada y elegantemente ataviada para la ocasión en un magnífico vestido largo, se acercó a saludar a Le Gris y lo besó en la boca, como era costumbre. La crónica superviviente no deja dudas al respecto de que fue *ella* quien lo besó a él.

Dada la amarga querella de su marido con su colega escudero, no es probable que Marguerite juzgara con demasiada benevolencia a Le Gris. A lo largo de los últimos años, Jean habría hablado de Le Gris de la peor manera posible, y añadido, para beneficio de Marguerite, algunos de los rumores que circulaban sobre sus aventuras con mujeres. La escandalosa conducta del escudero, aunque se tratara solo de rumores, difícilmente lo convertía en un amigo o conocido recomendable para la joven esposa. Así pues, es probable que la orden que dio Jean a Marguerite de que besara a Le Gris, su odiado rival y el hombre a quien él había culpado durante largo tiempo de muchas de sus desgracias, la sorprendiera. Incluso si la reconciliación se había acordado con anterioridad y Marguerite lo supiera de antemano, por fuerza hubo de sentir que aquello era llevar las cosas demasiado lejos, un acto impulsivo producto del exceso de vino que el propio Jean podría lamentar más tarde.

Jacques Le Gris quizá se sorprendió tanto como Marguerite. Apenas acababa de reconciliarse con Carrouges, tras años de amargas disputas y distanciamiento, cuando la joven y bella esposa de Jean se acercó a él y lo besó en los labios. A lo largo de los años anteriores, Le Gris había oído hablar de la gran belleza de Marguerite, pues el matrimonio de Jean con la joven heredera había estado en boca de todos en la corte. Pero Le Gris no conocía a Marguerite ni la había visto nunca, hasta entonces.

La belleza de Marguerite sin duda impresionó profundamente a Le Gris, como a cuantos la veían. Y, si el escudero con reputación de donjuán estaba buscando nuevas conquistas, debió de sentirse súbita y poderosamente atraído por aquella despampanante joven que había presionado brevemente sus labios contra los suyos. Es probable que el interés de Le Gris en Marguerite surgiera en ese preciso momento.

3

BATALLA Y ASEDIO

En la primavera siguiente, todavía resentido por sus muchos reveses en la corte del conde Pedro y a pesar de su reciente reconciliación con Jacques Le Gris, Jean de Carrouges decidió abandonar Normandía durante un tiempo y unirse a una expedición militar francesa a Escocia en busca de riqueza y una mejora de su posición. La expedición se lanzó en mayo de 1385 por orden del rey de Francia. Un ejército de caballeros y hombres de armas franceses navegaría hasta Edimburgo, uniría allí fuerzas con los escoceses y, luego, marcharía hacia el sur para abrirse camino a punta de espada por tierras inglesas, donde saquearían ciudades y castillos y destruirían granjas y pueblos justo cuando las cosechas estaban casi maduras.

Lideraba la expedición Jean de Vienne, el célebre comandante militar. Nombrado almirante de Francia en 1373, a la edad de treinta y dos años, Vienne había reformado por completo la marina francesa, reorganizado las defensas costeras y liderado una serie de famosas incursiones navales contra los ingleses. También había ayudado a derrotar a Carlos el Malo en 1378 y dirigido la campaña de Cotentin en 1379, durante la cual Jean de Carrouges había servido a sus órdenes durante varios meses.

El ejército del almirante estaba compuesto por más de mil caballeros y escuderos, más otros dos mil ballesteros y «ayudas fornidos», sirvientes que también portaban armas, lo cual elevaba el total de combatientes franceses a unos tres mil. La expedición atrajo a nobles de toda Francia, y Jean de Carrouges se unió a ella con una tropa de otros nueve escuderos bajo su mando.

Carrouges, por naturaleza, «sentía gran inclinación por la aventura», y la campaña le brindó la oportunidad de abandonar durante un tiempo la escena de sus recientes fiascos en la corte del conde Pedro en Argentan. Era posible, incluso, que un despliegue de valor en un campo de batalla extranjero le valiera ser nombrado caballero. Pero, por encima de todo, Carrouges esperaba obtener beneficios de la expedición, regresar con suficiente riqueza saqueada a las ciudades y castillos ingleses como para compensar sus recientes pérdidas de tierras y rentas en casa.

Antes de partir, Carrouges primero debía pedir a su señor que lo liberase de su deber de servicio militar regular. El conde Pedro accedió a su partida de inmediato. Tras sus muchas querellas con Carrouges a lo largo de los pocos años anteriores, el conde estaba encantado de librarse de aquel vasallo problemático durante un tiempo. Quizá incluso tenía la esperanza de que Carrouges no regresara, pues el escudero todavía no tenía heredero y algunas de sus tierras revertirían al conde Pedro, que podría concederlas a miembros de su corte que gozaran de su favor.

Jean también tuvo que encargarse de garantizar la seguridad y comodidad de su esposa durante su ausencia. Normandía seguía infestada de tropas enemigas y bandas de ladrones, y es posible que Marguerite no deseara permanecer en Carrouges durante la ausencia de su esposo. O tal vez Jean no confiara completamente en su bella y joven esposa. En Carrouges había siempre hombres de la guarnición y, además, su hacienda estaba muy cerca de otros castillos y cortes, como la del conde Pedro.

Antes de partir en campaña, Jean se llevó a Marguerite al *château* del padre de ella en Fontaine-le-Sorel, a poco más de

treinta kilómetros al suroeste de Ruan. Marguerite había crecido allí y se había marchado hacía solo cinco años para casarse
con Jean. Puede que fuera ella quien escogiera Fontaine-le-Sorel, a pesar de que su madrastra era ahora la señora del lugar.
La otra alternativa era alojarse con su suegra viuda, una opción
menos atractiva.

Esta sería la separación más larga de Marguerite y Jean desde
su boda, y es posible que ella se sintiera intranquila ante la partida de su marido. Quizá se preguntó si Jean se había cansado de
ella tras cinco años de matrimonio o si lo había contrariado de
algún modo. Aún no le había dado ningún heredero, y engendrar descendencia había sido una de las principales razones por
las que se había casado con ella.

Pero el propio Jean afirmaría más tarde que, hasta el momento de su partida, ambos, marido y mujer, «nos amamos con
devoción y vivimos casta y pacíficamente el uno con el otro».
También parece que Jean estaba en buenos términos con la
familia de Marguerite. Poco después de que la pareja llegara
a Fontaine-le-Sorel, probablemente en abril, se les unió allí el
primo de Marguerite, Robert de Thibouville, uno de los nueve
escuderos que acompañarían a Jean en la campaña.

Poco después, Marguerite despidió a su esposo y este partió
a la guerra. También le dijo adiós a su primo. Sabía que aquellos
dos hombres se enfrentarían a múltiples peligros en el mar y
en campos de batalla extranjeros, y lo más probable es que se
preguntara si volvería a verlos alguna vez.

Para unirse a la expedición, Jean y Robert hubieron de viajar con sus camaradas desde Normandía a Sluys, un puerto
francés clave en la costa flamenca donde el almirante Vienne
estaba reuniendo a su ejército y preparando su flota.

Jean y sus hombres llegaron a la bulliciosa ciudad costera a
finales de abril o principios de mayo y se encontraron el puerto
lleno con casi doscientas urcas y cocas, los barcos de gran calado
y casco redondeado que se utilizaban para navegar por las aguas
del norte de Europa. Los estibadores trajinaban cargando en

las embarcaciones armaduras y armas, entre ellas algunos cañones primitivos, junto con la enorme cantidad de suministros de
todo tipo necesarios para una campaña en el extranjero que podía durar hasta un año. Muchos hombres embarcaron también
sus caballos, para la batalla, los desplazamientos y para trans-
portar su equipaje. Los barcos llevaban también lujosos regalos
para los escoceses, entre ellos cincuenta armaduras completas y
cincuenta mil francos de oro en resistentes cofres cerrados.

Antes de zarpar, el almirante Vienne pagó al ejército por
adelantado dos meses enteros de servicio. Una revista de las tropas, llevada a cabo el 8 de mayo de 1385, muestra que «Jean
de Carrouges, *escuier*», estaba presente en Sluys junto con los
nueve escuderos bajo su mando y que se le pagaron trescientas
veinte libras, media libra por día para cada hombre.

El 20 de mayo, el almirante dio órdenes de que la flota partiera. El tiempo era bueno y los vientos, favorables. Los franceses navegaron costeando Flandes hacia el norte desde Sluys
y pasaron por Zelanda, Holanda y Frisia, y, luego, viraron al
oeste, hacia Escocia y el fiordo de Forth.

Cuando los franceses desembarcaron en Leith, cerca de
Edimburgo, enseguida corrió la voz de que había llegado un
ejército extranjero, y los escoceses empezaron a quejarse. «¿Qué
diablos los ha traído aquí? ¿Quién los ha llamado? ¿Acaso no
podemos luchar contra los ingleses solos? Que vuelvan por donde han venido, que nosotros nos bastamos para luchar nuestras
batallas», dijeron.

El rey Roberto de Escocia, poco dispuesto a que su pueblo
fuera más patriota que él, se negó entonces a marchar sobre
Inglaterra hasta haber recibido un enorme soborno. Obstacu-
lizado por los escoceses y sin otra opción, el almirante Vienne
accedió a las indignantes exigencias del rey Roberto. De otro
modo, no habría recibido ayuda alguna de sus aliados.

El ejército combinado de franceses y escoceses, una fuerza de
unos cinco mil hombres, marchó finalmente desde Edimburgo a principios de julio. Avanzando hacia el sur, cruzó el río

Tweed, se dirigió al este y quemó granjas y pueblos a su paso mientras procedía hacia el mar. Al final, su avance se detuvo en Wark, una fortaleza construida en un promontorio rocoso a orillas del Tweed.

El castillo de Wark tenía una enorme torre del homenaje de cuatro pisos de altura, cada uno con «grandes bóvedas de piedra» alrededor de su entrada y «cinco grandes aspilleras, aberturas desde las que se podían arrojar o disparar proyectiles. Wark estaba defendido por *sir* John Lussebourne, que tenía consigo a su esposa e hijos. Prevenido de que el enemigo se acercaba, *sir* John había reforzado la guarnición y colocado «grandes bombardas» —cañones pesados— en las murallas del castillo. Además de las ballestas y cañones que defendían las almenas, el castillo estaba rodeado de grandes fosos para ralentizar a los atacantes y convertirlos en objetivos más fáciles para los tiradores que les disparaban desde arriba.

El almirante Vienne envió un heraldo que exigió que *sir* John rindiera la fortaleza; de lo contrario, se procedería a su asedio. En respuesta, *sir* John profirió a gritos una serie de insultos desde la muralla y advirtió al almirante de que sería mejor que se retirara con sus tropas antes de ser víctima de las artimañas de los escoceses, en quienes no se podía confiar. Tras este parlamento, comenzó el asalto.

Como corresponde a un ejército de incursión propenso a las tácticas de tierra quemada, los franceses y los escoceses carecían de máquinas de asedio pesadas, como los trabuquetes, que arrojaban grandes bolas de piedra por encima de las murallas del castillo y sobre los tejados del enemigo. Sus cañones, pequeños y portátiles, no tenían la potencia necesaria para derribar las gruesas murallas de piedra de la fortaleza. Para colmo, el castillo estaba construido sobre unos cimientos de roca sólida, lo que impedía el minado (la excavación de túneles bajo las murallas para provocar su hundimiento), y la necesidad de proceder con rapidez no dejaba tiempo para rendir a la bien provista guarnición por hambre.

Sin más opciones, el almirante ordenó un asalto con escalas. Sus hombres construyeron escaleras uniendo largas pértigas y se prepararon para ascender por las murallas del castillo, los más valientes primero, seguidos en tropel por los demás. Los franceses apoyaron sus escalas contra las murallas y realizaron «muchas gestas galantes, ascendieron a las almenas y lucharon allí cuerpo a cuerpo, daga contra daga, con la guarnición. *Sir* John Lussebourne demostró ser un buen caballero y diestro con las armas, y se enfrentó a los caballeros franceses en cuanto subieron por las escaleras».

Los atacantes se exponían a líquidos hirviendo, a arena ardiente o a cal viva arrojada desde las murallas, así como a las letales flechas de los ballesteros, que, disparadas a tan corta distancia, eran capaces de atravesar las corazas. Un desventurado atacante que ascendía por la escala podía también resbalar y precipitarse a la muerte en su pesada armadura o ver cómo los defensores empujaban su escalera hacia atrás con pértigas y hacían que sus compañeros y él cayeran al vacío cuando estaban cerca de la cima.

Los escoceses se negaron a tomar parte en el asedio, pero los ballesteros franceses apostados alrededor del castillo castigaron constantemente a la guarnición inglesa con sus letales flechas, «atravesando al instante cualquier cabeza que asomara entre las almenas». Y los atacantes franceses eran «tan numerosos y renovaron los ataques con tanto brío que finalmente el castillo se tomó, y con él, el caballero, su esposa y sus hijos, que estaban dentro. Los franceses que entraron primero hicieron más de cuarenta prisioneros. A continuación, incendiaron y destruyeron el castillo al ver que no podían mantenerlo ni guarnicionarlo, pues estaba muy en el interior de Inglaterra».

Los invasores siguieron la costa hacia el sur y se adentraron en tierras que pertenecían a Henry Percy, conde de Northumberland, donde destruyeron más pueblos y granjas e incendiaron todo a su paso. Con el miedo y la alarma desbocados en Inglaterra, Jean de Carrouges y sus camaradas se arrojaron al torbellino de la guerra: masacraron a soldados enemigos y civiles por igual, se apoderaron de ganado y tomaron cuanto encontraron de valor. Un cronista francés informa que sus compatriotas llevaron «la muerte, el saqueo y el fuego» a aquella

El asedio del castillo de Wark (1385): como parte de una campaña francesa en Gran Bretaña, Jean de Carrouges ayudó a capturar y destruir castillos ingleses. Froissart, *Crónicas*. MS. Royal 18 E.I, fol. 345. Biblioteca Británica.

tierra, «destruyeron todo por la espada o por el fuego y cortaron el cuello a los campesinos y a todos los demás que encontraron, sin perdonar a nadie por motivos de rango, edad o sexo, ni siquiera a los ancianos o a los niños de pecho».

Los señores ingleses cuyas tierras habían sido asoladas se movilizaron rápidamente y organizaron un contraataque. El joven rey Ricardo II, enfurecido por aquel despiadado ataque por la espalda, se apresuró a acudir al norte desde Londres con otro ejército y juró aniquilar a los invasores franceses e incendiar Edimburgo como castigo a los escoceses.

Los franceses y los escoceses supieron que los ingleses se acercaban gracias a sus espías. El almirante Vienne tenía tantas ganas como el rey Ricardo de enfrentarse al enemigo en una batalla campal. Pero los escoceses, alarmados por los informes que llegaban sobre el tamaño del ejército inglés y preocupados por los suministros, presionaron para que se regresara a Escocia con el fin de enfrentarse al enemigo en su propio país. El almirante Vienne, que no quería perder a sus aliados escoceses, accedió.

Los ingleses, pues, cruzaron el Tweed hacia el norte y empezaron a aplicar el ojo por ojo, «dieron rienda suelta e ininterrumpida a la masacre, la rapiña y los incendios a lo largo de un frente de seis millas y dejaron los campos en ruinas en su estela».

Los escoceses, para asombro de los franceses, dejaron que el enemigo devastara sus tierras sin plantar batalla, e incluso concedieron a los ingleses salvoconducto por sus tierras para salvarlas de la destrucción. El almirante Vienne, decepcionado por esta traición, envió un mensaje a los escoceses: «¿Qué van a hacer ahora vuestros aliados, que acudieron en vuestra ayuda cuando lo pedisteis?», dijo. Los escoceses respondieron: «Lo que quieran».

El almirante ordenó a sus hombres que se armaran, ensillaran sus caballos y esperaran su señal. Esa noche, el ejército inglés acampó a escasos kilómetros al sur de Edimburgo, exhausto, y sus soldados durmieron profundamente guardados por unos pocos centinelas. Siguiendo las órdenes del almirante, todo el ejército francés se escabulló al abrigo de la noche, dio un rodeo para evitar pasar cerca del campamento de los durmientes ingleses y marchó en silencio hacia el sur.

Cuando los ingleses despertaron a la mañana siguiente y se aproximaron a Edimburgo, encontraron las puertas de la ciudad abiertas y las calles vacías. Todos sus habitantes habían huido. Mientras los franceses levantaban el campamento en secreto por la noche, los escoceses habían vaciado la población de bienes y ganado y habían desaparecido en los campos aledaños.

Ricardo tardó varios días en saber que los franceses habían regresado a Inglaterra para saquear e incendiar otra vez sus tierras. Enfurecido, ordenó a sus hombres que Edimburgo fuera arrasada por el fuego. El 11 de agosto, los ingleses redujeron la ciudad a cenizas, aunque la fortaleza en la cima de la colina sobrevivió a las llamas. Entonces, Ricardo ascendió con su ejército hasta Aberdeen, siguiendo la costa, y arrasó todo a su paso.

A doscientos cuarenta kilómetros al sur, los franceses y algunos de los aliados escoceses que habían permanecido leales a ellos sembraban el caos en Cumberland, el condado de verdes colinas justo al norte del distrito de los Lagos. Jean de Carrouges y sus hombres tenían la esperanza de enriquecerse todavía más con el botín y los prisioneros que obtuvieran en esta segunda y más profunda incursión en Inglaterra.

Mientras descendían por la costa, los franceses y los escoceses lo destruyeron todo a su paso. Los invasores se encontraron con poca resistencia, «pues el país había sido esquilmado y todos los hombres de armas estaban con el monarca inglés en su expedición», hasta que, tras dar media vuelta, toparon con Carlisle.

Carlisle había sido tiempo atrás un fuerte en la frontera romana y uno de los bastiones del muro de Adriano, cuyos restos seguían atravesando los páramos hasta Newcastle y la costa occidental. La ciudad era ahora un bastión inglés y estaba fortificada con murallas, torres y fosos y bien aprovisionada contra un asedio.

El 7 de septiembre, franceses y escoceses atacaron la ciudad, colocaron sus escalas de asalto contra las murallas «y lanzaron sus poderosas fuerzas en un violento intento de destruirla o tomarla al asalto». Pero el vigoroso ataque fracasó. Enfrentados a un obstáculo que no podían tomar, saquear o destruir con facilidad y temiendo que los atacaran mientras estaban en pleno territorio enemigo, los invasores decidieron poner fin a su infructuoso asedio.

Mientras franceses y escoceses se dirigían al norte, ralentizados por la gran cantidad de botín que acarreaban, sucedió el desastre. *Sir* Henry Percy, hijo y heredero del conde de Northumberland, los atacó súbitamente por la retaguardia. El joven Percy —conocido como Hotspur ['espuela caliente'] por la velocidad y ferocidad con la que cabalgaba— cayó sobre los invasores por la noche, «mató a muchos de ellos e hizo huir a otros» y, además, tomó prisioneras «a veintiséis personas notables».

Jean de Carrouges y Robert de Thibouville tuvieron la suerte de no estar entre los capturados o fallecidos. No todos sus camaradas fueron tan afortunados. Una revista del ejército del almirante llevada a cabo poco más de un mes después, el 28 de octubre, registra que Jean había perdido a ocho o nueve camaradas. Puede que algunos de ellos murieran en batallas anteriores o a consecuencia de enfermedades, pero otros debieron de caer durante el violento ataque sorpresa de Hotspur sobre el ejército francés en retirada, que resultaría la última batalla de la campaña.

Al acercarse el final de la temporada de campaña, los diversos ejércitos se retiraron del escenario y el almirante Vienne decidió pasar el invierno con su maltrecho ejército en Edimburgo. Jean de Carrouges llevaba ya más de seis meses fuera de casa, y parecía que tanto él como el resto de sus baqueteados hombres permanecerían en Escocia al menos hasta la primavera siguiente.

Pero los escoceses no fueron más hospitalarios con los franceses que antes: «El almirante, con sus barones, caballeros y escuderos, sufrió mucha hambre, pues apenas podían conseguir provisiones con su dinero. Tenían muy poco vino, cerveza, cebada, pan o avena, y sus caballos, por lo tanto, perecieron de hambre o acabaron tan débiles que resultaban inútiles».

El almirante empeoró una situación ya de por sí mala al iniciar una aventura ilícita con una princesa de la corte escocesa, por la que recibió amenazas contra su vida. Muchos nobles franceses se negaron entonces a permanecer en Escocia hasta la primavera, pues temían que morirían a consecuencia de la pobreza o serían asesinados por los escoceses. Con reticencia, el almirante dio permiso para que los que desearan marcharse lo hicieran.

Aunque habían ido a combatir contra los ingleses, los franceses se marcharon furiosos con los escoceses. «Obtuvieron pasaje a Francia y regresaron a través de Flandes, o de donde pudieran desembarcar, famélicos y sin armas ni caballos, maldiciendo a Escocia y la hora en que habían puesto pie en ella».

Al regresar a Francia, muchos caballeros y hombres de armas «estaban tan empobrecidos que no hallaron forma de conseguir montura» y algunos «se incautaron de caballos de tiro allí donde los encontraron en los campos» y regresaron a casa como pudieron sin sus caballos de batalla, a lomos, en cambio, de bestias acostumbradas a tirar de arados y carros.

Jean de Carrouges regresó a Normandía a finales de 1385 con sus cofres vacíos y un estado de salud lamentable. Se había gastado una fortuna equipándose para su aventura extranjera con la esperanza de que su inversión le rindiera réditos abundantes en forma de botín (oro, plata, caballos u otros objetos de valor). Pero bien podría haber tirado el dinero a cualquier turbera de Escocia. Como muchos otros franceses, regresó, además, enfermo, aquejado por una fiebre crónica que lo dejó débil y exhausto y que lo hacía propenso a constantes temblores y sudores.

Tras haber perdido su salud, una gran cantidad de dinero y cinco camaradas de armas, además de los seis meses que había pasado fuera en la infructuosa expedición, lo único de valor que Jean de Carrouges trajo de vuelta de la expedición fue su nombramiento como caballero. La revista del vapuleado ejército francés que se realizó tras su regreso a Escocia, a finales de octubre, lo enumera como «Jean de Carrouges, caballero», lo que indica que había ganado esta distinción durante esa campaña, en verano u otoño.

Jean de Carrouges tenía casi cincuenta años y, hasta entonces, no había conseguido ser nombrado caballero en la corte del conde Pedro. Su nuevo rango le daba derecho a ser conocido y tratado en adelante como *chevalier,* y, sin duda, insistió en que se dirigieran a él de ese modo a su regreso a la corte de Argentan. El título también hacía que su sueldo fuera el doble, de una libra diaria, aunque aún no había cobrado cuanto se le debía por la campaña, pues el pago de los salarios iba con mucho retraso.

Después de desembarcar en Sluys —o Harfleur u otro de los puertos franceses—, Jean se apresuró a viajar hasta Fontaine-le-Sorel, donde había dejado a Marguerite siete meses atrás, al cuidado de su padre. Lo acompañó el primo de Marguerite, Robert, quien también había sobrevivido a los peligros de la batalla, la enfermedad y las travesías marítimas.

Para cuando los dos hombres alcanzaron las puertas de Fontaine-le-Sorel, se acercaba ya la Navidad. Quizá Marguerite tenía ganas de pasar otras pocas semanas en el castillo de su padre con su recién regresado marido y su primo. Ambos estaban agotados por la campaña, Jean estaba gravemente enfermo y los caminos estaban en malas condiciones durante el invierno.

Pero el caballero no deseaba permanecer en Fontaine-le-Sorel más allá de una breve visita. Tras solo unos pocos días, volvió a hacerse al camino, esta vez con Marguerite a su lado, para visitar a su madre, a quien no había visto desde su partida hacia Escocia tantos meses antes.

Nicole de Carrouges, ahora viuda, vivía en Capomesnil, una hacienda de la familia en Calvados, a unos cincuenta y cinco kilómetros de Fontaine-le-Sorel. Nicole se había mudado a Capomesnil tras la muerte de su marido, tres años antes, cuando el conde Pedro había negado a su hijo la capitanía de Bellême. Por algún motivo, la viuda no había ido a vivir con su hijo y su esposa en Carrouges. Quizá no deseaba compartir el castillo con su nueva nuera. O quizá eran Jean y Marguerite quienes preferían que no viviera con ellos.

Tras abandonar Fontaine-le-Sorel, la pareja siguió la antigua vía romana que iba hacia el oeste, en dirección a Lisieux. En invierno, con los caminos a menudo embarrados y resbaladizos a causa del hielo y la nieve, el trayecto les debió de llevar al menos dos días, con pernoctaciones en ciudades por el camino o en castillos de amigos. Los caminos en mal estado habrían ralentizado incluso a un hombre que viajara solo en un caballo fuerte. Y, según una crónica francesa, el invierno de 1385-86 fue «maravillosamente malo y duro». Marguerite cabalgaba en la comodidad de un palafrén bien acolchado o incluso sentada cómodamente en un carruaje cerrado. La asistían dos o tres de sus doncellas, mientras que varios sirvientes varones se encargaban del tren de equipaje.

Cabalgando al frente de la procesión de los miembros de su casa, el caballero llevaba su espada al cinto y mantenía sus otras armas cerca, mientras que sus hombres iban armados con cuchillos y mazas para ayudar a rechazar a ladrones o bandoleros. También estaban en guardia contra los *routiers*, las grandes compañías o bandas de mercenarios que vivían de lo que sacaban del terreno entre las intermitentes batallas de la guerra de los Cien Años y que vagaban por los campos en busca de presas, lo que hacía que hasta las rutas más transitadas no fueran seguras. Lastrada por su equipaje y en guardia contra posibles emboscadas, la pareja avanzaba lentamente por el gélido campo normando.

4

EL CRIMEN DE CRÍMENES

A Marguerite difícilmente la hizo feliz abandonar el castillo de su padre y emprender un viaje por caminos arduos y peligrosos en lo más duro del invierno para visitar a su suegra. El solitario *château* de Nicole en Capomesnil no ofrecía ni las comodidades ni las diversiones de Fontaine-le-Sorel. Además, tenía que pensar en la salud de su marido. Tras meses de campaña y una travesía marítima, y ahora con una fiebre crónica, Jean necesitaba desesperadamente descansar, no otro viaje en pleno invierno. Mientras la pareja y su séquito avanzaban a trompicones por los caminos nevados y llenos de baches hacia Capomesnil, Marguerite tuvo tiempo de preocuparse por cómo la recibiría Nicole. Después de más de cinco años de matrimonio, todavía no le había dado a Jean ningún heredero, algo que su suegra podría echarle en cara durante su visita.

La dama Nicole no había perdonado nunca a su hijo por casarse apresuradamente con la hija de un traidor hacía cinco años ni por unir el ilustre apellido de los Carrouges al deshonroso apellido de los Thibouville. Sabía, por supuesto, que Jean se había quedado prendado por la belleza de Marguerite y que le atraía la gran riqueza de su padre. La tierra y el dinero siempre eran deseables, y Marguerite heredaría aún más propiedades a la muerte de su padre. Pero la reputación de una familia noble no tenía precio, especialmente en Normandía, que era, desde hacía tiempo, un semillero de conspiraciones y rebeliones y donde una alianza equivocada podía hundir la fortuna de una familia. Unos pocos años después de la boda, tras la muerte del marido de Nicole, ¿acaso no había negado el conde Pedro a su hijo la capitanía de Bellême, a la que tenía todo el derecho? ¿Acaso no podía la dama Nicole, que ahora tenía casi setenta años, haber pasado sus últimos días en la espléndida fortaleza que había defendido san Luis en lugar de en su modesta residencia de Capomesnil si el cabezota de su hijo no hubiera irritado al conde al casarse con Marguerite? En Bellême, todo el mundo le había rendido pleitesía como esposa del caballero Jean. Ahora nadie la visitaba en Capomesnil, excepto vendedores ambulantes y leprosos, y Nicole culpaba de su exilio allí en gran parte a Marguerite, señora del mayor y mejor castillo de Carrouges.

Después de que Jean y Marguerite pasaran por Lisieux, una ciudad catedralicia en la que debieron de pasar la noche con sus sirvientes, abandonaron la antigua vía romana y se desviaron por un camino rural que discurría hacia el suroeste, rumbo a la ciudad abacial de Saint-Pierre-sur-Dives. A unos trece kilómetros de Lisieux, un poco más allá de la mitad del trayecto hasta Saint-Pierre, cruzaron el río Vie en el pueblo de Saint-Julien-le-Faucon. Allí, tomaron un estrecho sendero que discurría al oeste a lo largo de la orilla sur del río.

Al cabo de unos pocos kilómetros, llegaron a un peñasco que se alzaba junto al río donde había un racimo de unas diez o doce casas con techo de paja habitadas principalmente por granjeros y arrendatarios que trabajaban la tierra. Esta humilde aldea era Capomesnil. Cerca de la población, pero apartada más arriba siguiendo la orilla del río, se encontraba el solitario y viejo *château* en el que vivía Nicole.

El castillo no era grande. Tenía el salón principal en la planta baja, una cocina y los cuartos de los sirvientes en la parte de atrás y unos aposentos en el piso de arriba que consistían en varias habitaciones a las que se accedía por una escalera interior. Tenía también una resistente torre del homenaje o *donjon* para protegerse, pero carecía de murallas que lo rodearan, ni altas ni bajas, y de torres defensivas, y estaba «situado en campo abierto y lejos de cualquier lugar fortificado». El *château* ya no existe, pues se demolió poco después de la Revolución francesa, pero se parecía a muchos otros pequeños *châteaux* o casas señoriales que todavía pueblan el paisaje normando. En este lugar remoto y poco frecuentado, Nicole vivía tranquilamente con escasos sirvientes y muy pocas visitas. El lugar habitado más cercano, aparte de la aldea, era el pueblo de Saint-Crespin, sobre la cresta de una colina al otro lado del río, a un kilómetro y medio al norte.

Marguerite probablemente deseaba que su estancia en Capomesnil no fuera muy larga y que, tras unos pocos días, Jean y ella reemprendieran su viaje, esta vez para volver a su castillo de Carrouges, del que ella llevaba ausente la mayor parte del año anterior. Pero quizá sabía, o sospechaba, que no sería así, dado que Jean estaba muy preocupado por sus finanzas desde su regreso de Escocia. Al final, resultó que su estancia en Capomesnil se alargaría hasta un mes, o puede que más, y que durante ese tiempo vería mucho más a su suegra que a su esposo.

Casi tan pronto como llegó, Jean se dispuso a emprender un nuevo viaje, a pesar del mal tiempo y de su delicada salud. Tras haber dilapidado una fortuna en la desastrosa campaña extranjera y no haber conseguido no ya beneficios gracias al botín, sino ni siquiera recuperar su inversión, necesitaba dinero desesperadamente. Sus ingresos apenas cubrían sus gastos habituales, incluso contando las rentas de las tierras de Marguerite. Tenía deudas pendientes por los caballos y los suministros que había adquirido para la expedición y todavía le debían su soldada. Así pues, Jean decidió viajar a París para cobrar la notable cantidad que le adeudaba directamente el tesorero de guerra del rey, Jean le Flament. Aprovecharía el viaje para visitar también a algunos amigos ricos e influyentes en París que podían ayudarlo a conseguir el patronazgo real.

Si Carrouges no se hubiera peleado tantas veces con el conde Pedro, tal vez no habría tenido que ir más lejos de Argentan para conseguir el dinero que necesitaba. El conde Pedro era casi demasiado pródigo al repartir regalos entre sus favoritos en la corte, especialmente cuando se trataba de Jacques Le Gris. Pero, tras las muchas y amargas disputas del caballero con su señor, y a pesar de su reconciliación con el favorito del conde antes de partir hacia Escocia, Jean tenía pocas oportunidades de recibir simpatía o ayuda de su señor. Y el orgullo no le permitía pedir ayuda al propio Le Gris, a pesar de lo rico que era el escudero y de la reciente reconciliación entre ambos.

Pero Carrouges sí que tenía planeado detenerse en Argentan de camino a París. La ciudad estaba en la ruta más directa desde Capomesnil a la capital. Además, debía informar de su regreso de Escocia al conde Pedro, que lo había liberado de las obligaciones regulares de servicio militar que tenía con él durante la primavera anterior. Carrouges, casi en bancarrota y enfermo, no estaba en condiciones de combatir ni de desempeñar ningún tipo de función oficial y, en cualquier caso, era poco probable que hubiese una campaña durante el invierno. Pero seguía siendo vasallo del conde Pedro, y el deber exigía que visitara a su señor.

Puede que Carrouges acudiera a Argentan impulsado por algo más que el deber. Tal vez quería ver si el conde lo recibía de vuelta en la corte. Quizá quería jactarse ante los demás cortesanos de su recién adquirida condición de caballero o sorprender y frustrar a aquellos que esperaban que no regresase de la arriesgada aventura en el extranjero. Sabía muy bien que algunos tenían la esperanza de lucrarse con su muerte. Jean aún no tenía heredero, de modo que gran parte de sus propiedades revertirían al conde Pedro, quien, a su vez, las otorgaría a otros vasallos.

Carrouges también sabía que en Argentan podría encontrarse con Jacques Le Gris, que no se había presentado voluntario a la expedición a Escocia, sino que había preferido quedarse en casa y ocuparse de sus asuntos. El año anterior, cuando los dos hombres se habían reconciliado en casa de Jean Crespin,

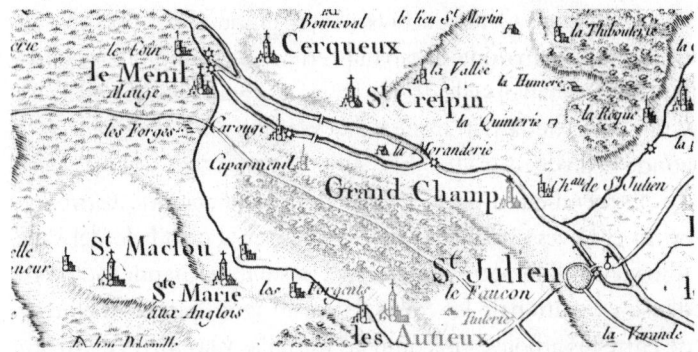

Capomesnil: Jean dejó a Marguerite en el modesto *château* de su madre, situado en la orilla sur del río Vie, cuando fue a París en enero de 1386. Detalle de Cassini de Thury, *Carte de France*, n.º 61 *(c.* 1759). Documentos de Charles Stuart de Rothesay, Departamento de Colecciones Especiales, Biblioteca de Investigación Charles E. Young, UCLA.

¿acaso la mirada de Le Gris se había detenido un instante de más sobre la bella y joven esposa de Jean después de que se abrazaran? Es posible. Pero Marguerite había pasado gran parte del año anterior muy lejos, en el castillo de su padre. Y ahora, aunque mucho más cerca de Argentan, estaba segura bajo el escrutinio y la vigilancia de la dama Nicole.

En cualquier caso, las tierras de Jean no eran lo único que un cortesano como Le Gris podía codiciar. Antes de emprender su viaje, que lo apartaría de su esposa durante varias semanas, Jean había hecho llamar a una de las doncellas de Marguerite y le había ordenado que no se apartara nunca del lado de su señora, ni de día ni de noche, hasta que él hubiera regresado de París. En cuestiones como aquellas, un marido debía tomar todas las precauciones posibles.

Jean de Carrouges partió hacia Argentan durante la primera semana de enero de 1386. Empezó el viaje, de unos cuarenta kilómetros —al menos medio día a caballo, especialmente con los caminos en mal estado durante el invierno—, dirigiéndose al este a lo largo de la orilla sur del río Vie y pasó por Saint-Julien-le-Faucon. Cerca de Livarot giró hacia el sur por una antigua vía romana que llevaba al terreno elevado y a las colinas que dominaban el valle del río Dives y la gran llanura de Falaise. Gran parte de la tierra que se desplegaba ante él pertenecía al conde Pedro.

Descendiendo poco a poco de las elevaciones, Carrouges cruzó el Dives cerca de Trun y siguió por el otro lado del valle. A los pocos kilómetros, atravesó el bosque de Grande Gouffern, denso y oscuro bajo las copas de sus antiguos pinos. Al emerger de entre los árboles, vio cómo las murallas y las torres de Argentan se erigían frente a él en un promontorio rocoso.

Argentan, antigua plaza fuerte de los ingleses, era donde, poco después de la Navidad de 1170, el rey Enrique II recibió las noticias de que cuatro de sus caballeros habían cruzado en secreto el canal y asesinado al arzobispo de Canterbury, Tomás Becket. En la década de 1380, la ciudad estaba rodeada por una gruesa muralla de piedra con dieciséis grandes torres redondas.

Carrouges cabalgó hasta la bien guardada puerta de la ciudad, donde lo reconocieron como uno de los hombres del conde Pedro y le franquearon el paso. Se dirigió directamente al palacio, el gran *château* de cuatro pisos con tres grandes torres que el conde Pedro había reconstruido tras comprar la ciudad en 1372. Allí, el cansado caballero desmontó, dejó su caballo con un mozo de cuadra y entró.

Después de cabalgar durante muchas horas por difíciles caminos en invierno, Jean de Carrouges estaba cubierto de barro y hecho un desastre, así que, probablemente, antes de presentarse ante la corte, se quitó su manchada capa de montar y se lavó la cara y las manos en una jofaina que le ofreció uno de los sirvientes de palacio. Luego, ascendió las escaleras hasta el gran salón, donde el conde Pedro tenía su corte y cenaba con sus amigos y cortesanos.

La llegada de Jean tomó al conde por sorpresa. A esas alturas, ya habían llegado a Argentan algunas noticias de la malhadada expedición a Escocia, entre ellas, los nombres de los

El palacio del conde: el conde Pedro de Alençon tenía su corte en
Argentan, en su imponente palacio. Aquí, en enero de 1386, Jean de
Carrouges se reencontró con Jacques Le Gris. Archives Photographiques,
Coll. M.A.P.(c) CMN, París.

nobles muertos en batalla o a causa de enfermedades y también
la angustiosa situación de los empobrecidos supervivientes que
habían conseguido regresar tras perder su dinero, sus caballos y
su salud. Al no saber nada de Carrouges, el conde Pedro debió
de empezar a pensar que su conflictivo vasallo había perecido y
que por fin se había librado de él. Es probable que algunos de
los hombres del conde ya estuvieran repartiéndose las tierras
del caballero. Así que, cuando Jean de Carrouges, enfebrecido
y debilitado por la fatiga, pero muy vivo y caminando por su
propio pie, apareció de repente en el gran salón, sorprendió al
conde Pedro y a tantos otros y, para muchos, no fue una sorpresa agradable.

Apenas sabemos nada de lo que aconteció ese día en la corte, pero sí que, mientras se detuvo en Argentan, Jean de Carrouges «se encontró a Jacques Le Gris y a muchos otros de los
hombres del conde de Alençon, a quienes explicó que planeaba

visitar París». Al explicar sus planes a los miembros de la corte, es posible que también revelara que su esposa se había quedado en la cercana Capomesnil con su madre. Incluso si trató de ocultar este hecho, los cortesanos podrían fácilmente haberlo deducido o haberlo averiguado por otros medios.

El encuentro entre Carrouges y Le Gris debió de comenzar de forma amistosa. Después de todo, poco más de un año antes los dos hombres habían puesto fin públicamente a su enfrentamiento y, al parecer, habían hecho las paces. Pero Jean de Carrouges era un hombre turbulento y conflictivo, propenso a los ataques de ira y a súbitos arrebatos de celos. Acababa de pasar seis meses en el extranjero arriesgando su vida por Francia y no había recibido gran cosa a cambio. Y, a unos pocos kilómetros de Argentan, el camino a París lo llevaría a través del feudo de Aunou-le-Faucon que había perdido, un viejo agravio que quizá lo corroía de nuevo.

Es posible que los últimos problemas del caballero, sumados a sus anteriores desventuras, colmaran su paciencia y provocaran que descargara su frustración contra el objetivo que tenía más a mano: el favorito del conde, de quien tanto tiempo había sospechado que conspiraba contra él. Al ver a Le Gris en el palacio, Carrouges debió de burlarse de él por haberse quedado en casa, lejos del peligro, mientras él había arriesgado la vida en el viril arte de la guerra. Puede que Jean también se jactara a voces de que había salido de Francia como escudero y había regresado como caballero tras realizar grandes hazañas de armas. Quizá el recién nombrado caballero incluso insinuara que también Le Gris podría elevar su rango si se atreviera a abandonar la comodidad y seguridad de la corte. Unas pocas palabras de Jean de Carrouges dirigidas con ira y descuido al escudero frente a otros cortesanos bastarían para reabrir viejas heridas y despertar la enemistad que yacía durmiente.

Pasara lo que pasara ese día en el palacio del conde Pedro, el encuentro entre el caballero y el escudero al parecer hizo mella en Jacques Le Gris, pues, poco después de enterarse de los planes del caballero de visitar París y de que el caballero saliera de Argentan para continuar su viaje, Le Gris convocó en secreto a uno de sus amigos más íntimos, Adam Louvel.

Louvel, también escudero, supuestamente servía a Jacques Le Gris como alcahuete y le presentaba a mujeres susceptibles a sus encantos. Al parecer, Louvel conocía bastante bien a Carrouges, pues había servido a sus órdenes en la campaña de Cotentin de 1379-80. Louvel tenía una casa en el pequeño conjunto de viviendas de Capomesnil, a tiro de piedra del *château* en el que se alojaba Marguerite con su suegra. Poco después de que el caballero saliera de Argentan hacia París, Adam Louvel galopó en dirección contraria, hacia Capomesnil, con órdenes de su señor de vigilar a Marguerite y mantenerlo informado sobre ella.

No está nada claro por qué, de repente, Jacques Le Gris volvió su atención hacia Marguerite. Jean de Carrouges argumentaría luego que el escudero simplemente deseaba a la joven heredera y «empezó a considerar cómo podría engañarla y seducirla», como supuestamente había hecho con tantas otras mujeres. Un cronista afirma que, «a través de una extraña y perversa tentación, el diablo entró en el cuerpo de Jacques Le Gris y sus pensamientos se fijaron en la esposa del caballero Jean de Carrouges, quien sabía que estaba viviendo prácticamente sola con sus sirvientas».

Tal vez Le Gris fuera uno de los cortesanos que esperaba salir beneficiado si Carrouges no volvía de Escocia. A esas alturas, Le Gris era viudo, y quizá, después de conocer a la joven y bella esposa de Jean, empezó a desear más que meramente los castillos y tierras de Jean. Quizá el escudero, que ya poseía unos valiosos terrenos que casi habían formado parte de la dote de Marguerite, ahora deseaba poseer también a la propia mujer.

O puede que fuera menos el deseo hacia Marguerite que el de vengarse de su esposo lo que impulsó a Le Gris a hacer una nueva conquista. Aunque los dos hombres habían puesto punto final a su riña públicamente, el escudero no había olvidado —y quizá tampoco había perdonado— el intento del caballero de arrebatarle Aunou-le-Faucon, las peleas con el conde Pedro que también afectaban a su favorito y el odio y la suspicacia contra él que Carrouges había difundido en la corte. Si, durante su última visita a Argentan, Carrouges se había burlado a la cara de Le Gris, es posible que este, harto de los insultos del caballero, decidiera vengarse de él de la forma que más daño le hiciera.

La prolongada ausencia del caballero y la proximidad y el fácil acceso a su mujer debieron de ayudar al escudero a concebir un astuto plan. ¡Qué espléndida venganza sería yacer en secreto con la esposa del caballero, por no hablar del placer de conquistar a la bella joven! En un principio, al pensar que Marguerite se dejaría seducir, Le Gris simplemente debió de planear embelesar a la dama, un plan que, por malo que fuera, derivó en algo mucho peor. Al tener ya un motivo —vengarse del caballero— y los medios para hacerlo —la seducción de su esposa—, lo único que le faltaba al escudero era una oportunidad.

Pronto se le presentó la ocasión. Durante la tercera semana de enero, unas dos semanas después de que el caballero hubiera partido rumbo a París, la dama Nicole fue inesperadamente llamada a acudir a Saint-Pierre-sur-Dives, una ciudad abacial a unos diez kilómetros de distancia. El vizconde de Falaise convocó a la viuda para que se presentara allí ante el alguacil de Caen, Guillaume de Mauvinet, como testigo en un caso que allí se juzgaba. La fecha estipulada para su comparecencia fue el 18 de enero de 1386. El viaje a Saint-Pierre-sur-Dives, el asunto que tratar allí y el viaje de regreso mantendrían a la dama Nicole fuera de Capomesnil durante al menos medio día.

Cuando llegó la citación, Adam Louvel ya estaba en Capomesnil para vigilar el *château* desde su casa en la cercana aldea y mantener a su señor informado constantemente sobre Marguerite. Al saber que la dama Nicole iba a marcharse de Capomesnil en pocos días, Louvel avisó de inmediato a Jacques Le Gris.

A primera hora de la mañana del jueves 18 de enero, Nicole se marchó de Capomesnil. Aunque el viaje de ida y vuelta a Saint-Pierre-sur-Dives era de solo unos veinte kilómetros, y Nicole estaría fuera solo parte del día, se llevó con ella un séquito que incluía a casi todos los sirvientes de la casa. Por razones que no están claras, la dama Nicole se llevó consigo incluso a la doncella a quien el caballero había ordenado cuidadosamente que permaneciera al lado de Marguerite en todo momento durante su ausencia. Marguerite, pues, se enfrentaba a la perspectiva de pasar buena parte del día prácticamente sola en el *château*. Al parecer, solo se quedó con ella una doncella que, como es evidente, luego no apareció por ninguna parte.

Poco después de que Nicole partiera de Capomesnil el jueves por la mañana, Marguerite oyó a alguien aporrear la puerta principal. Mientras se calentaba junto al fuego en uno de los aposentos del piso de arriba, se preguntó quién podría ser.

Al ver que los golpes no cesaban, Marguerite se echó un manto de piel sobre el vestido y bajó a ver en persona quién era. En el salón central, descorrió el panel de madera tras la ventanita barrada que hacía las veces de mirilla de la gruesa puerta de madera.

Le sorprendió ver por la abertura el rostro de un hombre que le devolvía la mirada. Lo reconoció enseguida. Era Adam Louvel.

Cuando Marguerite le preguntó qué quería, Adam contestó que había ido a pedir un favor.

—¿De qué se trata? —preguntó Marguerite.

—Hace frío aquí fuera, mi señora —contestó Adam—. ¿Podría calentarme dentro mientras os lo cuento?

Marguerite conocía a Adam, pues este tenía una casa cerca y, además, había servido bajo el mando de su marido en una campaña. Más molesta que asustada por ese inesperado visitante, Marguerite accedió. Levantó la barra de hierro que cerraba y atrancaba la puerta desde el interior, abrió la pesada puerta y dejó entrar a su visitante. Acto seguido, cerró la puerta rápidamente para que no entrase el frío, pero no volvió a atrancarla.

En pie junto a la puerta, Adam miró a su alrededor, como si buscara dónde estaba el hogar. Pero, cuando Marguerite no hizo ningún gesto para invitarlo a entrar más en la casa, comenzó a explicar qué lo había llevado hasta allí.

Había acudido a verla por un préstamo que debía, dijo. Sabía que debería haber devuelto hacía tiempo los cien francos de oro que le había prestado el caballero Jean, pero se preguntaba si el caballero estaría dispuesto a extender el plazo del préstamo. ¿Sería la dama Marguerite tan amable de preguntárselo a Jean en nombre de Adam?

Marguerite no sabía nada acerca del préstamo ni sobre los detalles financieros y le sorprendía que Adam hubiera acudido a verla a ella para hablar de ese tema, sobre todo teniendo en cuenta que su marido no estaba en casa.

Pero, antes de que pudiera responder, Adam cambió rápidamente de tema. Dijo, por cierto, que le traía saludos de Jacques Le Gris, quien le había pedido que diera recuerdos de su parte a la dama.

—El escudero —continuó Adam— os ama apasionadamente, haría cualquier cosa por vos y es su mayor deseo hablar con vos.

Alarmada por este repentino giro de la conversación, Marguerite replicó que no tenía ningún deseo de ver a Jacques Le Gris ni de hablar con él y que Adam debía dejar de inmediato de solicitar su afecto para su señor. Ese tipo de coloquio le desagradaba profundamente, como él mismo podía observar.

En ese momento, la puerta, que no estaba atrancada, se abrió de golpe y una gélida ráfaga de aire invadió el salón. Marguerite se volvió, alarmada, y vio que se trataba de Le Gris en persona.

El escudero entró en el salón, arrojó su capa manchada de barro sobre un banco, lo que dejó a la vista la daga que llevaba al cinto, y se acercó a la asustada dama. Al ver que Marguerite retrocedía espantada, se detuvo y sonrió.

—Mi señora —dijo—, como os ha dicho mi sirviente, os amo más que a ninguna otra mujer y haría cualquier cosa por vos. Todo cuanto tengo es vuestro.

Marguerite se alarmó todavía más al escuchar estas palabras de labios del propio escudero. Pero tuvo la presencia de ánimo de advertirle a él también que no debía hablarle de ese modo.

Una vez que Marguerite hubo dejado claro que no estaba dispuesta a escuchar ninguna proposición amorosa, la aproximación pasó a ser física. Le Gris —un hombre muy grande y fuerte— dio un paso hacia ella, la agarró por la muñeca y le ordenó que se sentara junto a él en el banco. Cuando Marguerite intentó zafarse, tiró de ella con fuerza y la obligó a sentarse con su férrea presa.

Sentada contra su voluntad junto al escudero, Marguerite sintió el cálido aliento del hombre en el rostro. Ahora, realmente aterrada, le oyó decir que conocía los problemas de dinero de su marido. Sonriendo de un modo que le provocó náuseas, Le Gris le prometió que la compensaría con generosidad y ayudaría a restaurar la fortuna de la familia Carrouges si le permitía hacer lo que quería con ella.

Se rumoreaba que esa oferta tan descarnada de dinero a cambio de sexo formaba parte de la táctica habitual del escudero. No funcionó con Marguerite.

Aunque atrapada y muerta de miedo, le dijo a Le Gris que no le importaba su dinero y que jamás se sometería a su voluntad. Y empezó a retorcerse como pudo para liberarse de su tenaz sujeción.

Al ver que no conseguiría el consentimiento de Marguerite, el escudero dejó de intentar persuadirla. La sonrisa se desvaneció de su rostro y su expresión se tornó salvaje.

—Iréis arriba conmigo lo queráis o no —la amenazó.

Le Gris hizo un gesto con la cabeza a Louvel, y este se dirigió a atrancar la puerta.

Marguerite comprendió entonces las siniestras intenciones de los dos hombres. Aterrorizada y desesperada por liberarse de sus violentas garras, empezó a gritar para pedir socorro.

—*Haro! Aidez-moi! Haro!*

Pero nadie oyó los gritos angustiados de Marguerite. O, en cualquier caso, nadie acudió en su ayuda. Nicole se había llevado a casi todos los sirvientes a Saint-Pierre-sur-Dives. Y los gruesos muros de piedra y la puerta atrancada ahogaron los gritos de Marguerite más allá del *château,* de modo que no llegaron a la aldea, donde, de todos modos, en esa época del año la gente pasaba el mayor tiempo posible dentro de casa para protegerse del frío.

---

* Por ley, gritar «*Haro!*» —el clamor de haro— advertía al criminal de que debía cesar en su acción y obligaba a cualquiera que oyera el grito a acudir en socorro de la víctima.

Sin molestarse en sofocar los gritos de su víctima, como si supieran que nadie acudiría en su ayuda, los dos hombres empezaron a arrastrar a Marguerite hacia las escaleras. Desesperada, se agarró al banco de madera e intentó anclarse a él. Pero cada uno de los hombres la agarró de un brazo y la obligaron a soltarse.

Mientras la arrastraban hacia las escaleras, Marguerite se revolvió con todas sus fuerzas, se zafó por un momento y se arrojó al duro suelo de piedra. Allí tendida, juró en voz alta que le contaría a su marido sobre aquellos actos violentos y que él y sus amigos se vengarían.

A pesar de esta advertencia, Le Gris la agarró con brutalidad por los brazos y la puso en pie de un tirón y Louvel la tomó por la cintura desde atrás. Juntos, los dos hombres la obligaron a ascender por los escalones de piedra. Marguerite no cesó de gritar y resistirse.

Cuando finalmente llegaron a la planta de arriba, Louvel ayudó a su señor a empujar a la mujer dentro de los primeros aposentos que encontraron. Louvel cerró la puerta y dejó al escudero a solas en la habitación con Marguerite.

Le Gris se inclinó para desatarse las botas. Marguerite, por un momento libre, corrió hacia la ventana y pidió auxilio a gritos mientras intentaba frenéticamente abrirla. El escudero se puso en pie de un salto y se abalanzó sobre ella.

Marguerite se apartó de la ventana y corrió hacia la puerta, en el otro lado de la habitación, para intentar encerrarse en la estancia contigua.

Pero Le Gris cruzó la habitación en unas pocas zancadas, rodeó la cama y bloqueó su vía de escape.

El escudero se echó sobre Marguerite, la agarró por los brazos, la arrastró hacia la cama y la lanzó con violencia sobre ella. Entonces, la inmovilizó bocabajo sobre el lecho, con una de sus enormes manos presionándole la nuca, se acabó de desatar las botas, se aflojó el cinturón y se bajó las calzas. Marguerite sacudió los brazos y las piernas, pero Le Gris le apretó el cuello con tanta fuerza que ella creyó que se lo iba a romper y empezó a boquear porque le faltaba el aire.

Inclinado sobre la cama, Le Gris le apartó el manto y le subió el vestido. Pero, en cuanto le soltó el cuello y Marguerite sintió que se subía sobre ella, empezó a agitarse con tanta violencia debajo de él que el hombre no fue capaz de refrenarla.

Le Gris, gritando y jurando que jamás había visto a una mujer más fuerte, llamó a su cómplice.

—¡Louvel!

Se abrió la puerta y Louvel entró en la habitación.

Agarró a Marguerite por un brazo y una pierna mientras Le Gris le sujetaba los otros dos miembros y, juntos, la tumbaron bocabajo en la cama, con las piernas y los brazos abiertos. Marguerite, agotada por sus terribles esfuerzos por resistirse, sintió que se le acababan las fuerzas. Con una cuerda o trozos de tela que, o bien encontraron en la habitación, o bien habían traído expresamente para ese propósito, los dos hombres inmovilizaron a su víctima.

Pero, incluso después de que la ataran a la cama, Marguerite siguió gritando y pidiendo auxilio, por lo que el escudero se

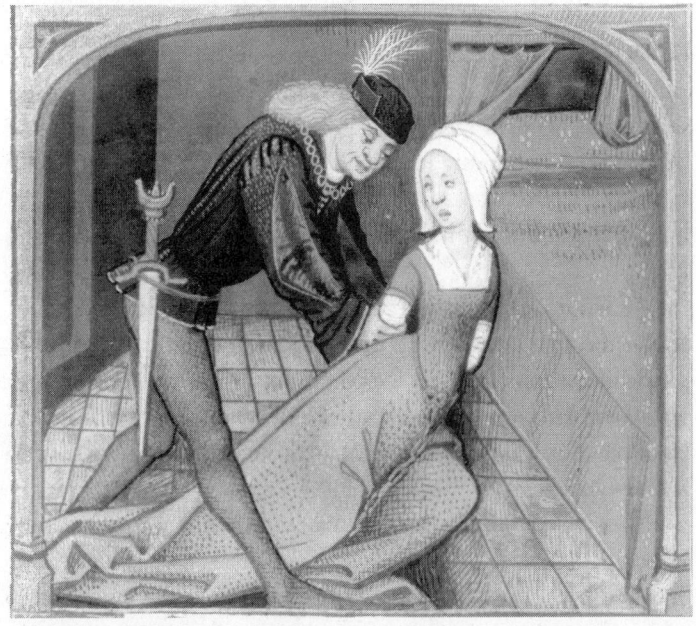

Escena de violación: el hombre agarra a la mujer. Su prominente espada sugiere lo que pasará a continuación. El *Roman de la Rose*, miniatura. Biblioteca Bodleiana, Universidad de Oxford, MS. Douce 195, fol. 61v.

quitó su gorra de cuero y se la metió sin miramientos en la boca para acallarla.

Marguerite, atada y amordazada, empezó a tener problemas para respirar. Agotada por su tenaz resistencia ante sus agresores y casi sin poder inspirar aire, notó que sus fuerzas la abandonaban incluso más rápido que antes y sintió que iba a asfixiarse.

Con Louvel al lado, y mientras Marguerite seguía resistiéndose tanto como podía a pesar de estar atada y amordazada, el escudero la violó y «colmó su deseo contra la voluntad de la joven».

Una vez que hubo terminado, Le Gris ordenó a su sirviente que liberara a Marguerite. Louvel, que había permanecido en la estancia durante toda la violación, se acercó al lecho y la desató tirando cuidadosamente de las cuerdas o tiras de ropa que habían empleado para inmovilizarla.

Una vez liberada, Marguerite permaneció en la cama, donde lloró e intentó taparse con sus ropas desaliñadas.

Le Gris se ató el cinto y las botas, se levantó y se inclinó sobre el lecho para recoger su gorra, que seguía allí, caliente y húmeda tras haber estado en la boca de Marguerite.

El escudero alisó su gorra y la agitó contra su muslo para limpiarla mientras miraba fijamente a la mujer tendida en la cama.

—Señora, si le decís a alguna persona lo que ha sucedido aquí, quedaréis deshonrada. Si vuestro marido se entera de ello, puede incluso que os mate. No digáis nada y yo tampoco lo haré.

Marguerite no levantó la mirada ni respondió. Finalmente, tras una larga pausa, dijo, con la voz tomada:

—Callaré.

Una expresión de alivio asomó un instante al rostro del escudero.

Entonces, ahora sí, Marguerite levantó la vista y miró airada a Le Gris.

—Pero no durante tanto tiempo como vos necesitáis que calle —añadió con acritud.

El escudero la fulminó con la mirada.

—No juguéis conmigo, Marguerite. Estáis aquí sola y yo tengo testigos que jurarán que me encontraba en otra parte hoy. ¡Podéis estar segura de que he cubierto bien mis huellas!

El escudero sacó entonces una pequeña bolsa de cuero que llevaba colgada del cinto. Tintineó suavemente en su mano.

—Tened —dijo Le Gris, que arrojó la bolsita con monedas sobre la cama, junto a Marguerite.

La joven lo miró con asombro y desprecio entre lágrimas.

—¡No quiero vuestro dinero! —exclamó—. ¡Quiero justicia! ¡Y tendré justicia!

Agarró la bolsa y se la arrojó de vuelta. Cayó en el suelo, cerca de los pies del escudero.

Le Gris no dijo nada. Recogió la bolsa, volvió a colgársela del cinto y empezó a ponerse los guantes.

Entonces, fue Louvel quien habló.

—¿Deseáis que la abofetee, señor, para ayudarla a recordar lo que le habéis dicho?

Sin previo aviso, Le Gris se volvió y le golpeó con fuerza la cara con uno de sus pesados guantes de cuero. El golpe hizo sangrar a Louvel, que se quedó pasmado con la mano sobre la mejilla.

—No te atrevas a tocar a la dama —rugió Le Gris.

Entonces, sin decir nada más, se encaminó hacia la puerta, la abrió y salió de los aposentos. Louvel, sin volver a mirar a Marguerite, se escabulló de la cámara siguiendo a su señor.

La joven oyó cómo el ruido que hacían al bajar las escaleras resonaba por el desierto *château* y, luego, cómo desatrancaban la pesada puerta de entrada, la abrían y la cerraban de golpe. Demasiado débil para levantarse de la cama, completamente destrozada por el calvario que había vivido, escuchó con atención el sonido de las botas sobre la grava del patio. Los sonidos se alejaron poco a poco hasta que, al final, todo quedó en silencio y estuvo de nuevo sola.

A menudo, la gente hoy imagina la Edad Media como un periodo anárquico en el que las violaciones estaban a la orden del día y apenas se consideraban delito. Es cierto que, en ocasiones, se obligaba a las víctimas medievales de violaciones a casarse con sus agresores, que podían, a su vez, salvar el pellejo si accedían a desposarse con sus víctimas. Y la violación marital era legal, puesto que las esposas debían pagar su «deuda» matrimonial a sus maridos, y las familias casaban a niñas de solo doce años con hombres que les multiplicaban varias veces la edad y que tenían total libertad para exigirles su deber conyugal. La violación de mujeres era también habitual en tiempos de guerra, como vemos en el caso de la noble francesa violada por campesinos alzados durante la *Jacquerie,* una gran rebelión que tuvo lugar a finales de la década de 1350, y en el de las monjas bretonas capturadas y violadas por soldados ingleses en 1380.

Pero los códigos legales medievales y los archivos de los juicios muestran que la violación se consideraba un delito y un crimen. En Francia, incluida Normandía, la ley solía seguir la práctica romana, según la cual la violación —definida como el acto sexual forzado fuera del matrimonio— se castigaba con la muerte.* Felipe de Beaumanoir, una autoridad del siglo XIII sobre el derecho francés, afirma que la pena por violación es la misma que para el asesinato o la traición, es decir, «ser arrastrado por las calles y ahorcado». E incluso en tiempos de guerra, los líderes a menudo intentaban contener a sus hombres, como cuando a los soldados ingleses que tomaron Caen en 1346 se les ordenó so pena de muerte que no dañaran a ninguna de las mujeres de la ciudad, aunque muchos entre las tropas desoyeron esta advertencia.

Las actitudes sociales hacia la violación variaban mucho. Los poetas cortesanos celebraban a los caballeros como campeones del honor femenino y la aristocracia feudal consideraba la violación de una mujer noble como «el crimen de crímenes». Sin embargo, muchos poemas y relatos hablan de caballeros que

---

* En esta época, «violación» *(raptus)* podía significar tanto relaciones sexuales forzadas como otro delito relacionado con ese, el del secuestro.

desvirgan a doncellas de clase baja que se cruzan en su camino, y el rey Eduardo III supuestamente violó a la condesa de Salisbury en 1342, una historia que hoy está en duda, pero que en su día fue creída por la mayoría. Solo unas pocas mujeres medievales tenían los medios de elevar su voz en protesta contra la idea de que las mujeres disfrutaban al ser tomadas por la fuerza. Cristina de Pizán, en su libro *La ciudad de las damas* (1405), escribió que las mujeres «no obtienen ningún placer en absoluto al ser violadas. De hecho, la violación les causa el mayor pesar posible».

El encausamiento y castigo de la violación con frecuencia dependía de la clase social de la víctima y de su poder político. En Francia, mujeres condenadas por delitos menores como el robo eran a menudo condenadas a muerte, mientras que numerosos hombres culpables de violación se libraban mediante el pago de una simple multa, una compensación económica que, además, muchas veces no se pagaba a la propia víctima, sino a su padre o marido, puesto que la violación contaba menos como violencia sexual contra una mujer que como crimen contra la propiedad de su guardián masculino. Los archivos legales muestran que los clérigos, hombres que detentaban algún cargo eclesiástico, aparecían con una frecuencia desproporcionada entre los acusados de violación y solían evitar castigos severos al invocar el «privilegio del clero», que les daba derecho a que sus casos los juzgara la Iglesia en lugar de la justicia secular.

Las circunstancias del crimen, incluida la frecuente ausencia de testigos, hacían que, por lo general, una acusación de violación resultara muy difícil de demostrar en un tribunal. Y, en Francia, la víctima femenina, sin importar si era de clase alta o baja, no podía presentar cargos sin el apoyo de su marido, padre o guardián masculino. Muchas víctimas de violación, amenazadas después por sus atacantes con la vergüenza y la deshonra, preferían guardar silencio a arriesgarse a arruinar su reputación o la de su familia al hacer público el crimen. Así pues, aunque, en teoría, la violación era un delito grave al que la ley adjudicaba penas severas, en la práctica a menudo no se castigaba, no se juzgaba o incluso no se denunciaba.

Justo después del salvaje ataque, Marguerite tuvo que sufrir su dolor y humillación sola y en silencio: «El día en que le sucedió esta desgracia, la señora de Carrouges se quedó en el *château* medio aturdida y soportó su pesar como pudo». Durante esas terribles horas a solas, Marguerite debió de escuchar una y otra vez en su mente la advertencia del escudero de que no dijera nada. Su suegra pronto regresaría con sus sirvientes. ¿Qué debía hacer Marguerite?

Le Gris la había amenazado con la peor desgracia que le podía acontecer a una mujer de su rango social. Entre la nobleza, el honor lo era todo, y la vergüenza era un destino peor que la muerte. El honor femenino —la reputación de fidelidad y castidad de una mujer— se valoraba particularmente. La amenaza de Le Gris era en especial terrible para Marguerite, puesto que la traición de su padre contra el monarca de Francia ya había enturbiado el apellido de los Thibouville. Puede que el escudero midiera su amenaza para explotar la vergüenza de la dama por la historia de su familia. Es incluso posible que, al escogerla como víctima, Le Gris ya hubiera tenido en cuenta el antiguo escándalo familiar como garantía de que guardaría silencio sobre esta nueva deshonra.

Si Marguerite acusaba públicamente a Le Gris, los cargos serían muy difíciles, si no imposibles, de demostrar. Además del espinoso problema de probar el crimen, Le Gris era el favorito del conde Pedro y sería escuchado con simpatía en la corte de Argentan, donde Marguerite, como hija de un traidor y esposa de uno de los vasallos más conflictivos del conde, sería tratada de inmediato con suspicacia. Le Gris también era muy conocido y apreciado en la corte real de París y era uno de los escuderos personales del monarca. Y, si el caballero y su esposa llevaban el caso a las cortes seculares, Le Gris, como clérigo de órdenes menores, siempre podía invocar su privilegio eclesiástico y provocar el traslado del juicio a un tribunal eclesiástico.

Le Gris también había advertido a Marguerite que, si le hablaba a su marido sobre la violación, Carrouges podría matarla. El caballero —celoso, suspicaz e irascible como era— podría no creerla y, en cambio, sospechar que estaba encubriendo una aventura adúltera con Le Gris o con otro hombre. Los maridos airados en ocasiones mataban a sus esposas si sospechaban que habían cometido adulterio e incluso salían indemnes al considerarse el asesinato un crimen pasional justificado por la conducta ilícita de la esposa. Le Gris conocía la naturaleza celosa y suspicaz de Jean tras haberlo tratado personalmente en la corte de Argentan, y quizá adivinó que Carrouges no confiaba por completo ni en su propia esposa. Tal vez Le Gris también diera por hecho que Marguerite temía a su marido y tratara de jugar con ese temor para inducirla a guardar silencio.

Pero, a pesar de las amenazas de su atacante y de las pocas posibilidades que tenía de conseguir justicia, Marguerite no se dejó intimidar por el escándalo y el peligro que podría correr si rompía su silencio. Poco después del ataque, decidió revelar lo ocurrido a su marido en cuanto regresara y conseguir que su venganza cayera sobre el escudero. «Fijó firmemente en su memoria el día y la hora en que Jacques Le Gris había ido al castillo». Al hacer un esfuerzo por recordar detalles cruciales, Marguerite no solo se preparó para las inevitables preguntas de su familia, sino también para el terrible calvario público que le esperaba una vez que contara su terrible secreto.*

El silencio que Le Gris había tratado de forzar en Marguerite justo después de su agresión duró solo unos pocos días, hasta que Jean de Carrouges regresó de sus asuntos en París, probablemente el 21 o 22 de enero. El día del crimen, unas pocas horas después de que los dos atacantes de Marguerite se marcharan de Capomesnil, la dama Nicole regresó de su breve viaje a Saint-Pierre-sur-Dives. Sin embargo, la suegra de Marguerite era la última persona en el mundo con quien la joven habría compartido su horrible secreto. Y, por lo tanto, sumida

---

* Quizá Marguerite recurrió a la memoria porque, aunque supiera leer, no necesariamente tenía por qué saber escribir, pues esta era una habilidad que se enseñaba aparte y que mucha gente alfabetizada nunca desarrollaba.

en lo que debió de ser una horrible tensión y una enorme ansiedad, Marguerite guardó silencio hasta la llegada de su esposo.

En cuanto regresó a Capomesnil, Jean halló a su mujer preocupada y alicaída, «triste y llorosa, siempre infeliz en expresión y conducta, algo nada habitual en ella». Al principio, sospechó que habría habido algún tipo de pelea entre su esposa y su madre. Marguerite había pasado las tres semanas enteras que había durado el viaje de Jean con la dama Nicole —excepto, claro está, parte de un día crucial—, así que era natural que pensara que las dos mujeres podían haberse peleado o haber discutido durante su ausencia.

Marguerite se negó a contar a su marido qué le sucedía hasta que, finalmente, estuvieron a solas. «Pasó el día, llegó la noche y el caballero Jean se dirigió a la alcoba. La dama no quería ir a la cama con él, cosa que sorprendió mucho al marido, quien le insistió en que lo hiciera. Ella lo apartó y caminó por la habitación sumida en profundos pensamientos. Al final, cuando el resto de la casa se hubo dormido —en una casa señorial o castillo, el señor y la dama rara vez se encontraban realmente a solas, lejos de los curiosos oídos de los sirvientes, hasta que estaban juntos en la cama—, acudió con su marido y, tras arrodillarse junto a él, le relató con lastimeras palabras el horrible suceso que había padecido».

Marguerite evitó acompañar a su marido en el lecho —quizá el mismo lecho en el que había sido atada y violada— hasta que tuvo ocasión de contarle su historia. Después de haberse ausentado varias semanas, Jean sin duda ansiaba yacer de nuevo con su mujer. Pero eso era probablemente lo último que Marguerite deseaba entonces. Además, puede que el violento ataque de los dos hombres hubiera dejado cicatrices o magulladuras en su cuerpo. En la Edad Media, la gente tenía la costumbre de dormir desnuda, y así lo hacían incluso señores y damas, y, antes de exponerse a la mirada de su marido, Marguerite habría querido tener la oportunidad de explicarse. Y, sobre todo, Marguerite mantuvo cierto grado de control sobre una situación muy volátil al contar su historia en un momento, y en unas circunstancias, que ella misma había elegido.

Jean escuchó al principio asombrado y luego ultrajado cómo Marguerite le relataba entre lágrimas «la historia completa de aquel acto repugnante, vil y criminal» que había sido cometido contra ella. Cuando terminó, suplicó a su marido que la vengara por mor de su propio honor de caballero. Marguerite sabía que el honor y la reputación de Jean estaban unidos a los suyos, un principio que en adelante ligaría sus destinos incluso más íntimamente que la habitual fortuna compartida del matrimonio. También sabía que, según la ley feudal, ella no tenía ningún tipo de derecho en un caso de este tipo sin el apoyo de su marido.

A la mañana siguiente, Jean de Carrouges convocó a su familia y amigos a un concilio secreto. El caballero tenía sobrados motivos para odiar a Le Gris y sospechar que había vuelto a agraviarlo. Convencido de la anterior traición de Le Gris en la corte, es probable que creyera la relación del salvaje ataque del escudero que le había contado su mujer. Pero una acusación prematura o poco convincente contra el favorito del conde Pedro, especialmente después de las muchas disputas que había tenido Jean con el conde durante los últimos años, podía causar al caballero problemas más graves que los que ya tenía. Un concilio privado le permitiría recibir los valiosos consejos de su familia y amigos sin convertir el caso en un asunto público embarazoso y potencialmente desastroso.

El concilio, que se reunió en Capomesnil, sin duda incluyó a Nicole de Carrouges y, quizá, al primo de Marguerite, Robert de Thibouville, que había regresado hacía poco de Escocia con Jean, así como a otros parientes y amigos, como Bernard de La Tour, el caballero casado con la hermana de Jean. Puede que también estuviera allí Thomin du Bois, otro de los primos de Marguerite. Cuando todo el mundo llegó al *château*, preguntándose por qué los habían llamado con tanto secreto y premura, Jean los reunió en una habitación. «Para explicar la razón por la que los había hecho ir a todos, hizo que su mujer relatara lo acontecido con minucioso detalle».

De nuevo, Marguerite tuvo que describir su sufrimiento, esta vez ante sus familiares y amigos allí reunidos, y revivir el terrible crimen otra vez, con todos sus dolorosos y humillantes detalles. Que la narración fuera completa y detallada era de suma importancia, puesto que su relato sería la base de cualquier posterior testimonio público que los testigos originales allí presentes podrían ser llamados a corroborar. En cierto sentido, el concilio familiar era una especie de vista judicial preliminar.

Cuando el concilio hubo escuchado a Marguerite narrar el brutal ataque, «quedaron muy asombrados». Si bien la familia de Marguerite la creyó de inmediato, puede que algunos de los parientes de Jean fueran escépticos en un primer momento. Los Thibouville tenían reputación de traidores, y la hija del traidor acababa de contarles una historia increíble: afirmaba que unos pocos días antes había sido sorprendida en el solitario *château* y atacada con brutalidad por dos hombres, y que uno de ellos, nada menos que Jacques Le Gris, la había violado. La propia dama Nicole no había oído nada del ataque hasta entonces, aunque había tenido lugar en su propia casa durante su breve ausencia el día en cuestión. Es probable que ella y otros miembros del consejo hicieran a Marguerite algunas preguntas. Por ejemplo, ¿dónde y cuándo había tenido lugar el crimen exactamente? ¿Cuánto tiempo estuvieron los dos hombres en el *château* y por qué les había abierto la puerta en primer lugar?

Pero, cuando Marguerite hubo respondido todas sus preguntas y Jean finalmente pidió el consejo del concilio, le urgieron «a ir a su señor el conde de Alençon y contarle todo lo sucedido». De acuerdo con el derecho feudal, el señor era responsable de juzgar las disputas entre sus vasallos, por lo que la corte de Argentan del conde Pedro era el único lugar donde se podía presentar el caso. Por supuesto, todos eran conscientes de que al conde no le haría ninguna gracia escuchar una acusación criminal contra su escudero favorito. La reacción del conde a la sorprendente historia de la violación de Le Gris a Marguerite podía ser de completa incredulidad, seguida por la ira y, quizá, por severas represalias. Carrouges y Le Gris acababan de solucionar hacía muy poco una querella entre ambos; esta nueva y más peligrosa disputa, de llegar a hacerse pública, no haría sino convertirlos en enemigos mortales. Y el conde Pedro sin duda se pondría de parte de su favorito contra el caballero.

A pesar de que era improbable recibir un juicio justo en la corte del conde Pedro, el caballero tenía otro motivo urgente para pedir justicia para él y para su esposa y para buscar venganza contra el escudero.

Poco después de que Jean regresara de París y supiera del terrible ataque a su mujer, Marguerite reveló otro secreto que había estado guardando: estaba embarazada.

Jean debió de sentir que le caía un rayo al oír las noticias. La pareja no había tenido hijos durante los primeros cinco años de matrimonio, y el caballero había esperado mucho tiempo un heredero. El embarazo de Marguerite lo habría colmado de alegría en cualquier otro momento, pero, en ese momento, añadió otra preocupación a las que ya acumulaba sobre su propia salud, sus finanzas, su mala estrella política y la terrible violación de su esposa por un miembro de la corte condal que había sido su amigo.

¿Quién era el padre del bebé?

5

EL DESAFÍO

A finales de enero de 1386, el conde Pedro de Alençon escuchó una historia que le hizo hervir la sangre. Le llegó aviso de que Jean de Carrouges, uno de sus vasallos más problemáticos, estaba difundiendo un rumor escandaloso sobre su favorito, Jacques Le Gris. Carrouges afirmaba que Le Gris y un cómplice habían sorprendido a la esposa de Carrouges en su casa durante la ausencia del caballero y la habían atacado mediante el uso de la fuerza y violado. La acusación del caballero indignó al conde. Dada la enemistad manifiesta entre los dos hombres, ¿cómo podía pensar Carrouges que alguien iba a creer aquella historia absurda?

Una vez enterado del rumor, el conde Pedro procedió a investigar de inmediato. Ordenó que dos respetados nobles acudieran a su corte y los interrogó en profundidad sobre aquella descabellada historia que afectaba a la dama y al escudero. Uno de esos hombres era el caballero Bernard de La Tour, cuñado del propio Jean. El otro era Jean Crespin, el escudero y guardabosques real en cuyo hogar, hacía poco más de un año, Carrouges y Le Gris supuestamente se habían reconciliado y Le Gris había conocido a Marguerite. Suponía que ambos hombres tenían buena relación con Jean de Carrouges y sabrían algo de sus asuntos.

Interrogados por el conde, los dos hombres, según testimonios posteriores, «afirmaron que el citado caballero y Marguerite, muchas veces y en diversos lugares, habían dicho y hecho saber que la citada joven había sido conocida carnal y violentamente de la manera expuesta con anterioridad por el citado Jacques». Crespin y La Tour informaron también de que el caballero y su esposa deseaban acudir ante el conde, presentar su denuncia ante él y obtener justicia.

El conde Pedro replicó que estaba dispuesto a conceder a Jean y Marguerite una audiencia, puesto que era responsable de solventar las disputas entre sus vasallos. En consecuencia, convocó a su corte y reunió a «prelados, caballeros, miembros de su consejo y otros hombres con experiencia». Algunos de los prelados tenían experiencia como juristas, y puede que otros clérigos levantaran actas del proceso (aunque no han llegado a nosotros).

La audiencia tuvo lugar en el gran salón del palacio del conde Pedro, la elegante sala adornada con tapices y alfombras y amueblada con pesados bancos de madera en la que el conde reunía a su corte. El día señalado, la sala se abarrotó de nobles, clérigos y demás cortesanos. Los rumores de la espantosa violación de la dama, y de las iracundas acusaciones del caballero contra el escudero, se habían extendido desde Argentan por todos los dominios del conde y la gran sala estaba repleta de espectadores que habían desafiado el intenso frío para ver a las partes en el proceso y saber si había algo de verdad en aquel atroz rumor que corría de boca en boca.

No era ningún secreto que Jacques Le Gris era el favorito del conde Pedro. Pero muchos señores feudales se habían visto obligados a juzgar disputas entre vasallos enfrentados a pesar de que uno gozaba mucho más de su favor que el otro. En este caso, el conde Pedro no era ni mucho menos un juez imparcial, pero la ley lo obligaba a ser lo más justo posible.

Había un problema adicional. Después de que el conde llamara a testigos para investigar el escandaloso rumor, y de que hubiera ofrecido justicia a Jean y Marguerite en su denuncia contra Jacques Le Gris, y después de haber reunido a su corte para oír el caso, el caballero y su esposa no se presentaron el día designado.

Quizá la sospechosa ausencia de la pareja, y el exiguo testimonio sobre el supuesto crimen, fueron las causas de la siguiente acción del conde Pedro. Ordenó el arresto e ingreso en prisión de Adam Louvel, el presunto cómplice del escudero, para ser interrogado. Luego, con la información que obtuvo de ese interrogatorio, el conde deliberó con su corte sobre los cargos contra el escudero y alcanzó una decisión.

La corte, presidida por el conde Pedro, declaró que «el citado Jacques era completamente inocente de todos los cargos». El conde anuló la acusación penal contra el escudero, la eliminó de los registros y ordenó que «no se volviera a plantear ninguna cuestión sobre el tema». El conde Pedro, además, manifestó sus sospechas sobre Marguerite y sus motivos para acusar al escudero. Insinuó que la dama había mentido y, sobre la supuesta violación, afirmó que «debió de suceder en sus *sueños*».

Cuando las noticias de la sentencia llegaron a Capomesnil, a unos cuarenta kilómetros al norte de Argentan por un camino que en invierno estaba siempre embarrado, no sorprendieron a Marguerite, pero al principio debió de desesperar de obtener jamás justicia. Todavía recluida tras el terrible ataque, sin duda la enfureció saber que habían declarado inocente a Le Gris y que el conde Pedro prácticamente la había acusado de mentir sobre su violación. Pero es posible que estas noticias la hicieran reafirmarse en los votos de venganza que había pronunciado tras la violación ante las narices del propio Le Gris.

En cuanto al caballero, tampoco las noticias debieron de sorprenderlo a él, pero sin duda lo enfurecieron. La sentencia del conde no solo era una burla a la justicia, sino también el peor insulto que había recibido Jean hasta la fecha en la larga serie de humillaciones públicas que había padecido en la corte del conde Pedro. Por mucho que las recibiera en la privacidad de su hogar, estas noticias debieron de parecerle una bofetada muy pública de su señor.

Pero ¿qué otra cosa podía esperar la pareja, dada su señalada ausencia ante el tribunal del conde el día crucial del juicio y después de que Jean no repitiera sus acusaciones allí en persona, apoyadas por el testimonio jurado de Marguerite? ¿No habían acudido porque la enfermedad de Jean había empeorado de súbito? ¿O porque Marguerite, tras el trauma que había sufrido, no estaba en condiciones de enfrentarse a la corte? ¿Se habían mantenido apartados intencionadamente porque sabían que no podían esperar que se hiciera justicia allí? ¿O porque temían que los enojados parientes y amigos del escudero atentaran contra sus vidas? ¿O acaso su ausencia fue parte de un calculado plan para forzar un pronunciamiento desfavorable que luego pudieran utilizar a su favor?

La ley establecía que un vasallo que creyera que su señor había pronunciado un fallo injusto, un *faux jugement,* tenía derecho a apelar al señor de su señor. Puesto que el conde Pedro era vasallo del rey de Francia, el caballero podía plantear su recurso directamente en la corte real de París. Carrouges había perdido en la corte del conde Pedro, pero, si el monarca accedía a escuchar su caso, tendría otra oportunidad de conseguir justicia para su esposa y para sí mismo.

Parece que el conde Pedro anticipó cuál sería el siguiente paso del caballero. Para cortar de raíz cualquier posibilidad de apelación, se apresuró a enviar cartas a París para informar al rey de su dictamen, que exoneraba al escudero. Es posible que los rumores del nuevo enfrentamiento entre Carrouges y Le Gris ya hubieran viajado de Normandía a París, a varios días de viaje de Argentan, puesto que los dos hombres tenían amigos importantes allí. No obstante, al parecer, fue el propio conde quien primero informó del caso a la corte real.

Jean de Carrouges había desafiado la voluntad del conde Pedro en la corte real en una ocasión anterior, durante la disputa sobre Aunou-le-Faucon. Pero esta nueva querella sobre la supuesta violación de su esposa cometida por Le Gris era un asunto mucho más grave y podía tener consecuencias terribles.

El conde Pedro ya odiaba a Carrouges por haber acusado a su favorito, de modo que intentó aplastar el recurso antes de que se planteara. El constante desafío del caballero los puso a él y a su mujer en grave peligro. A medida que el proceso legal avanzaba, el conde «se enfureció tanto por la obstinación del caballero que hubo momentos en los que lo habría matado».

A finales del invierno o principios de la primavera de 1386, Jean de Carrouges puso rumbo a París por segunda vez ese año, seguramente después de que él y Marguerite regresaran a casa. Para entonces, Marguerite estaba embarazada de dos o tres meses y, aunque Jean volvió a dejarla atrás, quizá con el plan de convocarla más adelante o de regresar a por ella en persona, esta vez la dejó bien protegida, quizá con un pariente de confianza, como su primo Robert de Thibouville. El viaje a París sería cada vez más arduo para la embarazada Marguerite a medida que avanzara el año, aunque, cuando los caminos se secaran durante los meses cálidos, podría viajar con mayor comodidad en carruaje.

El trayecto entre Carrouges y París, de unos doscientos cuarenta kilómetros, le llevó al caballero la mayor parte de una semana, que pasó en el camino hacia el este que atravesaba Sées, Verneuil y Dreux, una de las principales rutas entre Normandía y París a lo largo de la cual los comerciantes viajaban de ciudad en ciudad y se conducía al ganado para ser sacrificado en la capital.

El caballero sabía que muchos factores influirían en cómo sería recibido en la corte: su servicio pasado al rey, sus conexiones familiares y la poderosa red de amistades y alianzas personales que conformaban la política de la corte. Jean tenía a su favor que su familia había servido lealmente a los monarcas franceses desde hacía mucho tiempo. El propio Jean había combatido recientemente por el rey Carlos en Bretaña, así como en muchas otras campañas a lo largo de los años. Además, dos décadas atrás, había ayudado a la familia real a recaudar parte del rescate del rey Juan.

Pero Jacques Le Gris, aunque de origen mucho más humilde, tenía mejores contactos en la corte real, pues era un escudero del monarca que había asistido en persona a importantes consejos de Estado en París. El acaudalado escudero disfrutaba, además, del estatus añadido que le confería ser el favorito del conde Pedro, que era miembro de la familia real y primo del propio monarca. Las recientes cartas del conde al rey sobre el resultado del tribunal que había presidido, un claro intento de concitar el apoyo real, eran otro golpe contra la causa del caballero.

Luego estaba el problema de Marguerite. La corte real sin duda recordaría que la esposa de Jean, la mujer en el epicentro de la querella, era la hija del infame traidor Robert de Thibouville. La deslealtad del caballero Robert había mancillado para siempre el honor del apellido Thibouville. Y cuando Jean se había casado con Marguerite, solo cinco años antes, parte de ese deshonor se había transferido también a él.

Por último, quedaba la cuestión de que Carrouges no solo tenía previsto ir a París a defender su caso ante el rey, sino que pensaba plantear un tipo de apelación inusual y muy peligrosa.

Según el derecho francés, un noble que apelaba la sentencia de un caso ante el rey tenía el derecho a desafiar a su oponente a un duelo judicial, es decir, a un juicio por combate. Este duelo judicial, que era distinto del duelo por honor que se celebraba para ajustar cuentas por lo que la parte ofendida había percibido como un insulto, era un procedimiento legal para determinar si una parte había cometido perjurio. Se creía que el resultado del combate venía determinado por la voluntad de Dios y, por lo tanto, revelaba quién había dicho la verdad. De ahí que este tipo de duelo se conociera también como el «juicio de Dios», el *judicium Dei*.

El juicio por combate era una costumbre antigua en Francia, y más aún en Normandía, y tanto Jean como Marguerite tenían antepasados que habían participado en duelos judiciales como segundos. En la Alta Edad Media, personas de todos los estamentos sociales recurrían al juicio por combate y los duelos de este tipo no solo se celebraban entre nobles, sino también entre campesinos o burgueses. En ciertas partes de Europa, incluso se permitía que mujeres combatieran contra hombres. El duelo se utilizaba para juzgar un amplísimo abanico de delitos y también en casos civiles, como disputas sobre propiedades.

En estos últimos casos, las partes podían contratar a otro que los representara en el combate, un «campeón», que combatía en su lugar. Pero, en los casos penales, las dos partes debían combatir en persona, puesto que la pena por perder acostumbraba a ser la muerte, y solo se permitía que intervinieran campeones en representación de mujeres, ancianos o enfermos.

Durante siglos, el duelo fue también una forma de apelación, de modo que un litigante que no estuviera satisfecho con una sentencia podía desafiar a los testigos que habían jurado contra él y ofrecer demostrar que decía la verdad mediante el combate. Incluso los señores que ejercían de jueces en las cortes señoriales locales habían corrido el riesgo, en el pasado, de ser desafiados a duelos por sus propios vasallos agraviados.

En la Baja Edad Media, sin embargo, los duelos judiciales se habían vuelto cada vez menos habituales. Los papas denunciaron la institución del juicio por combate como una forma de tentar a Dios, cosa que las Escrituras prohibían expresamente.[*] Los reyes, por su parte, recelaban del juicio por combate porque menoscababa su autoridad judicial, que precisamente estaban intentando arrebatar a sus poderosos barones y concentrar en el trono.

Hacia el año 1200, el juicio por combate empezó a desaparecer de los procedimientos civiles en Francia y se limitó cada vez más en los procesos penales, donde se reservaba exclusivamente a hombres de la nobleza. En 1258, Luis IX suprimió el duelo judicial del derecho civil francés y lo sustituyó por la *enquête,* una investigación formal basada en la presentación de

---

* Véase, por ejemplo, Mateo 4, 7: «Jesús le dijo: "Escrito está también: No tentarás al Señor tu Dios"». Tentar a Dios era intentar obligarlo a demostrar su poder, como, por ejemplo, a manifestar su voluntad en un juicio por combate. *(N. del T.)*

pruebas y la audiencia con testigos. Pero el juicio por combate permaneció como último recurso para un noble que buscara apelar el fallo de su señor en un caso penal.

En 1296, el rey Felipe IV declaró ilegal el duelo judicial en tiempos de guerra, porque los juicios por combate entre sus nobles sangraban al país de los guerreros que necesitaba para su defensa. En 1303, Felipe fue más allá e ilegalizó también los duelos en tiempos de paz, pero sus nobles protestaron ante la abolición de su antiguo privilegio y, tres años después, en 1306, el monarca cedió y restableció el juicio por combate como forma de apelación en ciertos casos penales, entre ellos la violación, con la salvedad de que, en adelante, estos duelos judiciales solo podrían tener lugar bajo la jurisdicción directa del rey.

El decreto de 1306 seguía vigente ochenta años después, cuando Jean de Carrouges llegó a París para apelar la sentencia del conde Pedro, pero, para entonces, los duelos judiciales se habían vuelto extremadamente poco comunes. Se tenían que cumplir cuatro condiciones muy estrictas para que un caso pudiera resolverse mediante un duelo. En primer lugar, el delito debía ser un crimen capital, como el asesinato, la traición o la violación. En segundo lugar, debía tenerse la certeza de que el delito había sucedido. En tercer lugar, tenían que haberse agotado todos los demás recursos legales y el combate —«la prueba utilizando el propio cuerpo»— debía ser el único medio disponible para conseguir una condena. Y, cuarto, era necesario que hubiera firmes sospechas de que el acusado había cometido el crimen.

Consideraciones legales aparte, solicitar un duelo era una estrategia muy arriesgada que haría que el caballero se jugara el todo el todo. Jean de Carrouges arriesgaría su propia vida, además de toda su hacienda, la reputación de su familia e incluso la salvación de su alma, puesto que habría de pronunciar un juramento solemne en el que se maldeciría a sí mismo si el resultado del combate demostraba que había mentido.

Por si fuera poco, Jean, además, pondría en peligro a su esposa, puesto que Marguerite era la testigo principal del caso. La joven tendría que jurar también que sus acusaciones contra Jacques Le Gris eran ciertas, y, si Jean, como campeón de Marguerite, era derrotado en el duelo, se consideraría demostrado que también ella había mentido. Desde la antigüedad, el castigo por acusar falsamente de un crimen era severo. Si un duelo judicial demostraba que una mujer había cometido perjurio al mentir sobre una acusación de violación, se la castigaba con la muerte.

Sin dejarse intimidar por lo difícil que era conseguir un juicio por combate ni por el enorme riesgo que comportaba combatir en uno, Jean de Carrouges se convenció de que, habiendo llegado las cosas a ese punto, solo un duelo a muerte le permitiría vengar el terrible crimen que se había cometido contra su esposa, demostrar las acusaciones contra Jacques Le Gris y limpiar el honor de su matrimonio. Es posible que creyera que Dios le favorecería y que no permitiría que fuera derrotado. En cualquier caso, por muy seguro que estuviera el caballero de su victoria, lo cierto es que, mientras se dirigía a París por las carreteras llenas de baches de Normandía, cabalgaba hacia la que sería la aventura más peligrosa de su vida.

En 1386, París era la ciudad más grande de Europa, con una población de más de cien mil habitantes, aunque las murallas de la ciudad cercaban un recinto de algo menos de ocho kilómetros cuadrados, muchos menos de los cincuenta y dos que ocupa actualmente. El París medieval era una ciudad ruidosa, abarrotada, maloliente y peligrosa. Protegida por sus murallas y un foso de los ejércitos enemigos —y, sobre todo, de los invasores ingleses—, la ciudad también sufría las sacudidas intestinas de su pendenciero populacho, tropas rebeldes, estudiantes alborotadores y una nutrida clase criminal que se aprovechaba de todos. Justo al norte de las murallas, se encontraba la infame colina de Montfaucon, donde los condenados a muerte eran ahorcados a docenas sobre un gran patíbulo de piedra de doce metros de altura del que sus cuerpos se dejaban colgados durante semanas para que el triste espectáculo de su descomposición sirviera de advertencia a otros.

Por el centro de París discurría el Sena, la principal arteria de la ciudad y también su principal cloaca. Por sus sucias aguas navegaba un incesante tráfico fluvial alrededor de la Île de la Cité, la isla central de la ciudad, en la que estaban algunos de los santuarios más famosos de la cristiandad. Cerca de uno de los extremos de esta isla se hallaba la catedral de Notre-Dame, sede del obispo de París, cuyas dos magnas torres cuadradas se habían terminado de construir hacía solo cien años, en 1285. Cerca del otro extremo se alzaba el elegante campanario de la Sainte-Chapelle, el exquisito relicario de piedra dorada y cristal tintado que había construido san Luis en la década de 1240 para exhibir las reliquias sagradas que había traído de Tierra Santa, entre ellas la Corona de Espinas de Cristo y un trozo de la Vera Cruz. Cerca de la capilla se alzaba el Palacio de Justicia, que alojaba el Parlamento de París, que era el alto consejo que asesoraba al monarca.

Al sur del río se encontraba la Universidad de París, la más célebre de toda Europa. Allí, doctores togados explicaban los textos de Aristóteles y Aquino en latín, la lengua común de la academia medieval, y los estudiantes, jóvenes varones libres de todas las naciones, llenaban las calles, tabernas y burdeles con sus chistes y gresca políglota. De vez en cuando, hartos de lo caro que estaba todo en la ciudad, se rebelaban contra los tenderos o se peleaban entre ellos agrupados según su nación: los alemanes arrojaban excrementos de caballo recogidos del suelo a los italianos o los ingleses apaleaban a los escoceses con madera que sacaban de los montones de leña que había apilados en las calles.

A lo largo de las principales calles que cruzaban la ciudad y por las que se llegaba a una de la docena de puertas que atravesaban las murallas, estaban los majestuosos palacios de piedra que pertenecían a las grandes familias nobles, ricos prelados de la Iglesia e incluso a un puñado de los mercaderes más prósperos de la urbe. Estos lugares de retiro privados, u *hôtels,* rodeados de jardines y cerrados por sus propios muros o verjas, protegían a los poderosos de las masas y de la constante irritación a los sentidos que constituía la ciudad. Muchos *hôtels* se hallaban cerca del Louvre, la enorme fortaleza cuadrada que protegía el lado occidental de la ciudad. Uno de estos, el *hôtel* de Alençon, era propiedad de la familia del conde Pedro.

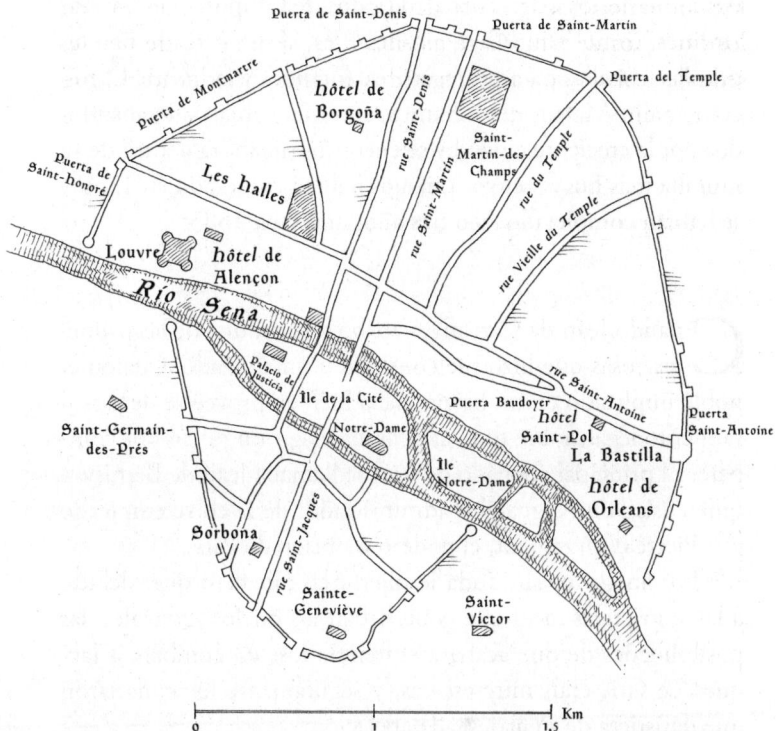

París en 1380: Jean de Carrouges se alojó cerca del *hôtel* Saint-Pol (este), mientras que Jacques Le Gris lo hizo en el *hôtel* de Alençon (oeste), cerca del Louvre.

Más allá de las calles importantes de la ciudad se extendía un laberinto de calles y callejones más pequeños. A ambos lados se arracimaban estrechas casas con entramado de madera de cuatro y cinco pisos de altura en las que vivían familias extensas hacinadas en pequeños alojamientos sobre las tiendas que regentaban en la planta baja. La basura y detritos se arrojaban a la calle desde los pisos superiores y quedaba sobre los adoquines, y las ruedas de los carros la incrustaban en el barro de las calles todavía sin pavimentar. Desperdigadas por toda la ciudad, una por cada parroquia o gremio, numerosas iglesias y capillas se alzaban con sus campanarios entre la neblinosa capa de humo que pendía siempre sobre la capital. Había unos pocos grandes monasterios extramuros, rodeados de campos abiertos o de jardines, como Saint-Germain-des-Prés, al sur, cercado por sus propias murallas para protegerse de forajidos y ladrones. Otros, como Saint-Martin-des-Champs, al norte, habían sido absorbidos por la creciente ciudad y se encontraban ahora dentro de su muralla más nueva, cuyos trabajos habían empezado en 1356 y se habían completado solo tres años antes, en 1383.

Cuando Jean de Carrouges arribó a París, una de las primeras cosas que hizo fue consultar a un abogado. Cualquier noble implicado en un litigio hacía bien en proveerse de asesoramiento legal, sobre todo si pensaba exigir un juicio por combate. El principal abogado de Jean se llamaba Jean de Bethisy, a quien asistía un alguacil o administrador de la corte empleado por Pierre d'Orgement, el poderoso obispo de París.

Los abogados sin duda le dijeron al caballero que, debido a las restrictivas leyes que gobernaban los duelos judiciales, las posibilidades de que acabara enfrentándose en combate a Jacques Le Gris eran muy escasas, y seguramente le aconsejaron que desistiera de su arriesgada apelación.

Carrouges no se dejó persuadir e insistió en buscar el duelo, así que los abogados le describieron el complicado proceso legal que debería seguir.

El primer paso era la apelación inicial. Se trataba de una ceremonia formal en la que el demandante, conocido como el *appelant,* presentaba sus cargos contra el acusado, o *défendeur,* citaba la causa que lo llevaba ante la corte y exigía su derecho a demostrar sus acusaciones en combate, en «la apuesta de batalla», como se decía. No era necesario que el *défendeur* estuviera presente ante la corte para la apelación, de modo que, si había huido o no se lo podía encontrar, el *appelant* no se veía privado de su derecho a recurrir.

El segundo paso era el desafío formal, una ceremonia separada que requería la presencia de ambas partes enfrentadas y en la que el *appelant* acusaba al *défendeur* a la cara y se ofrecía a probar sus acusaciones en combate «con su cuerpo». En el desafío, cada una de las partes del pleito debía estar acompañada por cierto número de nobles, que servían como segundos. Estos juraban obligar a las partes a presentarse ante la corte cuando fueran convocadas y a acudir al campo de batalla si se declaraba que debían batirse en duelo.

Mientras que la apelación solo podía dirigirse al rey, el desafío debía lanzarse ante el Parlamento de París, un cuerpo compuesto por treinta y dos magistrados. El Parlamento, también conocido como la *curia regis,* o 'corte real', tenía jurisdicción sobre todos los duelos y decidía en cada caso si se cumplían los requisitos para proceder al combate. El desafío formal ante el Parlamento de París necesitaba organizarse con tiempo, pues era necesario asegurar la presencia de todas las personas necesarias, incluidos el rey y sus magistrados, ambas partes en la disputa, sus abogados y sus segundos.

El decreto real de 1306 incluía un largo *formulaire,* un elaborado protocolo que gobernaba todos los aspectos del duelo judicial, incluida la apelación inicial, el desafío formal y los juramentos solemnes y otras ceremonias que precedían al combate. Desde el momento en que Jean de Carrouges determinó solicitar un juicio por combate, quedó sometido a las estrictas reglas y procedimientos del decreto real.

El caballero, acompañado por uno o más de sus abogados, presentó su apelación en el *château* de Vincennes, la residencia real ubicada en el gran coto de caza que el monarca tenía a varios kilómetros al este de la ciudad. El rey tenía muchas residencias en y alrededor de París, entre ellas el Louvre, la más antigua de ellas; el *hôtel* Saint-Pol, un palacio en el límite oriental de la ciudad, cerca de la Bastilla, y los apartamentos reales en el Palacio de Justicia, en la Île de la Cité. Pero a menudo se encontraba al rey en Vincennes. Carlos V había construido aquella enorme fortaleza tras la revuelta de los ciudadanos de París en 1358, y allí era donde su hijo y sucesor, Carlos VI, tenía su corte.

Vincennes, con su enorme torre del homenaje protegida por un foso, sus nueve imponentes torres de guardia y su doble paño de gruesas murallas, era una pequeña ciudad en sí misma, y contaba con fundición, capilla y hospital propios: todo cuanto necesitaba un rey que tenía miedo de vivir en su propia capital.

Carrouges era conocido en la corte real, pues había visitado París recientemente, el enero anterior, pero no podía presentarse sin previo aviso y solicitar una audiencia con Carlos VI. Había muchas barreras protectoras que rodeaban al monarca día y noche, no solo murallas, sino guardias, funcionarios y sirvientes, pues los intentos de asesinato eran frecuentes. Sin ir más lejos, el último verano, un emisario de Carlos el Malo, rey de Navarra, había sido descubierto en la corte real con veneno oculto en un bolsillo cosido a sus ropas con el que tenía intención de asesinar al joven monarca y a sus tíos.

Al llegar al *château* real, Carrouges se dirigió a la enorme entrada fortificada o *châtelet* que guardaba su muralla norte. Un

Château de Vincennes: Jean de Carrouges recurrió su caso ante el monarca en la enorme fortaleza real a las afueras de París, en la gran torre del homenaje o *donjon*. Seeberger, Archivos Fotográficos, Coll. M.A.P.© CMN, París.

gran foso, de doce metros de profundidad y veinticuatro de anchura, se extendía al pie de la muralla, de más de ochocientos metros de longitud y veintiuno de altura, que rodeaba la fortaleza, reforzada por grandes torres de guardia cuadradas en las esquinas y a lo largo de sus lados.

Carrouges y su séquito cruzaron el puente levadizo, desmontaron y anunciaron su llegada a los guardias. Una vez que se les permitió acceder a la casa del guarda, llevaron sus caballos por un paso que podía cerrarse de inmediato con un pesado rastrillo de hierro que se dejaba caer desde arriba.

Al entrar en el gran patio, que ocupaba seis hectáreas, vieron a la izquierda la vieja casa señorial de la dinastía de los Capetos y, a la derecha, a medio camino en la muralla occidental de la fortaleza, la inmensa nueva torre del homenaje construida por Carlos V como principal residencia real.

El enorme *donjon,* o 'torre del homenaje', con sus cuatro torres redondas, tenía más de cincuenta metros de altura y se alzaba tras otra muralla fortificada y un foso flanqueado por piedras de unos quince metros de profundidad. La única vía de acceso al interior, un puente levadizo que atravesaba el foso, tenía su propio *châtelet,* que contaba con su propia guarnición. Tras dejar las monturas a cargo de un mozo de cuadra en el patio, Carrouges y su séquito se presentaron ante la puerta fortificada y anunciaron cuál era su misión. Tras una breve espera, un paje salió del *donjon* y los guio hacia el interior.

El torreón tenía ocho pisos y paredes de piedra de tres metros de anchura que contenían más de un kilómetro y medio de varas de hierro para sostener sus muchas cámaras y arcos, en lo que constituye uno de los primeros ejemplos de albañilería reforzada de Europa. El torreón era el centro de la casa del monarca, con lujosos salones abajo, apartamentos privados para la familia real arriba y las habitaciones de la guardia en los pisos más altos. Desde una torre en su cima, muy por encima de las copas de los árboles del bosque real que rodeaba la fortaleza, el rey podía disfrutar de las vistas de varios cientos de kilómetros cuadrados de su reino, incluidos los campanarios y torres de París, que estaba cinco kilómetros hacia el oeste, y las colinas de distinta forma y altura que bordeaban el valle del Sena, a través del cual este fluía en grandes meandros hasta la capital y allende, hasta el mar. Uno de los últimos pisos del torreón alojaba un lujoso estudio privado construido por Carlos V para guardar en él su fabulosa colección de manuscritos iluminados; una de las grandes torres en las esquinas guardaba el tesoro real, una cámara cerrada y bajo guardia con cofres llenos de monedas de oro. Cada piso contaba con su propia letrina, que parecía una gran espuela de piedra que emergía desde la parte de atrás del torreón. Un pozo interior y unas despensas grandes y bien provistas permitían al castillo resistir un largo asedio.

El paje llevó a Carrouges y a sus abogados a través de varias cámaras de piedra y por una escalera de caracol hasta una de las torres para que vieran a Bureau de la Rivière, que dirigía la casa del rey y de quien se decía que «verlo a él es ver al rey». Una vez que el caballero explicó su urgente asunto a Bureau, se le concedió una audiencia con el monarca tan pronto como fuera posible, en cuanto el rey no estuviera fuera de París o hubiera otros asuntos urgentes que impidieran que prestara su atención al pleito del caballero.

En la primavera de 1386, el rey Carlos VI, señor de toda Francia, era todavía un jovencito de diecisiete años. Desde 1380, cuando había heredado la corona de su padre a la edad de once años, el joven monarca había estado bajo la tutela de sus ambiciosos tíos, en especial el duque Felipe de Borgoña. Carlos pronto se liberaría del yugo de sus tíos y se proclamaría soberano por derecho propio, pero, por ahora, el inexperto y maleable joven seguía el consejo de sus tíos en lo que se refería a la mayor parte de los asuntos de Estado, como la subida o bajada de impuestos, declaraciones de guerra, la firma de tratados de paz o de alianza y la miríada de deberes que tenía un monarca. El verano anterior, Carlos incluso se había casado con una chica que sus tíos habían escogido para él, Isabel de Baviera-Ingolstadt, quien, con catorce años, era todavía más joven que él.

Carlos V, el padre del rey, había recibido a los peticionarios cada mañana en el patio de Vincennes, tras asistir a misa en la capilla aledaña, o más tarde, durante el día, al levantarse de la mesa. Pero Carlos VI, que todavía era bisoño y no estaba aún del todo cómodo en su papel como juez supremo de Francia, probablemente atendió la apelación del caballero en la Sala del Consejo, un salón de aparato ricamente decorado en el segundo piso de la torre del homenaje de Vincennes.

La Sala del Consejo era un cuadrado de algo más de nueve metros de lado con las paredes cubiertas de madera báltica y techos con bóveda de crucería sostenidos por elegantes arcos de piedra pintados con colores vivos (rojo, azul y dorado) que descansaban en una sola columna en el centro de la sala. El capitel del pilar estaba adornado con tallas de flores de lis y las bóvedas, con medallones reales. En las paredes colgaban tapices de seda y lana que mostraban escenas religiosas y de la mitología clásica. El trono del rey, suntuosamente engalanado de azul y oro y dispuesto sobre una tarima baja en uno de los lados, dominaba la sala. Soldados armados montaban guardia en los diversos arcos que daban paso a la sala, que siempre estaba llena de nobles, clérigos y otros cortesanos.

Carrouges fue llevado ante el rey, hizo una reverencia y, luego, se arrodilló para presentar su apelación, con su abogado también de hinojos a su lado. El joven monarca, flanqueado por sus vigilantes tíos, contempló desde su trono a aquel súbdito suyo arrodillado frente a él, quien, con unos cincuenta años, casi le multiplicaba por tres la edad.

Todavía postrado, Carrouges desenvainó su espada —la única arma que le habían permitido llevar en presencia del rey— y la alzó cuanto pudo, aunque con cuidado de no blandirla en dirección al monarca. La espada desenvainada era el signo tradicional con el que se solicitaba un duelo y señalaba que quien la empuñaba estaba dispuesto a combatir por su causa.

Sin moverse, el caballero dijo:

—Gracioso y soberano señor, yo, Jean de Carrouges, caballero y vuestro leal siervo, me presento ante vos en busca de vuestra justicia.

La apelación: el *appellant,* arrodillado en la corte real con la espada en alto.
MS. fr. 2258, fol. 2r. Biblioteca Nacional de Francia.

—Caballero Jean de Carrouges, estoy preparado para oír vuestra apelación —replicó el joven rey desde el trono.

Con voz muy clara y fuerte, para que todos los presentes lo oyeran, el caballero añadió:

—Excelentísimo y soberano señor, afirmo y acuso que durante la tercera semana de este pasado enero, un tal Jacques Le Gris, escudero, conoció criminal y carnalmente a mi esposa, la dama Marguerite de Carrouges, contra su voluntad, en el lugar que se conoce como Capomesnil. Y estoy preparado para demostrar esta acusación con mi cuerpo contra el suyo y a matarlo o derrotarlo en el momento que para ello se determine.

Con estas contundentes y solemnes palabras, el caballero puso en marcha los lentos engranajes de la justicia real e inició una cadena de acontecimientos que, antes de que el proceso llegara a su resolución, los arrastraría a él, a su esposa, a Jacques Le Gris, a las familias y amigos de ambos hombres y a muchos otros miembros de la nobleza francesa.

Tras presentar su apelación y dar las gracias al rey, Carrouges y su abogado fueron escoltados fuera de la Sala del Consejo y del torreón. Ahora, el caballero tendría que esperar —probablemente varias semanas o incluso meses— hasta el siguiente paso del proceso, el desafío formal. El rey, en cumplimiento de la ley, derivó el caso de inmediato al Parlamento de París, que era competente sobre cualquier asunto relativo a duelos y que se encargaría de gestionar los detalles. Pero Carlos, como juez supremo de la nación, presidía el Parlamento y, durante los meses siguientes, seguiría con mucho interés el pleito entre Carrouges y Le Gris.

Era el momento de dar inicio al proceso del duelo judicial. Se despachó un correo desde el *château* de Vincennes al Palacio de Justicia, en París, con una carta que llevaba el sello real. En el esplendor gótico del palacio, a orillas del Sena, los escribas del Parlamento redactaron una citación formal para Jacques Le Gris, a quien el caballero había nombrado como *défendeur*. Otro correo llevó la citación hasta Argentan, o hasta el lugar de Normandía en que se encontrara el escudero.

La citación para acudir a París no debió de sorprender demasiado a Jacques Le Gris, pero seguramente lo preocupó. El conde Pedro ya había escrito al rey para pedir que no se aceptase la apelación de Carrouges, pero el obstinado caballero había conseguido una audiencia con el monarca y Le Gris no podía ignorar la resultante citación, que le ordenaba presentarse ante el Parlamento de París.

Cuando Le Gris llegó a París, también él buscó de inmediato asesoramiento legal. El principal abogado de Le Gris era Jean Le Coq, un letrado muy conocido y solicitado. Le Coq conservó algunas notas sobre el caso en su diario profesional, en el que registró hechos y observaciones en su cuidadoso latín jurídico. El diario, uno de los libros de casos más antiguos que se conservan, constituye una ventana muy valiosa a través de la cual podemos conocer el juicio y también el carácter del escudero, puesto que Le Coq escribió también sus impresiones personales sobre su cliente y registró las conversaciones confidenciales que mantuvo con él.

En el momento de esta disputa, Le Coq tenía unos treinta y cinco años. Era hijo de un eminente letrado llamado también Jean Le Coq, de quien había heredado no solo el nombre y la profesión, sino también su íntima conexión con la familia real francesa. Entre los clientes de Le Coq hijo se contaban Luis de Valois, el hermano del rey, y el poderoso tío del soberano, el duque Felipe de Borgoña.

Es posible que fuera el Parlamento quien escogiera a Le Coq como representante de Le Gris, como en ocasiones sucedía en los casos que se apelaban ante ese tribunal. O quizá la familia de Le Gris —o el conde Pedro— lo escogieron específicamente, por su estrecha relación con la corona, para que defendiera al escudero.

Le Coq descubrió muy pronto que defender al escudero acusado de violar a Marguerite de Carrouges no era una tarea sencilla, sobre todo porque Le Gris no siempre seguía los consejos de su abogado. Le Gris demostró lo terco que era desde el principio, cuando su letrado lo apremió a que ejerciera su derecho al «privilegio del clero».

Puesto que Jacques Le Gris no solo era escudero, sino también clérigo —un miembro del clero que había recibido cierta educación—, podía escapar por completo de la jurisdicción del Parlamento de París y obligar a que su caso se presentara ante un tribunal eclesiástico, donde un duelo era del todo inconcebible. Le Coq dice que insistió con vehemencia a su cliente para que siguiera esa vía a fin de evitar cualquier riesgo de combatir en un duelo.

Pero, como el mismo frustrado abogado explicó en su diario, el escudero «no estuvo en absoluto de acuerdo», rechazó el consejo de Le Coq y «se negó a ayudarse a sí mismo». Puede que Le Gris se plantara en sus trece porque su vanidad no le permitía dar pie a que lo consideraran un cobarde, sobre todo ahora que la disputa se había planteado ante el monarca en la corte real y empezaba a ser la comidilla de toda Francia.

Una vez que Carrouges apeló su caso ante el rey, y Le Gris llegó a París para responder a la citación del Parlamento, ambos hombres hubieron de asegurarse sus segundos antes de que se llegara al desafío. Además, ambos tuvieron que organizarse para una estancia prolongada en la ciudad y encargarse de muchos otros detalles. El caballero, por supuesto, hizo llamar a Marguerite o regresó a buscarla, si es que ella no había acudido antes ya a París. Durante los siguientes meses, las vidas de ambos hombres girarían por completo en torno al juicio, que, con su ritmo inexorable, pareció cobrar vida propia.

Como es habitual en asuntos legales, el caso no solo consumió mucho tiempo a las partes, sino que también les resultó muy costoso. Este dispendio planteaba un riesgo en particular para el caballero, cuyos recursos financieros no eran muy sólidos. No era extraordinario que las partes envueltas en largos procesos legales pidieran dinero a parientes y amigos, o tomaran préstamos, para cubrir los costes. Mientras que la familia del escudero era rica —y el conde Pedro, sin duda, estaría más que dispuesto a ayudar a su favorito—, el caballero tenía menos recursos y, también, menos amigos a quienes recurrir. Pero, llegados a este punto del enfrentamiento, con la posibilidad de un duelo cerniéndose sobre ambos, los dos hombres sabían que se jugaban mucho más que solo dinero.

A finales de la primavera o principios del verano de 1386, el caballero y el escudero recibieron misivas oficiales que los convocaban a presentarse en el Palacio de Justicia ante el rey y el pleno del Parlamento. La fecha fijada para ello fue el 9 de julio, un lunes. Casi seis meses después del presunto crimen, Jean de Carrouges finalmente se encararía con su enemigo ante la corte suprema de Francia, lo acusaría del terrible crimen contra su esposa y se ofrecería a demostrar sus cargos en una lid. El caballero había esperado mucho a que llegara ese momento, pero seguía sin haber ninguna garantía de que, una vez que lanzara su desafío, consiguiera realmente combatir contra el escudero. La decisión sobre si procedía o no seguir adelante la tomaría el Parlamento.

El escenario para el desafío era uno de los más grandiosos de París. El Palacio de Justicia —un complejo de edificios construidos en el norte de la Île de la Cité— se había reconstruido espléndidamente a principios del siglo XIV y estaba designado oficialmente como residencia real, aunque entonces era sobre todo la sede del Parlamento y el rey lo visitaba solo con ocasión de actos de Estado. En su esquina noreste, en la orilla del río, el reloj erigido por Carlos V tocaba las horas desde su torre. Las otras tres torres del palacio —César, Argent y Bonbec— se alzaban en la orilla oeste, junto al río. Justo al sur del palacio, unida a él por un corredor cubierto, se alzaba la majestuosa y reluciente Sainte-Chapelle.

La mañana del 9 de julio, el caballero y el escudero llegaron por separado al palacio desde puntos opuestos de la ciudad. Jean de Carrouges arribó por el este, desde sus alojamientos en la *rue* Saint-Antoine, cerca del palacio del obispo y del *hôtel* Saint-Pol. Jacques Le Gris apareció desde el oeste, donde se alojaba con el conde Pedro en el *hôtel* de Alençon, en un barrio igualmente prestigioso entre los muchos otros principescos *hôtels* que se arracimaban a la sombra del Louvre. A ambos hombres los acompañaban sus abogados, segundos, parientes y amigos.

Las dos partes y sus séquitos cruzaron de la *rive droite* a la Île de la Cité por el Grand-Pont, un puente de madera construido sobre pilares clavados en el fango del lecho del río, pasaron frente al reloj real en la orilla opuesta y se adentraron en el recinto del palacio por una puerta en el lado oriental.

Una vez dentro, tuvieron que atravesar el ruido y el caos del gran patio de Mayo, en el que parecía haberse congregado todo París. Los abogados y litigantes que tenían asuntos que exponer ante el Parlamento se mezclaban con los comerciantes que atendían en sus paradas, los compradores que buscaban gangas y los mendigos que suplicaban limosna, mientras que algunos paseantes ociosos se recreaban contemplando aquel incesante espectáculo de la vida urbana. Entre las charlas y cotilleos del patio, los gritos de los vendedores se mezclaban con las aceradas amenazas de los soldados y los lamentos de los prisioneros que, cargados de cadenas, eran escoltados al cadalso para su ejecución.

Una vez que el caballero y el escudero cruzaron el patio y entraron en el palacio, dejaron atrás aquella algarabía. Tras subir por una gran escalera de piedra, pasaron por un arco gótico guardado por una estatua de la Virgen con el Niño y entraron en la Gran Sala, un salón grande y ricamente decorado de setenta metros de longitud y veintisiete de anchura donde el Parlamento conducía la mayor parte de sus procedimientos.

El cavernoso salón estaba cubierto por una doble bóveda dorada que descansaba sobre una hilera de ocho columnas que dividían la sala en dos naves. Aquí, los abogados se reunían con sus clientes, los secretarios judiciales se afanaban con sus legajos y los ujieres, escribas y otros funcionarios mantenían en marcha la maquinaria de la ley. Ventanales con vidrieras de colores con las armas de Francia iluminaban la sala desde lo alto y, bajo ellas, varios enormes hogares se alternaban con bancos a lo largo de las paredes. Estatuas de cincuenta reyes franceses se alzaban en los laterales y pieles de animales adornaban las paredes, entre ellas una piel de cocodrilo traída de Egipto por el famoso cruzado Godofredo de Bouillón. En el extremo este del salón había

Palacio de Justicia: en julio de 1386, Jean de Carrouges desafió a Jacques Le Gris a un duelo, ante el rey y su Parlamento, en una sala adyacente a las dos torres de la derecha. La torre del reloj real aparece en primer plano. Archivos Fotográficos, Coll. M.A.P.(c) CMN, París.

un altar dedicado a san Nicolás, el santo patrón de los abogados, donde se decía misa cada mañana. El altar se mantenía con un impuesto que abonaban los abogados y con las limosnas que pagaban los cómplices en el asesinato de Evain Dol, un juez del Parlamento asesinado por el amante de su esposa en 1369.

El gobierno de Francia se reunía en la Gran Sala en tiempos de crisis, como sucedió después de la desastrosa derrota de Poitiers y de la captura del rey Juan en el terrible otoño de 1356. Unos ochocientos delegados de todo el reino abarrotaron el salón para obligar al conmocionado delfín —el futuro Carlos V— a que purgara la corrupta administración real de los consejeros que habían llevado a Francia a tamaña debacle. Dos años después, una turba de tres mil personas había irrumpido en la Gran Sala siguiendo a su líder, Étienne Marcel, el temible preboste de los mercaderes de París, para protestar por los escandalosos términos del tratado de paz con Inglaterra y por el demoledor rescate de tres millones de escudos que había que pagar por el rey. Marcel, apoyado por sus airados seguidores, irrumpió en los aposentos del delfín, en el segundo piso, gritando: «¡Tenemos asuntos que tratar aquí!». La masa aprehendió a uno de los consejeros del gobierno y lo mató delante del rey. Otro consejero huyó de los aposentos, pero la muchedumbre lo atrapó, lo mató y arrastró su cuerpo de vuelta ante el monarca para arrojar los dos cadáveres por la ventana hacia la masa que gritaba en el patio. El aterrorizado delfín se salvó solo porque Marcel lo puso bajo su protección personal y lo obligó a cubrirse la cabeza con una caperuza azul y carmesí, los colores de los rebeldes.

En la entrada de la Gran Sala, Carrouges y Le Gris fueron recibidos por ujieres ataviados con librea y con unas varas o *bâtons* para mantener el orden, con las que guiaron por separado a cada hombre y su séquito a través de la sala por un suelo de mármol a cuadros blancos y negros que parecía un tablero de ajedrez gigantesco. En la esquina noroeste de la sala, atravesaron una puerta vigilada por guardias armados y entraron en un estrecho pasillo. Ese corredor llevaba a la Gran Cámara, el sancta-sanctórum del Parlamento, una sala más pequeña pero decorada

El desafío: el *appellant* (a la derecha del rey) acusa al *défendeur* (a la izquierda del rey) y se ofrece a demostrar los cargos en un duelo. Tras cada uno de los litigantes están sus abogados y segundos. MS. fr. 2258, fol. 4v. Biblioteca Nacional de Francia.

de forma más fastuosa en el lado norte del palacio, flanqueada por la *tour* d'Argent y la *tour* César. Aquí, el rey presidía oficialmente el consejo de Estado cuando estaba de visita.

Al entrar en la Gran Cámara, el caballero y el escudero se encontraron ante el elegante trono con dosel, conocido como el *lit de justice,* que estaba sobre una tarima, cubierto con tela azul con flores de lis doradas. Los magistrados del consejo tenían reservados bancos acolchados que flanqueaban el trono; los clérigos, a la izquierda del rey y los laicos, a su derecha, treinta y dos en total. En una pared había un retablo que mostraba la crucifixión y en las demás colgaban preciosos tapices. La única gran chimenea de la sala estaba apagada en aquel julio caluroso y, sobre las baldosas del suelo, se había esparcido hierba recién cortada por higiene y para mitigar el ruido. Una barrera baja separaba el trono del rey y los asientos del consejo del resto de la sala, donde se habían dispuesto bancos de madera para los abogados y sus clientes.

Cuando los ujieres hubieron llevado a todo el mundo a sus asientos, ordenaron que se guardara silencio y entraron los magistrados, que se quedaron en pie ante sus bancos, primero los clérigos y luego los laicos. Al final, el monarca apareció por una puerta detrás del trono. Cuando el alguacil anunció su llegada, todo el mundo en la sala se inclinó en una reverencia y Carlos entró en la cámara seguido por su hermano, Luis de Valois, y su séquito de vigilantes tíos. El joven monarca se sentó en el trono y contempló la asamblea mientras todos los demás se sentaban en silencio. Uno de los clérigos permaneció en pie para pronunciar una oración en la que pidió solemnemente que Dios bendijera el trabajo del tribunal. Luego, el primer presidente del Parlamento, Arnold de Corbie, dio unos golpes con su mallete. El más alto tribunal de Francia abría la sesión.

Las actas del Parlamento del 9 de julio de 1386 describen a los nobles reunidos en la Gran Cámara ese día para presenciar el desafío: «En este día, el rey nuestro señor estaba en Parlamento en su real majestad, acompañado allí por nuestros señores los duques de Berry y Borgoña, sus tíos, y por nuestro señor el conde de Valois, hermano de nuestro señor el rey, y por muchos otros grandes señores. Y el caso presentado concernía a un juicio por combate entre, por un lado, el apelante Jean de Carrouges, caballero, y Jacques Le Gris, por otro».

Las actas no mencionan a Marguerite, así que no sabemos con certeza si estuvo presente ese día, aunque sí que comparecería ante el Parlamento más tarde ese mismo verano. A esas alturas, la dama Carrouges estaba embarazada de seis meses, lo que acentuaba el estrés de presentarse ante un tribunal público en el que su marido iba a acusar a otro hombre de haberla violado.

Para la ceremonia del desafío, el caballero y el escudero se pusieron en pie ante la corte, uno frente al otro, cada uno flanqueado por su séquito. Por tradición, el *appelant* se colocaba a la derecha del rey y el *défendeur,* a su izquierda.

El caballero, como *appelant* del caso, habló primero, y declamó en voz muy alta para que lo oyera toda la corte:

—Excelentísimo y poderosísimo rey y soberano señor, yo, Jean de Carrouges, caballero, me presento ante vos como apelante en vuestra corte y acuso a este escudero, Jacques Le Gris, de un horrible crimen contra mi esposa, la dama Marguerite de Carrouges. Afirmo que, durante la tercera semana del pasado enero, este mismo Jacques Le Gris conoció carnal y criminalmente a mi mujer, contra su voluntad, en el lugar conocido como Capomesnil, con la ayuda de un tal Adam Louvel. Por ello, exijo que confiese ahora su crimen y se someta al juicio de este tribunal y a la pena de muerte y de confiscación de todos sus bienes, según dispone la ley en estos casos. Y, si el citado Jacques Le Gris niega su crimen, me ofrezco a demostrar mis cargos con mi cuerpo, en un campo cerrado, como debe hacerlo un caballero y hombre de honor, ante vuestra presencia real, como juez y soberano señor.

Después de haber nombrado, acusado y desafiado al escudero, el caballero debía arrojar su prenda de batalla, habitualmente un guantelete o guante. Bajo la mirada intensa de todos los miembros de la corte, lanzó la prenda al suelo frente al escudero, acto que expresaba su compromiso de honrar el desafío que había planteado y de enfrentarse al acusado en un campo cerrado —o *champ clos*—, que era donde tradicionalmente se celebraban los juicios por combate. Arrojar el guante *(jeter le gage)* era uno de los antiguos rituales del duelo.

Ahora era el turno del escudero, quien, como *défendeur*, debía responder a los cargos. Encarándose a su acusador, y también hablando muy alto para asegurarse de que todos le oían, respondió:

—Excelentísimo y poderosísimo rey y nuestro señor soberano, yo, Jacques Le Gris, escudero, me presento ante vos como acusado y niego rotundamente todos los cargos presentados contra mí, y, en especial, la acusación de Jean de Carrouges de que conocí carnal y criminalmente a su esposa, la dama Marguerite de Carrouges, en la tercera semana del enero pasado o en cualquier otro momento, en el lugar conocido como Capomesnil o en ningún otro lugar. Y, por consiguiente, sostengo, salvaguardando el honor de vuestra majestad, que el caballero al que me he referido ha mentido vilmente y que es pérfido y malvado por haber afirmado los cargos que ha relatado. Y que, con la ayuda de Dios y Nuestra Señora, me comprometo a defenderme de sus acusaciones con mi cuerpo, sin presentar ninguna excusa ni súplica para evitarlo, si vuestra corte juzga que debe tener lugar una apuesta de batalla, en el lugar y momento que ordenéis como nuestro juez y señor soberano.

Entonces, Jacques Le Gris se agachó y recogió el guante que estaba en el suelo, a sus pies. También esta era una parte tradicional del ritual. El *défendeur* estaba obligado a recoger y sostener *(lever et prendre)* la prenda para declarar que aceptaba el desafío del otro hombre de demostrar sus cargos en combate y que él, a su vez, aceptaba también defender sus afirmaciones contra él en combate mortal en el *champ clos* si la corte así lo determinaba.

Una vez que los dos hombres hubieron intercambiado alegatos y la prenda de batalla, los magistrados deliberaron y tomaron una decisión oficial *(arrêt)* sobre lo que habría de suceder a continuación, es decir, sobre si permitirían o no que el desafío siguiera su curso. El *rapporteur,* el magistrado responsable del caso, anunció la decisión del Parlamento a la asamblea en un alambicado lenguaje jurídico:

—Entre el caballero Jean de Carrouges, apelante y querellante en una parte en un caso de apuesta de batalla, y, en la otra parte, Jacques Le Gris, acusado, se ordena, tras haber escuchado a las partes, que presenten sus hechos y razones por escrito ante la corte en forma de declaración jurada, tras cuya recepción y lectura la corte considerará y sopesará según su mejor saber y entender cómo resolver el caso.

El Parlamento estaba ordenando una investigación formal, o *enquête,* de los hechos del caso. Cada una de las partes sometería su testimonio por escrito, y la corte los examinaría para decidir si había base o no que permitiera un duelo.

La decisión del Parlamento debió de satisfacer al caballero. Hasta entonces, al menos, su apelación había tenido éxito. Su desafío había iniciado una investigación formal que quizá llevara a que la corte suprema autorizara un duelo judicial. Sin embargo, sabía perfectamente que el Parlamento rara vez autorizaba los duelos. Hacía más de treinta años que no aprobaba un juicio por combate en un caso de supuesta violación.

Jacques Le Gris, en cambio, seguramente estaba menos contento. Su abogado, Jean Le Coq, lo había apremiado a evitar el más mínimo riesgo de un duelo ejerciendo su privilegio de ser juzgado por un tribunal eclesiástico, pero Le Gris se había negado, con lo que había perdido su oportunidad de escapar a la jurisdicción del Parlamento. Ahora tendría que someterse a la investigación y aceptar su resultado.

La corte tomó medidas para asegurar que el caballero y el escudero permanecieran a su alcance durante la *enquête*. El Parlamento tenía autoridad para enviar a prisión a ambos hombres si lo consideraba necesario o temía que huyeran, pero les permitió seguir en libertad dentro de las murallas de la ciudad y se conformó con que se comprometieran a comparecer cuando fueran citados. Ambos hombres hubieron de «jurar, prometer y obligarse» a aparecer ante la corte cuando fueran convocados, «en el día, hora y lugar asignados». Si cualquiera de ellos huía de París o no se presentaba cuando debía, se emitirían de inmediato órdenes para su arresto. Su ausencia o intento de huida, además, se tomarían como prueba de su culpabilidad y se procedería a su condena sumaria e inmediata ejecución.

Para garantizar que se presentarían cuando fueran convocados, cada una de las partes tuvo que nombrar a seis garantes, nobles respetados que juraron que los harían comparecer, incluso obligándolos por la fuerza si era necesario. Las actas del 9 de julio enumeran a los doce hombres que aceptaron este deber solemne, todos distinguidos aristócratas y muchos de ellos célebres por sus gestas militares al servicio de Francia.

El principal garante del caballero, el conde Waléran de Saint-Pol, de la casa de Luxemburgo, era una persona muy próxima al rey y un famoso veterano de muchas campañas reales, entre ellas la victoria francesa contra los flamencos en la batalla de Roosebeke en 1382. Uno de los principales garantes del escudero, Felipe de Artois, conde de Eu, había regresado recientemente de combatir contra los ingleses en Gascuña junto con el duque Luis de Borbón, tío del rey.

El pequeño ejército de caballeros y señores que servían como garantes muestra cómo la querella, una vez planteada ante el monarca y su Parlamento, afectó rápidamente a muchos otros nobles franceses. Los doce garantes, cada uno con sus propias familias y seguidores, multiplicaban de manera exponencial el número de personas implicadas directamente en el caso Carrouges-Le Gris. A esas alturas, la disputa se había convertido en la comidilla de la corte real, donde las partes o sus familias eran bien conocidas para muchos, de modo que algunos tomaron partido por el uno o el otro incluso antes de que empezara la *enquête* inicial. Pronto, el caso provocaría una enorme controversia en Francia e incluso más allá de este reino. Lo que había empezado como una disputa local en una corte señorial de Normandía se estaba convirtiendo con rapidez en una causa célebre que se desarrollaba ante toda la nación.

Después de que Carrouges y Le Gris se hubieran encarado para el desafío, se dieron la espalda de nuevo, abandonaron el Palacio de Justicia acompañados de sus séquitos y regresaron a sus aposentos en partes opuestas de París. Ahora, empezarían a preparar el requerido testimonio escrito, que el Parlamento había exigido para continuar con su *enquête*. Si, después de examinar los testimonios, la corte rechazaba la apelación del caballero, la sentencia del conde Pedro sería firme y el escudero sería ya considerado inapelablemente inocente de todos los cargos. Pero, si la alta corte decidía permitir una lid y, por consiguiente, anular el fallo del conde, Carrouges tendría la oportunidad de demostrar sus cargos enfrentándose a su enemigo en combate, mientras que Le Gris habría de ganarse su inocencia de nuevo, esta vez con las armas.

6

LA INVESTIGACIÓN

Una vez el Parlamento anunció la investigación, Jean de Carrouges y Jacques Le Gris empezaron a preparar sus declaraciones. La corte exigía que todas las pruebas se presentaran por escrito. Aunque no se permitía a las mujeres presentar cargos en casos penales, Marguerite, como principal testigo del caso, claramente testificó, pues las actas oficiales muestran que «cierta información llegó por la declaración o juramento de la citada Marguerite ante nuestra corte». De hecho, la dama de Carrouges fue «intensa y largamente interrogada y examinada» sobre sus acusaciones contra el escudero.

Un comentario de Jacques Le Gris indica que Marguerite compareció ese verano ante el rey y el pleno del Parlamento en el Palacio de Justicia, igual que había hecho su padre, Robert de Thibouville, citado allí cuarenta años antes para responder a una acusación de alta traición. Le Gris testificó que «nunca había visto o hablado con» la dama, excepto en una ocasión, en Normandía (en la casa de Jean Crespin, dos años antes), y ahora, en presencia del monarca, «como parte de este proceso». Así pues,

Le Gris debió de ver a Marguerite en los inicios de la investigación, cuando la joven acudió a prestar juramento ante la corte suprema, antes de que los funcionarios de la corte le tomaran declaración en privado. Hacia mediados de julio, cuando dio comienzo la investigación, Marguerite ya estaba embarazada de seis meses, lo que debió de contribuir a que aparecer públicamente ante el Parlamento le resultara todavía más duro.

El caballero, el escudero y la dama testificaron en su francés normando nativo. No tenemos ninguna transcripción directa de sus testimonios orales, pero los archivos oficiales del Parlamento contienen un resumen detallado del caso, redactado en latín y escrito por uno de los escribas profesionales de la corte, llamados *greffiers*. Este resumen, que sobrevive en una sola copia manuscrita, llega a las casi diez páginas de tamaño folio de escritura apretada en una desteñida tinta marrón. Incluye el detalle de los cargos contra el escudero, basados en el testimonio jurado de su esposa, seguidos de la larga y formidable defensa del escudero.

El caballero empieza contando cómo, durante muchos años, confió en Jacques Le Gris y lo consideró uno de sus mejores y más leales amigos, hasta el punto de que honró al escudero nombrándolo padrino de su primogénito. Jean de Carrouges subraya la intimidad y la santidad de la relación, y describe cómo Jacques Le Gris levantó y sostuvo al bebé en la pila bautismal para que el sacerdote lo sumergiera en el agua bendita.

El caballero continúa relatando el incidente en casa de Jean Crespin, donde Jacques Le Gris conoció a Marguerite, y donde Jean ordenó a Marguerite que besara a Le Gris como señal de paz y amistad entre los dos hombres.

Pasa en silencio el intervalo que separa esos dos acontecimientos públicos: un periodo de cinco años, o más, durante los cuales no solo perdió a su primera esposa, a su hijo y a su padre, sino también la prestigiosa capitanía de su padre en Bellême y varios feudos que había comprado legalmente, y durante los cuales su amistad con el escudero se agrió debido a la rivalidad que ambos mantenían dentro de la corte del conde Pedro.

Carrouges alega que, después del encuentro en la casa de Crespin, donde Le Gris conoció a Marguerite, dominó al escudero un lujurioso deseo por la dama. Retratándolo como un célebre libertino, el caballero afirma que Le Gris conspiró para seducir a Marguerite y añadirla a su larga lista de conquistas.

Basándose en el testimonio jurado de su esposa, Carrouges detalla a continuación la agresión que sufrió Marguerite, alegando que Le Gris «conoció carnalmente a la dicha Marguerite, como se ha afirmado, contra su voluntad y sin su consentimiento, con lo que cometió vilmente una violación, así como adulterio, traición, incesto y perjurio», cinco cargos criminales distintos y muy graves. Además de violación, acusa a Le Gris de adulterio por haber mantenido relaciones ilegítimas con la dama; de traición, por haber roto su relación de confianza y amistad con el caballero; de haber cometido incesto, por haber violado el vínculo de parentesco establecido cuando Le Gris se convirtió en padrino de su hijo, Jean; y, finalmente, de perjurio, porque el escudero, al negar su culpa ante dos tribunales, había mentido bajo juramento. Aunque el crimen de violación encabeza la lista de cargos y subraya la violación del cuerpo, voluntad y derechos legales de la dama Marguerite, los demás cargos también reflejan los presuntos delitos del escudero contra el caballero.

El caballero afirma que supo del crimen por boca de la propia Marguerite a su regreso de París, y que ella le suplicó, por mor del honor del propio caballero, que buscara justicia y la vengara. Marguerite, dice, juró muchas veces que lo que le había contado era verdad y se mantuvo firme en su testimonio, «so pena de condenar su alma y bajo muchos juramentos, cuando se la interrogó sobre estas cuestiones».

El caballero, sin duda por consejo de su abogado, Jean de Bethisy, concluyó afirmando que su caso satisfacía todos los requisitos para un juicio por combate: el crimen sin duda había tenido lugar; consistía en un delito capital; la condena solo era posible mediante duelo judicial, puesto que el *défendeur* se negaba a confesar; y «se sospecha y acusa notoria y generalmente» a Le Gris del crimen.

Contra las acusaciones del caballero, Jacques Le Gris y su equipo legal erigieron una enérgica defensa que ofrecía una imagen muy distinta de cómo el escudero había acabado acusado de un crimen, y de dónde se encontraba el día en cuestión.

El escudero empieza su declaración recordando a la corte que pertenece a una familia noble leal a los reyes de Francia y al conde Pedro de Alençon, y que siempre ha servido a sus señores «sabia, legal y lealmente, y de modo digno de elogio» y llevado «una vida virtuosa y respetable, conduciéndose honorablemente con los demás». Añade que, precisamente por su buena conducta, el rey Carlos lo eligió como escudero personal.

En referencia a su relación con el caballero, Le Gris describe que, en otros tiempos, Carrouges y él sirvieron al conde de Perche y, juntos, entraron al servicio del conde Pedro tras la muerte de su primer señor. El escudero también menciona que fue padrino del hijo de Jean. Pero, mientras Carrouges cita este hecho para mostrar lo grave que había sido que Le Gris violara su confianza, el escudero lo utiliza para ilustrar cómo el caballero cayó en una espiral de odio hacia él.

Le Gris relata cómo se inició la enemistad con el caballero, y cómo Carrouges se volvió progresivamente más hostil contra él y contra el conde Pedro. Cuando murió su padre y dejó vacante la capitanía de Bellême, el conde Pedro se negó a conceder ese puesto a Carrouges, dice Le Gris, porque sabía que era un joven «sombrío e imprevisible». Asimismo, Le Gris afirma que, después de que Carrouges perdiera Cuigny, que intentó comprar a pesar de que el conde Pedro tenía un derecho previo sobre esas tierras, comenzó a culpar a Le Gris de sus contratiempos en la corte. Celoso de la confianza que el conde Pedro depositaba en Le Gris, el iracundo y suspicaz Carrouges supuso que Le Gris «se había comportado de esa forma para perjudicarlo» y «empezó a odiarlo y despreciarlo».

Según Le Gris, si Carrouges era una mala pieza en la corte, era todavía peor en su casa. Alega que, mientras estuvo casado con su primera esposa, Jeanne de Tilly, Carrouges fue presa de unos «enfermizos celos» por los que la obligó a llevar una vida tan austera que provocó la muerte prematura de la mujer. Más grave todavía, Le Gris afirma que Carrouges intentó obligar a su primera esposa a decir que Le Gris se había acostado con ella («a lo que la citada esposa, que era sabia y buena, se negó, puesto que era completamente falso»). Con estos sensacionales ataques contra el carácter y la credibilidad de Carrouges, Le Gris intenta demostrar que las acusaciones que el caballero presenta contra él son parte de una larga pauta de mentiras y enemistad.

Tras dibujar este retrato tan desolador de la conducta tanto pública como privada del caballero, Le Gris pasa a su propia relación con Marguerite. Afirma que ha visto o hablado con Marguerite en solo dos ocasiones: el presente litigio ante el Parlamento de París y la reunión social celebrada «hace al menos dos años» en casa de Jean Crespin. Esta parte del testimonio tiene la patente intención de mostrar que Le Gris no estuvo en Capomesnil en la fecha del supuesto crimen y que, por tanto, no podía ser culpable de la violación. Pero, de forma indirecta, sugiere también que podría tratarse de un caso de error en la identificación. Puesto que Marguerite había visto a Le Gris solo en una ocasión previa, más de un año antes del presunto crimen, tal vez acusó al hombre equivocado del ataque, si es que realmente se produjo.

Le Gris también reduce la ventana temporal durante la cual pudo haber cometido el crimen. En su declaración de cargos, Carrouges no especifica exactamente la fecha del crimen y dice simplemente que ocurrió «cierto día durante la tercera semana de enero». Como respuesta, Le Gris intenta mostrar que el crimen solo pudo haber ocurrido el jueves 18 de enero, el día en que Nicole estuvo ausente de Capomesnil y durante el cual Marguerite se quedó sola en el *château*.

Le Gris menciona la citación de Nicole el jueves a la cercana localidad de Saint-Pierre-sur-Dives. Subraya la poca distancia que separa las dos ciudades y dice que Saint-Pierre está a «apenas dos leguas» de Capomesnil, lo que haría que un viaje de ida y vuelta fuera poco más de diecinueve kilómetros.[*] Le Gris afirma tam-

---

[*] Una legua era una medida de longitud que oscilaba entre 4,4 y 4,8 kilómetros.

bién que Nicole regresó de su recado «para la comida de la mañana, o poco después», con lo que se refiere a la principal comida del día, que solía tomarse alrededor de las diez de la mañana, pero que en ocasiones se retrasaba hasta el mediodía. Si Le Gris está en lo cierto —y Carrouges nunca dice que no lo esté en este punto—, Nicole se ausentó de Capomesnil cinco o seis horas como máximo. Le Gris también subraya que, aunque no dio una fecha exacta para el crimen, Carrouges especifica que la supuesta violación se produjo «alrededor de la hora prima», es decir, a las nueve de la mañana, unas dos horas después de la partida de Nicole.

Sorprendentemente, Le Gris también afirma que Marguerite estuvo acompañada en todo momento durante la breve ausencia de Nicole de Capomesnil por una «costurera y otras dos mujeres». Esa es una imagen muy distinta de la que presenta Carrouges, que afirma que Nicole había dejado a Marguerite «virtualmente sola», de modo que nadie la oyó ni la socorrió. Es más, Le Gris afirma que, cuando Nicole regresó de su viaje, encontró a su nuera de buen humor, «feliz y alegre, sin mostrar el menor indicio de descontento». Es obvio lo que sugiere: ¿acaso parece esta una mujer que solo unas pocas horas antes había sido brutalmente agredida y violada?

A continuación, Le Gris ofrece una crónica dañina del subsiguiente regreso de Jean de París tres o cuatro días después. Añadiendo pinceladas todavía más oscuras al retrato del caballero, a quien pinta como un hombre celoso y violento, el escudero afirma que, cuando Carrouges supo que la criada a la que había ordenado que permaneciese con Marguerite en todo momento había desobedecido sus órdenes y había ido a Saint-Pierre-sur-Dives con Nicole, montó en cólera y, «allí mismo, empezó a golpear a la citada criada —y, luego, también a Marguerite— en la cabeza con los puños». Este relato del salvajismo del caballero sin duda debió de conmocionar a la corte. Mientras que el caballero se presenta como un esposo amante y fiel, el escudero lo caracteriza como un hombre cruel y violento, propenso a maltratar a su propia esposa y a otras mujeres. Al negar haber agredido jamás a Marguerite, el escudero invirtió esta notoria acusación y la dirigió al propio esposo de la dama.

Le Gris afirma que la brutal paliza que el caballero propinó a su mujer fue seguida por otro tipo de violencia, pues Carrouges, «el mismo día siguiente», obligó a Marguerite a acusar falsamente al escudero de haberla violado, «aunque la citada Marguerite no había dicho nada sobre eso el día anterior». Esta última frase es crucial, puesto que reduce todos los cargos del caballero a una falsedad obtenida de su esposa mediante coacción con la que el iracundo Carrouges quería vengarse del inocente escudero. También dibuja una nueva imagen de Marguerite, quien, todavía recientes las magulladuras provocadas por los puñetazos de su marido, es cómplice de una nueva violencia, en esta ocasión contra su mente y alma, al acusar falsamente al escudero de un crimen atroz.

Según Le Gris, el caballero hizo públicos sus famosos cargos contra el escudero «por sí mismo y a través de Marguerite, mediante amenazas y coacción, así como a través de otros a quienes se los relató».

Tras haber ofrecido a la corte una versión completamente distinta a la del caballero sobre cómo había acabado acusado del célebre crimen, Le Gris empezó la segunda parte de su defensa: su coartada. Si no había estado en Capomesnil el 18 de enero y no había agredido ni violado brutalmente a Marguerite, ¿dónde estaba ese día y qué estaba haciendo?

Para responder a estas preguntas, el escudero detalla su paradero y actividades no solo en la fecha del presunto crimen, sino durante toda la tercera semana de enero. Puesto que Carrouges no había ofrecido una fecha precisa, Le Gris intenta demostrar que no pudo haber cometido el crimen en *ningún* día de esa semana.

Le Gris afirma que el lunes 15 de enero viajó dos leguas (unos nueve kilómetros y medio) desde Argentan para visitar a su amigo Jean Beloteau, un escudero, y para asistir a una misa por la recientemente fallecida esposa de este último. Le Gris dice que permaneció con Beloteau hasta el miércoles 17 de enero, cuando regresó a Argentan tras ser convocado por el conde

Pedro. Ese día, comió con el conde y lo atendió en su dormitorio al anochecer. Después, afirma el escudero, se acostó «y pasó
la noche en cierta habitación que tenía en esa misma ciudad»,
donde la palabra *villa* se refiere claramente a Argentan.

La mañana del jueves 18 de enero, Le Gris dice que lo despertaron Pierre Taillepie y Pierre Beloteau, hermano de Jean
Beloteau, que estaban de visita en Argentan. El escudero fue
con sus dos amigos al palacio para oír la misa matutina y estuvo «continuamente» con ellos desde ese momento en adelante.
Después de misa, el conde invitó a los tres hombres a almorzar
con él, y Le Gris comió «en público, delante de todos», en el palacio. Después de comer y «tomar especies y vino», el escudero
llevó a sus dos amigos a los aposentos que tenía cerca y estuvo
con ellos hasta la hora de cenar, tras lo cual el escudero atendió
de nuevo al conde en su alcoba y, luego, regresó a «su propia
cámara» a pasar la noche.

El viernes 19 de enero, el escudero dice que salió de Argentan
con Pierre Taillepie y Pierre Beloteau, y que se dirigieron a Aunou,
a aproximadamente una legua de distancia, donde permanecieron
hasta el sábado 20 de enero, día en que regresó a Argentan. «Aunou» claramente es la misma propiedad, Aunou-le-Faucon, que
Le Gris había adquirido, a través del conde Pedro, del padre de
Marguerite. Esta mención destacada de Aunou-le-Faucon en su
coartada, y su afirmación de que había pasado allí el día siguiente
al supuesto crimen, sin duda enfurecieron al caballero.

Tras haber detallado su paradero desde el lunes 15 de enero
al sábado 20 de enero, Le Gris concluye que le habría resultado «imposible cometer un crimen o delito de este tipo», sobre
todo teniendo en cuenta que la distancia que separa Argentan
de Capomesnil es de «nueve leguas por caminos malos y difíciles, y se tardaría al menos un día entero en recorrerla en
invierno». Nueve leguas (entre 40 y 43,5 kilómetros) es más de
cuatro veces las dos leguas de distancia (entre 8,8 y 9,6 kilómetros) que Nicole de Carrouges viajó el día del presunto crimen
en un clima similar y por caminos en parecido estado. En invierno, el viaje de ida y vuelta del escudero desde Argentan a
Capomesnil, de más de ochenta kilómetros, le habría llevado

muchas horas —aunque no exactamente «todo un día», como afirmó—, incluso utilizando un caballo fuerte y veloz. Sirviéndose de una serie de relevos de monturas frescas, un correo de la época podía recorrer entre ciento treinta y ciento cuarenta y cinco kilómetros al día si los caminos estaban en buen estado.

Jacques Le Gris era un hombre rico con excelentes caballos a su disposición. Si el escudero había enviado a Adam Louvel a Capomesnil para que espiara a Marguerite, como alegaba Jean de Carrouges, con igual facilidad podría haber dispuesto una cadena de relevos de caballos frescos. Aun así, resultaba bastante difícil de creer que Le Gris pudiera haber recorrido los ochenta kilómetros del viaje de ida y vuelta entre Argentan y Capomesnil en solo las cinco o seis horas que tardó Nicole de Carrouges en transitar los dieciocho o diecinueve kilómetros de ida y vuelta entre Capomesnil y Saint-Pierre-sur-Dives.

Ahora bien, quizá Le Gris había mentido sobre su paradero la noche del miércoles 17 de enero, cuando afirmaba haber dormido en «su propia cámara» en Argentan. Quizá ya estuviera acechando a su víctima en la casa de Adam Louvel en Capomesnil cuando rompió el alba la mañana del 18 de enero. De ser así, tras violar a Marguerite, Le Gris solo habría tenido que viajar poco más de cuarenta kilómetros de vuelta a Argentan, un poco más del doble de la distancia que habría cubierto la anciana Nicole de Carrouges esa misma mañana, cosa que estaba por completo al alcance de un jinete hábil con un caballo fuerte, a pesar del invierno y el estado de los caminos.

Tras atacar el carácter y los motivos de Jean y ofrecer una detallada coartada, Jacques Le Gris declara que es imposible que él cometiera el crimen. Incluso alienta dudas sobre si el crimen ocurrió realmente, condición imprescindible para que se autorizara un duelo. En primer lugar, dice, los cargos parecen tener su origen en los celos del caballero y el testimonio obtenido de su mujer con coacción. En segundo lugar, resulta casi imposible de creer que, la mañana del 18 de enero, él mismo, «rondando los cincuenta y ya entrando en la ancianidad», hubiera galopado en unas pocas horas y sin detenerse nueve leguas hasta Capomesnil, atacado a Marguerite con tal violencia que habría necesitado la ayuda de un segundo hombre y, luego, galopado otras nueve leguas de vuelta «por caminos malos y en lo álgido del invierno». En tercer lugar, si el crimen ocurrió de verdad, la «noble, honesta, fuerte y virtuosa Marguerite» sin duda habría dejado algún tipo de cicatriz o herida en el rostro de su atacante o en otras partes de su cuerpo «con las uñas o con otros miembros», pero no se habían encontrado cicatrices ni heridas de ningún tipo en el escudero, ni «se hallaron en la citada Marguerite heridas ni cicatrices evidentes». En cuarto y último lugar, el supuestamente aislado *château* de Capomesnil estaba, de hecho, muy cerca de «diez o doce casas» cuyos habitantes sin duda habrían oído los gritos de auxilio de Marguerite, pero que no sabían ni habían oído nada del supuesto asalto.

Le Gris también cita algunos testimonios potencialmente perjudiciales para el apelante en relación con Nicole de Carrouges. Según el escudero, la propia Nicole estudió las acusaciones que había formulado su hijo, «investigó con diligencia» el asunto y concluyó «que el citado crimen no había tenido lugar». Le Gris había afirmado con anterioridad que, tras regresar de su recado el 18 de enero, Nicole encontró a Marguerite «feliz y alegre». Si eso era cierto, la afirmación de que la propia madre del caballero y suegra de la víctima no creía en la veracidad de los cargos resultaba todavía más devastadora. El escudero, además, añadió que lo que había llevado a la tumba a Nicole —que había muerto para cuando el Parlamento inició su investigación— había sido precisamente la forma implacable en que su hijo había persistido en sus acusaciones.

Le Gris pide que, por la fuerza evidente de su declaración, todos los cargos contra él sean desestimados, que se le exonere por completo y que se deniegue la petición del caballero de un juicio por combate. El escudero, además, presenta su propia contraquerella contra Jean de Carrouges. Sostiene que el caballero ha difamado tan pública y gravemente su buen nombre y reputación con sus mentiras y acusaciones, con sus «injuriosas palabras», que el tribunal debe obligarlo a pagar daños y perjuicios. Como indemnización, Le Gris exige la inmensa suma de cuarenta mil francos de oro.

Esta exigencia por parte del escudero de una cantidad que bastaría para llevar a la quiebra varias veces al apurado caballero, hizo que hubiera todavía más en juego en el desenlace del proceso, pues si el Parlamento fallaba en contra del caballero y denegaba su petición de un duelo judicial, el escudero tendría las manos libres para demandar a Jean de Carrouges y exigirle una compensación por los daños sufridos.

Después de que Jacques Le Gris terminara su defensa, se concede a su acusador la oportunidad de responder. En un vigoroso contraataque, Jean de Carrouges disputa la afirmación del escudero de que, por celos y odio debido a su rivalidad en la corte del conde Pedro, buscó vengarse de su enemigo mediante la invención de estos cargos de violación. El caballero califica la explicación del escudero como «una fantasía endeble y carente del menor parecido con la verdad» y afirma que no tiene ninguna relevancia para el caso, que trata un asunto «tan importante, difícil y peligroso» que lo ha llevado a presentar cargos contra Le Gris a pesar del riesgo que suponen para su propia «alma, cuerpo, fortuna y honor».

El caballero disputa a continuación la alegación de Le Gris sobre el maltrato a su mujer, para desbaratar el dañino ataque del escudero sobre su carácter como esposo y, sobre todo, su caracterización como un hombre celoso, cruel e incluso desequilibrado que intentó obligar a sus dos esposas a acusar falsamente a Le Gris. El caballero rechaza de plano esa caricatura maligna de su persona e insiste en que jamás ha maltratado a Marguerite, sino que siempre ha vivido con ella «respetable, apacible y castamente, sin ningún tipo de celos o rencor».

El caballero refuta a continuación la afirmación del escudero de que los cargos presentados contra él son inconsistentes o incompletos. Carrouges mantiene que ha presentado sus acusaciones según la ley y correctamente, descrito el crimen como es debido, sin descuidar especificar la fecha. Jean subraya que el crimen aconteció «tal y como se desprendía del testimonio y afirmaciones de la citada Marguerite, pues su testimonio era verdadero y suficiente».*

Jean de Carrouges también insiste en que su esposa decía la verdad y que el crimen no podría ser más evidente, puesto que Marguerite, a quien el propio Le Gris describe como «casta y honesta», ha traído sobre ella misma «vergüenza eterna» al revelar el crimen. ¿Cómo podría haber mantenido su testimonio de forma «tan firme y constante, sin ningún cambio ni vacilación, si el citado crimen no hubiera ocurrido realmente»?

La última refutación de Jean aborda las dudas planteadas por Le Gris sobre la improbable galopada desde Argentan hasta Capomesnil por caminos en mal estado en invierno para cometer el crimen. Jean responde a esta objeción diciendo que Jacques era «un hombre rico, provisto de buenos caballos en abundancia» y que era muy posible viajar desde Argentan a Capomesnil y luego regresar «en muy poco tiempo». Con esto, el caballero no tiene más que alegar.

Hay una cuestión que, al parecer, ninguno de los hombres mencionó en la corte, pero que potencialmente podía afectar al caso y que se haría más evidente a medida que la investigación progresara durante el verano: el embarazo de Marguerite.

No podemos estar seguros de quién era el padre del hijo que llevaba Marguerite en su vientre, si el caballero, el escudero o algún tercero. Pero, puesto que no tuvo hijos durante los cinco o seis primeros años de su matrimonio y que luego quedó

---

* Dado que el supuesto crimen *solo* podía haber ocurrido el jueves 18 de enero, el día en que Nicole se ausentó de Capomesnil para asistir a un procedimiento legal cuya fecha estaba clara, la afirmación de Le Gris de que Carrouges había omitido especificar la fecha del crimen debió de parecer insignificante a la corte. Sin embargo, podían perderse casos por tecnicismos como este. De hecho, el decreto de 1306 dispone que un noble que pida un duelo debe especificar la fecha y hora en que se cometió el supuesto crimen, y puede que Le Gris contara con este requisito para hacer que desestimaran el caso del caballero.

embarazada alrededor de enero de 1386 y dio a luz a un bebé más tarde ese mismo año, es posible que el padre fuera Jacques Le Gris.

Sin embargo, cabe la posibilidad de que los magistrados del Parlamento de París dudaran de que Marguerite pudiera haber quedado embarazada a raíz de la presunta violación. Una teoría de la reproducción humana muy en boga en la época, basada, nada menos, que en las enseñanzas de Galeno (c. 200 d. C.), sostenía que la «semilla» femenina necesaria para la concepción, junto con la del varón, solo se liberaba si la mujer tenía un orgasmo, lo que conllevaba que «la mujer no podía concebir si no participaba plenamente en el coito». Esta convicción estaba tan extendida en la Edad Media que «la ley reconocía que la violación, por lo tanto, no podía provocar un embarazo».

Es obvio que esta idea resulta absurda a ojos modernos, pero en la Edad Media se sostenía no solo por criterios médicos, sino por el deseo de proteger los linajes familiares de contaminación accidental o criminal, especialmente entre la nobleza terrateniente. Las herencias dependían de la paternidad, y la paternidad de la palabra de honor de la mujer o de la confianza entre marido y esposa. Sobre la pureza de un linaje noble siempre pendía la posibilidad de un adulterio, de modo que la idea de que la violación pudiera producir también hijos ilegítimos, y contaminar todavía más las líneas de parentesco, era una posibilidad tan amenazadora que se negaban siquiera a considerarla. Era impensable que un hombre violara a la esposa de otro y, mediante ese mismo acto criminal, impusiera un hijo ilegítimo a la víctima y a su marido.

Dadas las convicciones y creencias de la época, a la corte debió de parecerle más probable que la embarazada Marguerite hubiera mantenido relaciones sexuales consentidas con un tercero —es decir, que hubiera cometido adulterio— que el hecho de que hubiera sido violada. El escudero podría incluso haber utilizado el embarazo de Marguerite como prueba de su propia inocencia y afirmar que lo habría acusado de violación para encubrir una aventura ilícita con otro hombre. Pero, ante esto, el caballero habría opuesto un argumento irrefutable: su esposa se había quedado embarazada al mantener relaciones con *él*, tras su regreso del extranjero, después de que la pareja, tras seis meses separada, renovara con ansias su vínculo marital. El escudero no habría tenido manera de negar tal afirmación, a pesar de haber alegado que se trataba de un matrimonio infeliz, incluso con maltratos, en el que el sexo fértil era improbable, como los cinco o seis años sin hijos de la pareja parecían confirmar. Le Gris nunca citó el embarazo de Marguerite en su defensa, quizá porque consideró —o tal vez lo hicieran sus abogados— que era una estrategia demasiado arriesgada.

Lo que Jean de Carrouges pensaba en privado, o lo que Marguerite sabía por el conocimiento de su propio cuerpo, es otra cuestión. ¿Desoyó el caballero lo que decía la medicina de la época sobre la violación y la concepción, y sospechó que el hijo de Marguerite no era realmente suyo? ¿Acaso Marguerite se angustió al pensar que llevaba en su seno al hijo del hombre que la había violado? ¿O se consoló la pareja con la creencia popular que les aseguraba que Le Gris, que había atacado y violado brutalmente a Marguerite, no podía, como consecuencia de ese terrible acto, haberles impuesto su hijo ilegítimo?

La *enquête* continuó durante julio y agosto, y produjo varias sorpresas. A finales de julio, un correo llamado Guillaume Berengier llegó a París con unas cartas selladas para el Parlamento «relativas a la dama Marguerite de Carrouges y a Jacques Le Gris». Berengier había sido enviado a París por el alguacil de Caen, Guillaume de Mauvinet, que le ordenó que «informara verbalmente de ciertos otros secretos que no podían relatarse por escrito». Los recibos de los gastos del correo todavía sobreviven en tiras de pergamino, pero las cartas han desaparecido, y los «otros secretos» que, al parecer, eran tan delicados que no podían relatase por escrito, también se han perdido. Pero Guillaume de Mauvinet, que ordenó que se enviaran con urgencia esas misivas a París, era el mismo funcionario ante el que la dama Nicole había comparecido en Saint-Pierre-sur-Dives el día del presunto crimen. El conde Pedro ya había enviado antes

Misivas misteriosas: un recibo de gastos del correo que galopó desde Caen hasta París en julio de 1386 llevando consigo cartas con información sobre Jacques Le Gris y Marguerite de Carrouges. MS. fr. 26021, n.º 899. Biblioteca Nacional de Francia.

cartas a París para intentar frenar la apelación del caballero, y parece que estas nuevas epístolas e informes constituyeron un nuevo intento de desacreditar el testimonio de Marguerite y perjudicar el caso del caballero.

Más o menos en este punto del proceso, el Parlamento de París convocó a Adam Louvel, el presunto cómplice de Le Gris en el crimen. Louvel había sido arrestado y retenido para interrogarlo varios meses antes por orden del conde Pedro, pero la misma sentencia que había exonerado a Le Gris había absuelto también a su cómplice. Ahora Louvel fue citado de nuevo ante una corte de justicia. Cartas del Parlamento del 20 de julio exigen garantías de la aparición de Louvel en París.

Dos días después, el 22 de julio, un domingo, Louvel respondió a la citación y compareció ante el rey Carlos en el *château* de Vincennes. Louvel ya había sido acusado como cómplice de Le Gris en la presentación de cargos del caballero del 9 de julio. Aun así, es muy probable que lo que sucedió a continuación lo sorprendiera. Cuando llegó a la gran fortaleza extramuros, fue conducido al torreón y escoltado por la escalera en espiral hasta la Sala del Consejo, donde, frente al trono real, fue careado con un escudero llamado Thomin du Bois, un primo de Marguerite. Bajo la atenta mirada del monarca, sus tíos y sus cortesanos, Thomin acusó airadamente a Louvel de haber atacado a la dama. Luego, arrojó su prenda de batalla y desafió a Louvel a un duelo. Thomin también exigió que, si Louvel negaba el cargo pero se negaba a combatir con él, su actitud se considerara una admisión de culpa y que, en consecuencia, Louvel fuera encarcelado hasta que confesara. Este segundo desafío, que se produjo menos de dos semanas después del primero, puso sobre la mesa la posibilidad de que no hubiera solo un duelo, sino dos.

Louvel solicitó al rey un aplazamiento, una figura que se conocía como *jour d'avis,* para conferenciar con sus asesores legales, y se le concedió hasta el martes siguiente, el 24 de julio, aunque los archivos del Parlamento no muestran más actividad en dicho caso ese día. Sin embargo, una entrada de casi un mes después indica un círculo cada vez mayor de arrestos, detenciones e interrogatorios en el caso. El 20 de agosto, el hijo de Adam Louvel, Guillaume Louvel, junto con otros dos hombres —Estiene Gosselin y Thomas de Bellefons—, fueron detenidos para examinar «ciertas cuestiones relativas al caso de la apuesta de batalla pendiente entre el caballero Jean de Carrouges y Thomin du Bois, los demandantes, de una parte, y de otra, Jacques Le Gris y Adam Louvel, los acusados». La entrada sugiere que los dos duelos judiciales se habían unificado en el mismo proceso.

Más o menos en este momento, el Parlamento ordenó que Adam Louvel, ahora bajo arresto y confinado en la Conciergerie, la lúgubre prisión adjunta al Palacio de Justicia, fuera traído de su celda y «sometido a preguntas» sobre el crimen, es decir, interrogado bajo tortura. Este método se utilizaba a menudo para extraer información de los testigos y confesiones de los acusados. A medida que las ordalías y los duelos dieron paso a la confesión como prueba de culpabilidad, el uso de la tortura judicial en Francia aumentó. Entre las técnicas que se empleaban habitualmente estaban la garrucha (en la que se ataban las manos de la víctima a la espalda con una cuerda y, luego, se lo izaba lentamente mediante una polea para al final dejarlo caer con violencia sin que tocara el suelo, lo que solía provocar la dislocación de los hombros), así como también el potro, «aplicar fuego a la planta de los pies», la privación prolongada de sueño, la inmersión en agua fría y el obligar a tragar agua hasta el borde de la asfixia.

El abogado del escudero, Jean le Coq, afirma en su diario que entre los «sometidos a preguntas» sobre el presunto crimen estuvieron Adam Louvel y una criada «que se decía que había estado ese día en la residencia de los Carrouges». Tan común era la tortura judicial que el abogado ni siquiera explica qué métodos se utilizaron con estos dos testigos, pero ni Adam Louvel ni la anónima criada confesaron nada.*

Además de Adam Louvel, otro de los amigos de Jacques Le Gris tuvo problemas con la ley ese verano. Jean Beloteau, el escudero que había enviudado recientemente y que aparecía en la coartada de Le Gris, fue arrestado por el alguacil del obispo de París bajo sospecha de «*raptus*», con lo que se indicaba secuestro o violación.

Es curioso que Beloteau, íntimo amigo de Jacques Le Gris y un testigo clave en su coartada, fuera acusado de *raptus* durante el mismo periodo en que el escudero fue llamado a París para la investigación del Parlamento sobre la supuesta violación a Marguerite de Carrouges. Quizá los cargos contra Beloteau fueran infundados, pero, en cualquier caso, parece que Jacques Le Gris no escogía las mejores compañías.

Durante el mes de julio, el rey y la corte real siguieron con atención la disputa entre el caballero y el escudero. En agosto, sin embargo, la *enquête* entró en su segundo mes y el monarca desvió su atención de los asuntos domésticos, por interesante que resultara la perspectiva de un duelo a muerte, para centrarse en un conflicto mucho mayor que empezaba a fraguarse en el horizonte internacional. Con el verano en la canícula y el tiempo propicio para la guerra una vez más, era inminente que se reanudaran las hostilidades entre Francia e Inglaterra.

El año anterior, el rey había enviado al almirante Vienne a Escocia con un ejército de caballeros y escuderos franceses, entre los cuales había estado Jean de Carrouges. Los franceses habían incendiado y saqueado a placer los condados fronterizos

---

* Jeanne de Fontenay, la esposa de Adam Louvel (y hermana de uno de los posteriores garantes de Jacques Le Gris), siguió a su marido a París y fue también «interrogada» en relación con el caso, tras lo cual se alojó en el *hôtel* de Alençon, junto con muchos otros del grupo de Le Gris.

de Inglaterra y habían obligado al rey Ricardo II a marchar con su ejército al norte, lejos de Londres. Pero una segunda invasión francesa todavía mayor que debía atacar desde el sur nunca se produjo, y el plan original de atacar a los ingleses desde dos flancos tuvo que abandonarse. Felipe el Audaz, duque de Borgoña, le propuso ahora al rey Carlos que se asegurara fama inmortal asestando un golpe mortal a Inglaterra: una invasión mayor y más devastadora que cualquiera de las anteriores.

El joven e impresionable monarca aprobó de inmediato el plan y se preparó para viajar de París a Sluys, un puerto flamenco, donde pensaba ocupar su puesto a la cabeza de la enorme fuerza invasora francesa y de una armada de más de mil barcos. Antes de marcharse de París, Carlos asistió a una misa solemne en la catedral de Notre-Dame y prometió no volver a entrar en la ciudad hasta haber puesto pie en suelo inglés como conquistador.

Tras la partida del rey y sus tíos, el Parlamento reemprendió sus actividades, entre ellas la investigación del caso Carrouges-Le Gris. Agosto dio paso a septiembre y el proceso entró en su tercer mes. El caballero y el escudero estaban prisioneros en París, pues, aunque podían moverse en libertad por la ciudad, tenían la obligación de comparecer en el Palacio de Justicia siempre que se los citara, cosa que podía suceder en cualquier momento.

Marguerite, que ya estaba embarazada de al menos ocho meses, era una prisionera no solo de la ciudad y de la casa en la que ella y su esposo se alojaban, sino, cada vez más, también de su propio cuerpo. En aquel entorno desconocido, debió de resultarle muy duro esperar a que su embarazo llegara a término y el Parlamento decidiera sobre su caso.

Mientras la investigación seguía su curso a finales de verano y todo el mundo esperaba el fallo del Parlamento, Jean Le Coq extrajo sus propias conclusiones sobre el controvertido caso. El abogado de Jacques Le Gris enumeró en su diario una

casu sufficeret eme heredes /recompensari in medietate
precii et in /Richardū eo qꝫ /Richardꝯ sit solvm̄ gvarā
et pꝓ beneficium termō eunt novꝯ /retrahitur et tang
eme hereditagium · sic totum debet habere / et alteo mō
heredeꝭ ĩmediate ꝓcii /recompensationem · secꝯ
in casu presenti ·

         Nota de duello Jacobi le gris ·

Ite nota qꝫ die sabbati post natale dm̄ anno
millesimo ccc° lxxxvj hered, qm̄ dies sūt festum
beati thome sūt factum duellum īter Jacobum le gris
et dm̄ Johannem de carronge /Petro muros sancti mar
tim de campis et demetio sūt et mortuo dictꝯ Ja
cobus et habeo /compulsvm qꝫ fuerit dei benedicta et sic
pluribꝯ visum sūt qm̄ viderunt dictum duellum eo
qma dictus Jacobꝯ contra consilium consiliatovm̄
suovm̄ noluit se ĩvare ꝓvilegio clericali qvia nō
esset clericꝯ nō coniugatꝯ et defensor · Et her sto
qma de eme consilio fu· Illi autem visum sūt qꝫ
dei benedicta hoc fiebat eo qma omnes ferebant codex
qꝫ consivꝯ erat coiuimō propter quod sūt duellum
adiudicatum · cuius totavm̄ ꝙ plures affirmant
xto iuramentum dicti Jacobi sꝪt nunꝗ factum fuisse
nec consivm̄ fuisse · quod eme consciente /Relinqꝯ.

Diario de Jean le Coq: esta página contiene algunas de las notas del
abogado de Jacques Le Gris sobre el caso. MS. fr. 26021, n.º 899.
Biblioteca Nacional de Francia.

serie de consideraciones a favor y en contra de su cliente y añadió lo que pensaba personalmente sobre aquel procedimiento tan espinoso.

Entre los puntos que pesaban contra su cliente, Le Coq cita el hecho de que «la esposa de Carrouges no dejó en ningún momento de afirmar tajantemente que el crimen había sucedido». Parece que el testimonio inamovible de Marguerite ante tantos desmentidos, coartadas y acusaciones cruzadas impresionó al abogado tanto como a todos los demás.

Le Coq, que era un experto en observar el comportamiento humano, también anotó en su diario que el escudero le preguntó en una ocasión «si tenía dudas sobre él, porque me había visto pensando».

El letrado también revela que Jacques Le Gris «me dijo que, cuando se enteró de que Carrouges quería encausarlo de esta forma, acudió de inmediato a un sacerdote a confesarse». Si el Parlamento autorizaba un duelo, ambos combatientes tendrían tiempo de sobra para confesar sus pecados antes de encontrase frente a frente en combate singular. Pero Le Gris, al parecer, no quería correr riesgos con su alma inmortal y se aseguró de confesar aquello que pesaba sobre su conciencia mucho antes de tener que enfrentarse a la lid que podía poner fin a su vida.

El abogado enumera también varios puntos a favor de su cliente, recapitulando para ello gran parte de lo que Jacques Le Gris había declarado ante la corte y añadiendo «que muchos caballeros juraron que lo habían visto con el conde de Alençon durante todo el día en cuestión».

«Pero algunos dijeron», añade el abogado, que Jacques Le Gris se había negado a confesar nada porque hacerlo habría causado escándalo entre sus hijos y sus amigos, puesto que el conde Pedro ya había jurado que el escudero era inocente del crimen. Esto plantea la posibilidad de que Jacques Le Gris tuviera que ceñirse a su versión de la historia debido a la presión de otros, y también apunta a que Le Coq albergaba dudas sobre la sinceridad de su cliente.

El comentario final que hace Le Coq sobre el caso es el más revelador. A pesar de su punto de vista privilegiado de los procedimientos legales, y de las muchas oportunidades que había tenido de observar e interrogar a su cliente, el cuidadoso abogado parece reconocer los límites de su propio conocimiento, y del conocimiento humano en general, pues concluye su comentario sobre el caso comentando lacónicamente que, «en realidad, nadie sabe qué sucedió de verdad en este asunto».

A mediados de septiembre, más de dos meses después de que empezara la investigación y ocho meses después de la fecha del presunto crimen, el Parlamento alcanzó finalmente una resolución. En ausencia del rey, ejercía como juez principal de la corte suprema el primer presidente, Arnold de Corbie. Cuando el venerable jurista llamó al orden con su mallete para iniciar la sesión en la Gran Cámara, el vocerío en la elegante sala se acalló hasta que solo se oyeron los ruidos de fondo usuales en una gran ciudad: el traqueteo de las ruedas de hierro de los carros y de las herraduras de los caballos y los gritos de los arrieros y barqueros que pasaban por el Sena frente al palacio.

De nuevo, el caballero y el escudero se hallaron frente a frente ante el pleno del Parlamento, cada uno acompañado por sus abogados, amigos y partidarios, entre ellos los seis nobles garantes. Es posible, sin embargo, que Marguerite se hallara notoriamente ausente, pues estaba muy cerca del término de su embarazo.

El Parlamento no había autorizado un duelo en un caso de presunta violación desde 1354. A lo largo del último medio siglo, la corte suprema de Francia había denegado todas las apelaciones de combate judicial —en 1330, 1341, 1342, 1343, 1372, 1377 y 1383—, de modo que las cosas no pintaban muy bien para el caballero, que aguardaba con ansias la decisión del Parlamento.

Después de que los jueces acabaran de deliberar sobre el caso, habían escrito su fallo en un pergamino, en francés, y lo habían guardado sellado en una bolsa de tela con otros documentos relativos al caso. Se hizo el silencio en la cámara, y el caballero, el escudero y los seguidores de ambos se pusieron en pie. El *rapporteur*, el magistrado encargado de llevar el caso, abrió la bolsa. Extrajo el pergamino que contenía el pronunciamiento y empezó a leerlo lentamente en voz alta.

—En el caso presentado ante el rey nuestro señor, la apuesta de batalla entre, de una parte, el caballero Jean de Carrouges, querellante y apelante, y, de otra, el escudero Jacques Le Gris, acusado, la corte ha considerado el asunto y llegado a la siguiente decisión sobre dicho caso: la corte ordena un juicio por combate entre las partes.

Teniendo en cuenta lo poco habituales que eran los duelos en 1386, la decisión del Parlamento de autorizar un juicio por combate, especialmente en un caso que dependía de testimonios no corroborados, fue muy inusual. Es posible que el fallo de la corte se basara más en consideraciones políticas que en cuestiones estrictamente jurídicas. Durante muchos meses, el famoso enfrentamiento había dividido a la corte real. Tanto el caballero como el escudero eran muy conocidos en París; ambos eran fieles siervos del rey y nobles poderosos se habían alineado con una y otra parte, algunos incluso sirviendo como garantes en la apuesta de batalla. Jean Le Coq cita la controversia que provocó el procedimiento en París, donde «mucha gente» apoyaba la causa del escudero, mientras que «muchos otros» eran partidarios del caballero. Con el joven monarca y sus tíos lejos en Flandes y ocupados planificando la invasión de Inglaterra, tal vez la corte suprema temiera tomar partido por uno de los dos bandos y provocar todavía más polémica, y quizá por ello se inclinara por conceder la petición del caballero y autorizar un duelo, con lo que ponía todo aquel espinoso asunto en manos de Dios.

La fecha fijada para el enfrentamiento —que, por ley, debía tener lugar al menos cuarenta días después— fue el 27 de noviembre. Todavía quedaban más de dos meses y sería bastante después de que Marguerite diera a luz. Pero, al fin, la pareja tendría su día de ajuste de cuentas.

El abogado de Jacques Le Gris escribió en su diario que «después de que se ordenase la apuesta de batalla, el escudero enfermó». No resulta difícil imaginar por qué. ¿Acaso no había sido Le Gris ya absuelto de todos los cargos meses antes, en el tribunal del conde Pedro? ¿No había desperdiciado su oportunidad de evitar un juicio por combate al negarse a utilizar su privilegio como clérigo para ser juzgado en un tribunal canónico? De repente, volvía a ser sospechoso del crimen y, ahora, tenía que demostrar de nuevo su inocencia, esta vez en un duelo a muerte.

En cuanto a Jean de Carrouges, sin duda se congratuló del fallo favorable del Parlamento a su apelación. A pesar de las pocas posibilidades de éxito, tras meses de espera y corriendo un enorme riesgo financiero, finalmente había conseguido lo que deseaba.

Pero había un problema. En los casos de delitos capitales, el perjurio se castigaba con la pena de muerte. Los dos hombres combatirían sin cuartel para demostrar sus cargos, pero, aunque Jean se rindiera antes de que su enemigo lo matara, lo sacarían del campo de combate y lo llevarían al cadalso para ahorcarlo en Montfaucon como perjuro.

Marguerite, como principal testigo del caso, se enfrentaba a un destino todavía más horrible. Según una antigua costumbre que todavía formaba parte del ordenamiento legal francés a finales del siglo XIV, si el resultado de un duelo judicial demostraba que una mujer había cometido perjurio y mentido sobre un cargo de violación, debía morir en la hoguera.

SEGUNDA PARTE

7

EL JUICIO DE DIOS

El duelo tendría lugar en Saint-Martin-des-Champs, un monasterio parisino que contaba con un campo especial para combate lo bastante grande como para dar cabida a miles de espectadores. El monasterio de Saint-Martin-des-Champs, fundado por los benedictinos en el siglo XI, estaba en la orilla derecha del Sena, junto a la *rue* Saint-Martin, a algo más de kilómetro y medio al norte de Notre-Dame. Era una de las casas religiosas más ricas de París y llevaba el nombre de uno de los santos más queridos en Francia. San Martín fue originalmente un soldado romano que, un día de invierno, cortó su capa en dos con su espada y dio la mitad a un mendigo que pasaba frío. Luego, se convirtió en misionero cristiano en la Galia y en el primer obispo de Tours. Era también el santo patrón de los militares, incluidos los armeros, los responsables de los caballos y los soldados. El campo de Saint-Martin, dedicado al santo-soldado de Francia, era, pues, un entorno ideal para un duelo judicial o, lo que era lo mismo, para «el juicio de Dios».

Cuando el rey Enrique I fundó el priorato de Saint-Martin en 1060, este se encontraba bastante lejos de la ciudad, en unos marjales que se habían drenado y convertido en tierras de cultivo, y lo rodeaba una gruesa y alta muralla que lo defendía de invasores enemigos o ladrones. Esta muralla, que cerraba un recinto de unas cinco hectáreas, fue reconstruida en 1273 por Felipe III, quien fortificó sus esquinas con imponentes torres de doce metros de altura. Pronto empezaron a construirse casas fuera de las murallas, a lo largo de la *rue* Saint-Martin, al calor del próspero monasterio, mucho antes de que Saint-Martin se viera rodeado por su propio vecindario o *bourg*.

En 1356, cuando los ingleses derrotaron a los franceses en Poitiers e hicieron prisionero al rey Juan, los asustados mercaderes de París encargaron la construcción de una muralla mayor a lo largo de la parte norte de su ciudad. La nueva muralla se extendía casi ocho kilómetros por la orilla derecha del Sena y rodeaba el *hôtel* Saint-Pol al este, el Louvre al oeste y Saint-Martin al norte. La tierra que quedó intramuros se llenó rápidamente de calles y edificios y, en 1360, el *bourg* Saint-Martin fue absorbido por París. Hacia la década de 1380, Saint-Martin-des-Champs ya no estaba «en los campos», como daba a entender su nombre original, pues había sido engullido por el equivalente medieval de la expansión del extrarradio urbano.

En 1386, todavía se entraba a Saint-Martin por la antigua puerta fortificada abierta en la muralla sur, cerca de los edificios principales del convento: la capilla, el refectorio, el claustro y el hospital. El refectorio, donde los monjes comían en silencio mientras uno de sus hermanos nutría sus almas con la lectura de las Sagradas Escrituras, sigue maravillando hoy: es una gran sala gótica de altos techos sostenida por una hilera de finas columnas en el centro e inundada de luz que entra por las altas ventanas puntiagudas en las paredes laterales. El cercano *dortoir,* donde dormían los monjes, tenía una escalera muy útil que llevaba directamente a la capilla para las oraciones de la mañana. Y las letrinas, que estaban entre las mejores de París, se limpiaban con el agua del propio acueducto de Saint-Martin, que traía agua fresca y limpia de las colinas que había al norte de la ciudad directamente al *enceinte* del monasterio.

Saint-Martin-des-Champs: Carrouges y Le Gris celebraron su famoso duelo en el campo detrás del priorato (el norte está a la izquierda). Detalle del mapa de París. Truschet/Hoyau *(c.* 1550). Basilea, Biblioteca de la Universidad, Colección de Mapas AA 124.

Además de capilla, claustro y otros edificios religiosos, Saint-Martin contaba también con un tribunal y una prisión, puesto que el priorato era la corte penal del *bourg* que lo rodeaba, cuyas calles quedaban bajo «*la justice de Saint-Martin*». Los archivos de esta corte están repletos de asesinatos, robos, violaciones, agresiones y otros delitos, para los cuales los castigos iban desde los azotes y la picota a la mutilación, la horca, el entierro vivo y la quema en la hoguera. En 1355, Thassin Ausoz perdió una oreja por robar un poco de tela; en 1352, Jehanne La Prevoste fue enterrada viva por hurto mayor, pues las mujeres eran a menudo castigadas con mayor severidad que los hombres por crímenes equivalentes. También se juzgaba y condenaba a animales. Una puerca que mató y se comió a un bebé en la *rue* Saint-Martin fue arrastrada por la calle y ahorcada, y otro cerdo que desfiguró la cara a un niño fue sentenciado a morir en la hoguera. Un caballo que mató a un hombre y luego escapó con la ayuda de su dueño fue juzgado y condenado en ausencia por asesinato y se ahorcó una efigie que lo representaba.

Pero el espacio más espectacular en que se hacía justicia en Saint-Martin era el campo de combate, dispuesto en los terrenos del priorato, en la gran extensión plana al este de los edificios conventuales. Saint-Martin era uno de los dos únicos monasterios de París que mantenían un campo de combate y, a lo largo de los siglos, se habían disputado muchos duelos judiciales en él. (El otro campo se encontraba en Saint-Germain-des-Prés, justo al sur de las murallas de la ciudad). Pero el combate judicial se había vuelto cada vez menos frecuente y el campo de Saint-Martin solía utilizarse para torneos o justas, competiciones en las que guerreros a caballo combatían con lanzas y otras armas, cuyas puntas solían arromarse para evitar heridas graves o muertes.

El campo habitual para celebrar un juicio por combate era un espacio llano rectangular que medía cuarenta por ochenta pasos, más o menos unos treinta por sesenta metros. Pero el campo en Saint-Martin había sido modificado para las justas que se celebraban allí y solo tenía una superficie de «veinticuatro pasos de ancho y noventa y seis pasos de largo», unos dieciocho por setenta y tres metros. El campo más largo permitía que los jinetes de las justas espolearan sus monturas y ganaran más velocidad, de modo que pudieran golpear con más fuerza a sus rivales con sus lanzas. Y el campo más estrecho, solo un cuarto de su longitud, permitía que muchos de los espectadores en los lados estuvieran mucho más cerca de la acción.

El campo de combate —o «liza»— y su equipo siempre estaban listos en Saint-Martin, preparados para torneos y justas. Pero en 1386, puesto que los duelos judiciales eran tan poco frecuentes, el campo necesitaba ciertas reformas para prepararse para el combate entre el caballero y el escudero. Un informe se refiere a «la liza entre Jean de Carrouges y Jacques Le Gris que se hizo en París en el campo de Saint-Martin», lo que sugiere que se construyeron nuevas barreras, gradas y otros elementos en el terreno especialmente para la ocasión.

La ley exigía que los duelos judiciales se celebraran en un recinto cerrado, o *champ clos*. En consecuencia, todo el campo estaba rodeado por una alta valla de madera. La valla, más alta que un hombre y formada por una celosía de gruesos maderos a través de la cual los espectadores podían seguir el desarrollo de la lid, servía a varios propósitos. Evitaba que alguno de los dos combatientes intentara huir del campo durante el duelo, prevenía que los espectadores resultaran heridos accidentalmente por algún arma que saliera volando y aseguraba que nadie interfiriera en el combate una vez que hubiera empezado. Una segunda y más corta valla de madera se erigía alrededor de la primera, y ambas estaban separadas por un espacio de suelo cuidadosamente rastrillado que creaba un cordón sanitario alrededor de la liza.

Las normas especificaban que la valla interior, la más alta, tenía que ser de «siete pies de altura [unos dos metros], si no más alta, y que la madera en todos los lados sea de medio pie de grosor [unos quince centímetros] y tan firmemente encajada, barrada, ajustada y hecha que nada fuera de dicha liza entre ni nada salga de su interior. Y la razón de que las vallas de la liza sean tan altas y fuertes es que no sean traspasadas por golpes, sacudidas, el impacto de los caballos o cualquier otra cosa que las golpee».

En el centro de cada lado corto del campo había sendas puertas grandes, de casi dos metros y medio de altura, que se abrían y cerraban con una gran llave y estaban equipadas por fuera con una barrera levadiza. En uno de los lados largos del campo, junto a las gradas, había una tercera puerta, de ciento veinte centímetros de anchura, por la que los árbitros entraban y salían de la liza. Esta puerta también podía atrancarse desde fuera con una barrera levadiza y una gruesa barra de hierro.*

En cada una de las cuatro esquinas del campo, fuera de la valla interior, había una torre de madera a la que subían los árbitros para supervisar el combate. Las torres situaban a los árbitros lo más cerca posible de la acción, de modo que fueran capaces de ver y oír cuanto tenía lugar. Desde dichas torres, los combatientes también recibían comida y bebida durante el combate.

La valla exterior que rodeaba el campo, aunque no tan alta como la interior, contaba asimismo con dos entradas cerradas por pesadas puertas correderas y, durante el combate, estaba rodeada de guardias que mantenían a la multitud alejada de la valla interior y sofocaban cualquier alboroto que pudiera interferir con el enfrentamiento.

A medida que se acercaba la fecha de la lid, el campo de Saint-Martin se preparó también para los miles de espectadores que acudirían a presenciar el combate. La inmensa mayoría de ellos serían plebeyos, gente de la ciudad o de los pueblos aledaños que abarrotarían las gradas y los terrenos alrededor de la liza. Pero algunos serían nobles de alta cuna, miembros de la corte real o invitados de distintas partes de Francia o de cortes extranjeras, todos los cuales esperaban presenciar el duelo con el máximo confort.

Así que, a lo largo de un lado del campo, «se erigieron grandes gradas, desde las cuales los señores presenciarían el combate entre los dos campeones». Como la valla que rodeaba la liza, estas gradas

---

* En lugar de una tercera puerta, en ocasiones, en una de las esquinas había una escalera que podía ponerse y quitarse, de modo que los árbitros del combate pudieran salir rápidamente de la liza una vez que empezara el combate y retirar la escalera tras utilizarla.

también estaban hechas de madera y muy reforzadas. Tenían barandillas, escaleras y asientos cómodos para los espectadores más privilegiados. Las gradas del centro estaban un poco adelantadas al resto y reservadas para el rey, sus tíos y otros nobles de alto rango. Otra grada, a la derecha, estaba destinada a otros miembros de la corte del monarca. Una tercera, a la izquierda, estaba reservada para nobles extranjeros, que se sentaban en ella «según su rango». Estas tres tribunas se destinaban exclusivamente a hombres nobles, entre ellos prelados de la Iglesia, como el obispo de París.

A ambos lados había gradas adicionales destinadas a las damas, diseñadas de manera que sus ocupantes pudieran retirarse «cuando les pluguiera», si, quizá, se sentían abrumadas por la fatiga o por la violencia del espectáculo. Y, finalmente, descendiendo por la jerarquía social, había gradas para «los burgueses, comerciantes y, debajo de ellos, para la gente común», aunque la mayoría de estos tendrían que conformarse con algún lugar sin gradas alrededor de la liza y con contemplar el duelo a través de los huecos de la pesada valla de madera que rodeaba el campo y era bastante más alta que un hombre.

También se llevó a Saint-Martin, o se construyó allí mismo, equipo especial para el duelo. Junto a los lados cortos del campo, los carpinteros construyeron dos tarimas elevadas sobre las que colocaron tronos en los que se sentarían los combatientes mientras esperaban a prestar sus juramentos. Cerca de cada una de las sillas se reservó espacio para erigir una tienda o pabellón un día o dos antes de la lid. El pequeño campamento militar a cada lado del campo estaba completado por un escabel *(escabeau)* que los combatientes utilizarían para subir a sus caballos justo antes de la batalla. Como *appelant,* a Jean de Carrouges se le asignó el campo a la derecha del palco real y a Jacques Le Gris, como *défendeur,* se le adjudicó el de la izquierda.

Una vez reparadas o construidas las instalaciones del duelo, el campo de liza en sí recibió un tratamiento final. Primero, el suelo dentro del recinto se rastrilló con sumo cuidado para retirar cualquier tipo de objeto o irregularidad como raíces o piedras. Luego, hasta el último palmo de suelo se cubrió con una capa de arena limpia. La arena garantizaba que el campo estuviera perfectamente llano para que el combate fuera justo y nadie tuviera ventaja. Además, absorbería la sangre que se derramara en batalla y evitaría que los combatientes, enfundados en hierro, resbalaran sobre ella y cayeran una vez que hubieran sido descabalgados o hubieran desmontado para combatir a pie.

El recinto de Saint-Martin era uno más en un linaje muy antiguo de arenas de combate, pues los orígenes del duelo judicial se remontaban muy atrás. La *Ilíada,* de Homero, cuya acción transcurre en la Edad del Bronce (alrededor de 1200 a.C.), describe a dos guerreros que combaten en un duelo por Helena de Troya sobre un campo cuidadosamente dispuesto que antes es consagrado con juramentos, plegarias y sacrificios animales. Los romanos construían arenas especiales para los sangrientos combates de gladiadores que florecieron a principios de la era cristiana. Y, aunque el derecho romano no incluía la institución del juicio por combate en sí misma, las antiguas arenas que todavía estaban en pie por toda la Europa medieval se empleaban en ocasiones para los duelos judiciales.

Los vikingos, que llevaron con ellos el duelo a Normandía en el siglo IX, solían celebrar sus combates en islas, donde hacían un círculo con piedras para delimitar el campo de batalla. Entre los nórdicos, un hombre podía disputar el derecho de otro a la propiedad de cualquier tierra simplemente desafiándolo a un duelo. Y también podía retarlo para arrebatarle a su esposa.

A finales del siglo XIV, incluso los reyes todavía proponían la batalla en *champ clos* como forma de resolver disputas territoriales. Durante la guerra de los Cien Años, los monarcas de Francia e Inglaterra se desafiaron con regularidad a duelos. En 1383, el rey Ricardo II, que solo tenía dieciséis años, ofreció combatir contra Carlos VI, de catorce, con tres tíos de los reyes en cada bando. Al final, la propuesta quedó en nada, pues probablemente se trató de una táctica de negociación más que de una sincera apuesta de batalla.

En una ocasión, se erigió una liza vallada delante de la catedral de Notre-Dame para la celebración de un combate entre un

Duelo entre hombre y perro: cuenta la leyenda que hubo un combate en París en el que un galgo «demostró» la culpabilidad de un presunto asesino y vengó a su amo. Colección Hennin, n.º 88. Biblioteca Nacional de Francia.

hombre y un perro. Según se dice, en 1372, un noble, uno de los favoritos del rey, fue hallado muerto en su hacienda cerca de París. El asesinato estuvo envuelto en misterio hasta que el perro de la víctima, un enorme galgo ciegamente devoto a su amo, despertó las sospechas de todos porque siempre ladraba y gruñía al ver a cierto hombre. Se sabía que dicho hombre, Richard Macaire, envidiaba el aprecio que el rey tenía a la víctima. Cuando el monarca supo de la conducta del perro, la interpretó como una acusación y ordenó que el can y Macaire se enfrentaran en un duelo judicial.

El día señalado, una gran multitud se congregó alrededor del recinto construido frente a Notre-Dame. Macaire iba armado con una maza, mientras que al perro se le dio un gran barril abierto por ambos extremos en el que podía refugiarse. Según una crónica, «tan pronto como el perro fue liberado, se lanzó hacia su oponente de inmediato, sabedor de que, como apelante, le correspondía atacar primero. Pero el hombre mantuvo alejado al perro con su pesada maza y el can corrió de aquí para allá alrededor de Macaire, justo fuera del alcance del arma. El galgo esperó su oportunidad, corriendo de un lado a otro, hasta que vio un hueco en la defensa del hombre y se lanzó a su garganta, donde le mordió con tanta fuerza que lo tiró al suelo e hizo que Macaire suplicara a gritos piedad». En cuanto liberaron a Macaire de las fauces del animal, confesó el crimen y fue ahorcado en Montfaucon.

Este relato aparece en muchas historias de Francia y se escribieron poemas sobre el tema, pero puede que sea apócrifo. En cualquier caso, incluso si no se basa en hechos reales, ilustra la creencia popular de que un combate sangriento entre «iguales» llevaba a una sentencia justa. El rey, quien, según se dice, presenció el duelo entre hombre y perro, consideró el resultado «una señal milagrosa del juicio de Dios».

Para cuando el Parlamento emitió su fallo, a mediados de septiembre, el rey Carlos y sus tíos ya habían partido de París hacia la costa de Flandes con el propósito de organizar y reunir la gran armada necesaria para la invasión de Inglaterra. Antes, ese mismo verano, Carlos había presenciado el desafío al escudero y, luego, había seguido con interés el pleito hasta que había tenido que marcharse de París. El rey estaba en Arrás, de camino al puerto de Sluys, cuando recibió aviso de que el Parlamento había ordenado un duelo y fijado una fecha a finales de noviembre. Quedaban todavía más de dos meses, así que tendría lugar mucho después de cuando Carlos esperaba estar de vuelta de Inglaterra, tras haber conseguido la victoria.

Pero el mal tiempo retrasó la invasión; violentas tormentas hundieron muchos de los barcos, arrancaron árboles de raíz y los rayos mataron a personas y animales. Por toda Francia se contemplaron portentos extraños. En Plaisance, a orillas del

Marne, un rayo cayó en una iglesia, recorrió todo el santuario y quemó a su paso muebles de madera e incluso los recipientes litúrgicos de la misa; solo algunos fragmentos de la forma consagrada quedaron milagrosamente intactos. Y, cerca de Laon, ocurrió «algo extraño e inédito»: una gran bandada de cuervos voló de un lado a otro con brasas de carbón entre sus garras, que arrojaron sobre los tejados de los graneros llenos de cereales, que se incendiaron y ardieron hasta los cimientos. Al final, el rey y sus tíos retrasaron la invasión hasta el año siguiente.

Cuando Carlos se preparó para regresar a París a mediados de noviembre, estaba ansioso por presenciar el duelo que tendría lugar allí el día 27. Como el joven de solo diecisiete años que era, le encantaban los deportes violentos y, en particular, las justas, hasta el punto de que él mismo había participado en algunos torneos. El año anterior, sin ir más lejos, en un torneo celebrado en Cambrai, el joven monarca había justado con un caballero flamenco, Nicholas d'Espinoit.* A Carlos le gustaban tanto las justas que, unos pocos años antes, cuando cuarenta caballeros ingleses habían combatido contra tres caballeros franceses durante un torneo de tres días en Saint-Inglevert, había asistido al evento disfrazado, acompañado solo por un noble, para así mezclarse con la masa y disfrutar mejor de la acción.

Deseoso de presenciar el combate entre Carrouges y Le Gris, y alarmado ante la posibilidad de perdérselo si el mal tiempo u otros motivos retrasaban su llegada, Carlos habló del asunto con sus tíos. Los duques de Berry, Borgoña y Borbón, quienes también querían ver el duelo, urgieron al rey a que interviniera. Cuando quedaba menos de una semana para la fecha convenida, Carlos envió un correo al galope a París con cartas selladas que ordenaban que se pospusiera el combate hasta su regreso e indicaban que el sábado después de Navidad, el 29 de diciembre, sería una fecha más adecuada para celebrarlo.

---

* Era costumbre que los monarcas participasen en torneos, a pesar del riesgo para sus reales personas. En 1559, uno de los sucesores de Carlos, Enrique II, resultaría herido en el ojo por la astilla de una lanza y, finalmente, moriría a consecuencia de la herida tras diez días de agonía.

El Parlamento convocó apresuradamente una sesión el 24 de noviembre —solo tres días antes de la fecha convenida para la lid— y, tras plegarse a los deseos del rey, dispuso una nueva fecha y pospuso el duelo más de un mes, aunque la liza de Saint-Martin casi se había acabado y los dos combatientes estaban ya haciendo sus preparativos finales para el combate.

Jean de Carrouges y Jacques Le Gris supieron del aplazamiento de inmediato, ya que ambos fueron citados por el Parlamento, donde se abrieron y leyeron en voz alta las cartas del rey en su presencia. La posposición del duelo desde finales de noviembre hasta después de Navidad concedía al caballero y al escudero —y también a la dama— otros treinta días más o menos de aliento y vida. Pero la espera no fue cómoda para ninguno de ellos, especialmente para Marguerite, que vivía bajo la amenaza de una sentencia a morir quemada en la hoguera.

El 26 de noviembre, el rey y sus tíos salieron de Sluys. Al día siguiente, la fecha que originalmente se había establecido para el duelo, Carlos llegó a Arrás. El 5 de diciembre, dos jornadas después de su decimoctavo cumpleaños, el rey entró en París.

Esperando en París para recibir al monarca se hallaba la todavía más joven reina, Isabel de Baviera, de solo dieciséis años, con quien se había casado el año anterior. Como la mayoría de los matrimonios reales, el enlace había sido acordado por sus familias, que estaban más preocupadas por las alianzas dinásticas que por la felicidad de la futura pareja. Los ambiciosos tíos del monarca habían querido ganarse al padre de Isabel, el duque Esteban de Baviera, como aliado militar. Y este estaba encantado de establecer una alianza con la casa real francesa. Pero, para sorpresa y deleite de todos, una romántica rosa floreció sobre el rocoso suelo de la realpolitik, y Carlos e Isabel se enamoraron apasionadamente el uno del otro.[*]

---

[*] Carlos envió artistas a cortes de toda Europa con el encargo de que pintaran retratos de las princesas más bellas para su consideración. Antes de conocer a Isabel, vio la imagen de otra princesa y se enamoró de ella, pero, para cuando el cuadro llegó al rey, la joven ya había sido prometida a otro pretendiente.

Durante las negociaciones de matrimonio entre las dos casas reales, Isabel se plegó a todas las costumbres francesas, incluso al requisito de que toda dama propuesta como prometida del rey de Francia debía ser desvestida por las damas de la corte francesa y examinada completamente desnuda, «*toute nue*». Esta inspección real, que tuvo lugar antes de que Isabel conociera a Carlos, e incluso antes de que Carlos supiera que sería su futura prometida, se llevaba a cabo para asegurar que la dama estaba «en condición y forma de tener hijos». Isabel aceptó de buen grado someterse a esta prueba, que realizaron tres duquesas francesas, y, al parecer, la superó con facilidad.

Poco después, ya vestida y enjoyada de espléndida guisa, Isabel fue presentada a Carlos ante la corte francesa, que contuvo el aliento mientras esperaba la reacción del rey. Carlos no hablaba alemán e Isabel apenas sabía unas pocas palabras en francés. Después de que la joven hiciera una reverencia, «el rey se acercó a ella y, tras tomarla de la mano, hizo que se irguiera y la miró durante mucho rato. Con esa mirada, el amor y el deleite se apoderaron del corazón del monarca. Vio que era muy bella y sintió un gran deseo de verla y tenerla». El efecto que causó Isabel en Carlos deleitó a la corte, y el condestable de Francia, que estaba presente, comentó a otro noble: «Esta dama va a quedarse entre nosotros. El rey no puede dejar de mirarla».

Carlos insistió en una boda inmediata, que tuvo lugar el 17 de julio de 1385, solo cuatro días después de que la pareja se conociera. Isabel llegó en «un carruaje de indescriptible magnificencia, luciendo en las sienes la corona, que valía tanto como el rescate de un rey, y que el rey le había enviado». La misa solemne y los votos matrimoniales, celebrados por el obispo de Amiens ante una multitud de invitados nobles, fueron seguidos por un gran banquete de bodas, donde condes y barones sirvieron al monarca y a su novia en la mesa los contenidos de bandejas de oro rebosantes de delicias gastronómicas. Al fin, esa noche, las damas de la corte acompañaron a la novia a la cama, y el rey, «que tanto deseaba encontrarla en su lecho, acudió también». Corriendo un velo sobre las nupcias reales, el cronista simplemente añade con discreción que «pasaron la noche juntos con gran deleite, como todo el mundo puede imaginar».

Hacia enero de 1386, Isabel quedó encinta, y en la corte no se hablaba de otra cosa que del heredero real que estaba en camino. Todas las campanas de París sonaron para anunciar el nacimiento del príncipe y la buena nueva se comunicó enseguida al rey por mensajero. El 17 de octubre, el bebé fue bautizado como Carlos por el arzobispo de Ruan.

Pero el pequeño delfín enfermó y languideció en su *lit d'enfant* real mientras su joven madre permanecía angustiada a su lado en ausencia del monarca y los médicos de la corte se desesperaban sin hallar una cura. Para cuando el rey regresó a París a principios de diciembre, la salud del niño se había deteriorado todavía más. Todos temían por su vida, y los doctores no pudieron hacer más que contemplar cómo el futuro monarca se debilitaba progresivamente.

El 28 de diciembre de 1386 —la fiesta de los Santos Inocentes—, solo un día antes de que Jean de Carrouges y Jacques Le Gris se enfrentaran en su tan esperado duelo, el delfín falleció. La corte, la ciudad y la nación lloraron la pérdida del pequeño príncipe. Esa noche, su cuerpo, ataviado con las mejores galas, fue transportado entre antorchas por un cortejo de grandes señores hasta el sepulcro real, en Saint-Denis. La muerte del delfín pareció a algunos un mal presagio, pues se produjo precisamente el día en que se conmemoraba el asesinato de todos los niños ordenado por el rey Herodes.

Pero la muerte del heredero real no impidió que Carlos y su corte celebraran las fiestas como estaba previsto. El día de Año Nuevo era una festividad casi tan importante como la de Navidad, y el propio rey y la corte se lanzaron a un frenesí de festejos, banquetes, bailes y otros entretenimientos. «El Año Nuevo se celebró con un *éclat* sin precedentes en la corte de Francia. [...] Y no cabe duda de que la más esperada de las festividades era el duelo judicial entre Jacques Le Gris y Jean de Carrouges».

En una coincidencia notable, la dama cuyo destino estaba en juego en el duelo dio a luz a su hijo más o menos al mismo tiempo que la reina. El niño, que fue bautizado como Robert,

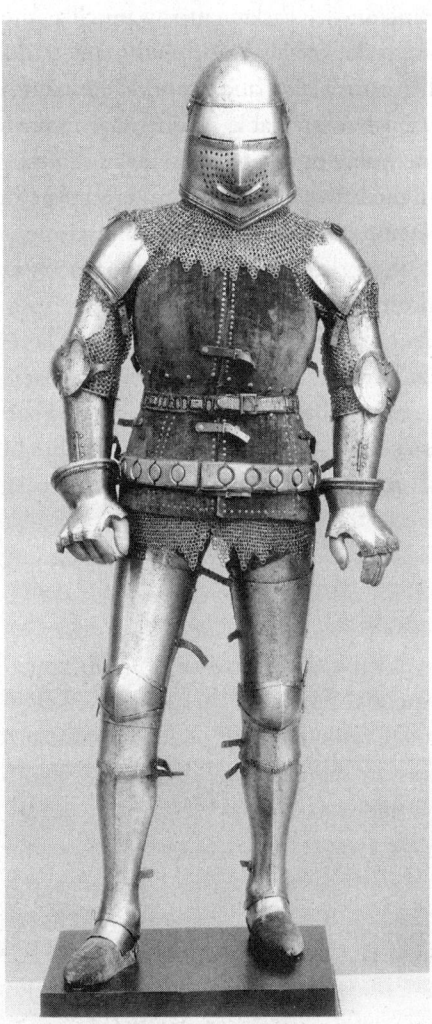

Armadura: Carrouges y Le Gris llevaron una armadura similar a esta
(c. 1400), que combina cota de malla (anillos de acero entrelazados) con
placas de hierro y un yelmo equipado con un visor en forma de pico.
The Metropolitan Museum of Art, Bashford Dean Memorial Collection,
donación de Helen Fahnestock Hubbard en recuerdo de su padre, Harris
C. Fahnestock, 1929. (29.154.3) Todos los derechos reservados, The
Metropolitan Museum of Art.

debió de nacer después del 9 de julio, cuando había empezado la investigación del Parlamento, y mucho antes del 27 de
noviembre, la fecha original dispuesta para el duelo, pues la
corte suprema nunca habría consentido ejecutar a una mujer
embarazada. Lo más probable es que naciera entre principios
de septiembre, nueve meses después de que Carrouges regresara
de Escocia, y mediados de octubre, nueve meses después de la
supuesta violación. Estas fechas rodean al nacimiento del delfín,
que fue el 25 de septiembre, de modo que ambos niños habrían
tenido prácticamente la misma edad.

Pero, mientras que el hijo nacido del rey y la reina de Francia falleció en la víspera del duelo, el vástago nacido de Jean y
Marguerite, que también era su primogénito, corría el riesgo
de perder a sus dos padres y quedar súbitamente huérfano si el
caballero salía mal parado del duelo que debía celebrarse al día
siguiente.

8

JURAMENTOS Y ÚLTIMAS PALABRAS

A primera hora de la mañana del sábado 29 de diciembre, el caballero y el escudero se levantaron de sus camas en sus respectivos aposentos en lados opuestos de París. Primero se bañaron; luego, escucharon misa, y después rompieron el ayuno que habían mantenido desde la noche anterior. Era costumbre que los combatientes ayunaran y guardaran vigilia ante el altar en la noche previa a un duelo. La víspera del combate, tanto Jean de Carrouges como Jacques Le Gris hicieron que se pronunciara misa por ellos en iglesias por todo París y que se rogara a Dios por su victoria.

Después de lavarse, rezar y comer, los asistentes de ambos hombres los prepararon con esmero para la batalla. Ambos se enfundaron una túnica de lino, o *chemise,* y, sobre ella, una prenda de lino más pesada con tejido acolchado en la zona de las costillas, la entrepierna y otras áreas vulnerables. Luego, se les colocó la armadura pieza a pieza, empezando por los pies y siguiendo hacia arriba, para minimizar el esfuerzo que se exigía al cuerpo durante este largo proceso.

Primero se cubrían los pies con zapatos de tela o cuero, sobre los cuales se colocaban los escarpes o *sabatons* de metal, hechos de malla o de placas de metal articuladas. Después venían las calzas o *chausses* y, sobre ellas, las grebas, rodilleras y musleras, que eran las placas de hierro que cubrían las piernas. De la cintura colgaba una pequeña falda de cota de malla que cubría el vientre y la parte superior de las piernas. Un abrigo de cota de malla sin mangas o *haubergeon* (en ocasiones llamado en castellano 'joruca') protegía el torso, ceñido a la cintura con un cinturón de cuero. Sobre este se ponía o bien otro abrigo acolchado cubierto con placas de metal que se superponían unas a otras como si fueran escamas, o bien un peto sólido. Otras piezas de metal protegían los hombros y la parte superior de los brazos, y otras los codos y los antebrazos. Guantes de cota de malla y placas de metal astutamente articuladas cubrían las manos y dejaban expuesto el forro de tela o cuero en la palma para mejorar el agarre de las armas. Una gola de metal protegía el cuello. Por último, la cabeza estaba cubierta por un gorro de cuero acolchado sobre el que se colocaba el *bacinet,* un tipo de casco con un visor que podía levantarse para exponer la cara y el mentón, y un *camail,* una cortina de cota de malla que colgaba sobre el cuello y los hombros. Un visor en forma de pico, con agujeros para ver y respirar, ocultaba la identidad del guerrero si se mantenía bajado. Por este motivo, los combatientes llevaban encima de su armadura una *cotte d'armure,* un abrigo sin mangas bordado con el escudo de su familia. La armadura completa de batalla pesaba unos veintisiete kilogramos, sin contar las armas y otros elementos del equipo.[*]

* Durante el siglo XIV, la cota de malla (anillos de hierro entrelazados) fue sustituida paulatinamente por placas de acero remachadas, diseñadas para proteger de nuevas armas que atravesaban armaduras, desde las letales flechas de ballesta a las puntiagudas mazas de guerra. Las primeras armaduras confeccionadas por completo con placas de acero aparecieron alrededor de 1380. Pero muchos combatientes seguían llevando cotas de malla y calzas en combinación con corazas y era habitual que la cota de malla cubriera la parte de atrás de brazos, piernas y articulaciones.

Mientras los combatientes se armaban, sus caballos de guerra también eran preparados para la batalla. El caballo de guerra medieval era una raza distinta de las que se criaban para la caza, el transporte, la agricultura u otros propósitos. Siempre era un macho —un caballero nunca montaba una yegua en combate— y, hacia el siglo XIV, era a menudo un «gran caballo» *(equus magnus)*, que alcanzaba las dieciséis manos de altura y pesaba hasta seiscientos veinticinco kilos. Era lo bastante fuerte como para cargar con los ciento treinta y cinco kilos que sumaban jinete, armadura, silla y armas y tenía la resistencia y el adiestramiento necesarios para cargar con rapidez, girar veloz, saltar y realizar otras maniobras de combate. Algunos caballos de guerra incluso estaban adiestrados para atacar y matar coceando con sus herraduras de hierro.

Los buenos ejemplares eran muy caros y valían varios cientos de veces más que un caballo de tiro o una modesta montura. Normandía, una región dedicada desde hacía mucho tiempo a la cría de caballos, estaba salpicada de granjas de caballos o *haras,* que producían ejemplares célebres en toda Europa. Durante el juicio, Carrouges había declarado que Le Gris era «un hombre rico, provisto de buenos caballos en abundancia». En cuanto al propio caballero, a pesar de la delicada situación financiera en la que se encontraba, lo último que le habría pasado por la cabeza era escatimar en una buena montura cuando su propia vida y la de su mujer dependían de ello. Fuera que cada contendiente llevara a París su ejemplar favorito o comprara uno especialmente para el duelo, está claro que sus respectivos caballos de guerra estaban reservados solo para el combate.

El arnés de guerra estándar para un caballo incluía una brida y bocado de acero; cuatro herraduras de hierro fijadas con clavos; una silla de guerra con arzones altos para que el caballero permaneciera firmemente sentado, cinchas para fijarla al caballo y varios aros y cadenas para sostener las armas; mantas acolchadas para el cuerpo del caballo, y una protección de placas de metal a medida para proteger la cabeza conocida como *chanfrain* con agujeros para los ojos, orejas y orificios nasales y acolchada en el interior. A menudo, placas de metal o cota de malla protegían también el cuello y flancos del caballo, en ocasiones cosidas directamente sobre las mantas. De la silla colgaban estribos de metal y los combatientes llevaban espuelas con rodaja (una rueda con púas) para controlar sus monturas, puesto que con frecuencia soltaban las riendas durante el combate.

Después de ponerse su armadura, y mientras sus caballos eran preparados, Jean de Carrouges y Jacques Le Gris revisaron cuidadosamente sus armas. Cada uno llevaría una lanza, dos espadas, un hacha y una daga.

La lanza —un arma más larga y pesada que la lanza que se utilizaba en la antigüedad y en la Alta Edad Media— había revolucionado la guerra durante la Primera Cruzada (1095-99), cuando las cargas coordinadas de la caballería francesa habían sembrado el pánico entre los sarracenos. El arma y la técnica se extendieron rápidamente por los campos de batalla, en los torneos y en los duelos judiciales europeos. Las lanzas medían entre tres metros y medio y cinco metros y medio y podían pesar más de trece kilos. La punta de acero que se fijaba en el extremo de la lanza tenía forma de hoja o de diamante y estaba muy afilada. Una guarda redonda, o *vamplate,* protegía la empuñadura. El jinete llevaba esta pesada lanza apoyada verticalmente sobre un estribo especial hasta el momento de la carga. Entonces la bajaba, la encajaba bajo el brazo derecho y la apoyaba sobre una hendidura hecha para ese propósito en su escudo, que a su vez mantenía sujeto entre su pecho y el arzón delantero de la silla. Un tope de cuero en el asta de la lanza que quedaba por delante del escudo impedía que el arma se deslizase hacia atrás en el momento del impacto. Con la lanza en ristre, fijada en posición, y el caballero en pie sobre los estribos, anclado gracias a su silla de guerra con altos arzones, todo el peso de caballo y jinete se concentraba en la pesada lanza de madera y en su punta de acero, de modo que el caballero al galope se convertía en «un proyectil humano».

La espada era el arma por excelencia de un noble, y un combate con espada, fuera a caballo o a pie, solía seguir a la justa inicial con lanzas. Un tapiz real francés, hoy perdido, mostraba tanto a Jean de Carrouges como a Jacques Le Gris armados con «una espada corta y recia, similar a una gran daga, que llevaban colgando cada uno de ellos junto al muslo». Un inventario de armas para un duelo que tuvo lugar en Bretaña solo unos pocos días antes del combate Carrouges-Le Gris detalla dos espadas, una con una hoja «de dos pies y medio» [unos setenta y cinco centímetros] y empuñadura de treinta y tres centímetros para blandirla a dos manos y la otra de una hoja un poco más corta y con una empuñadura de solo dieciocho centímetros, para blandirla con una sola mano.* La espada más larga a dos manos, conocida popularmente como mandoble, servía para descargar terribles golpes con el filo *(coups de taille)*. La más corta a una mano, el *estoc,* o 'estoque', tenía una hoja más gruesa y puntiaguda para clavarse con facilidad en los golpes que se llamaban «de punta» *(coups de pointe)*. Puesto que se permitían múltiples armas, Jean de Carrouges y Jacques Le Gris probablemente llevaron, al menos, dos espadas cada uno. La espada a dos manos habitualmente colgaba en una vaina de cuero fijada a la silla de montar, mientras que el *estoc,* más corto, se desenvainaba desde la izquierda de la cintura, pues la mayoría de los guerreros eran diestros y así podían desenfundar el arma rápida y fácilmente.

El hacha —que también aparecía en el tapiz perdido del duelo entre Carrouges y Le Gris— fue un arma muy popular entre mediados y finales del siglo XIV, pues podía atravesar tanto cota de malla como coraza e incluso abrirse paso a través del yelmo y el cráneo de un hombre. Algunos caballeros preferían el hacha a cualquier otra arma. La típica hacha de este periodo tenía el filo en un lado y equilibraba el peso al otro lado del mango con un martillo acabado en punta, llamado *bec de corbin,* o 'pico de cuervo'. Enastada en el extremo del mango montaba, además, una hoja de lanza. Los guerreros reverenciaban este arma versátil tres veces letal y se referían a ella como «la Trinidad». Diseñada para el combate a pie, el asta medía metro y medio o

---

* Este duelo, librado por dos nobles en un caso de asesinato el 19 de diciembre de 1386 en Nantes, no fue autorizado por el rey de Francia ni por el Parlamento, sino por el duque de Bretaña, que era, a efectos prácticos, casi independiente del monarca.

incluso más, lo que permitía grandes golpes en arco que podían barrer un semicírculo de tropas enemigas. Para su uso a caballo se recortaba a un metro o un metro y veinte centímetros y se llevaba siempre a mano, colgada de un aro de metal fijado en el arzón delantero de la silla.

La daga se empleaba en el combate cuerpo a cuerpo y para despachar a un enemigo herido o agonizante en los últimos compases de la batalla. También podía lanzarse por los aires como un proyectil. Era un arma más nueva que las antiquísimas espada o lanza, que ya tenían siglos de historia, pues fue adoptada por la nobleza a finales del siglo XIII. A finales del siglo XIV, la típica daga tenía una resistente hoja de entre quince y treinta centímetros de longitud, con una punta muy afilada y fina para encontrar las junturas entre las piezas de la coraza o apuñalar a través de los agujeros de un casco reservados para las orejas o los ojos. La daga que aparece listada en el inventario de las armas del duelo de Bretaña estaba «hecha de hierro o acero o ambos metales» y tenía una hoja «de unas nueve pulgadas [veintitrés centímetros] de longitud desde la empuñadura».

Además de su lanza, espadas, hacha y daga, cada hombre llevaba un escudo que lucía pintado el blasón de su familia. Los escudos se hacían con madera dura, como el roble o el fresno, cubierta por cuero hervido *(cuir-boulli),* secado y curtido hasta darle una resistencia que lo asemejaba a una coraza y reforzado por placas de cuerno o bandas de metal. A medida que la coraza reemplazó la cota de malla y se convirtió en la principal defensa de un guerrero, los escudos redujeron su tamaño y pasaron a cubrir solo el cuello y torso del guerrero, con lo que se tornaron en una diana para la lanza de su oponente. Tras desenvainar su espada a caballo o desmontar para luchar a pie, el guerrero se echaba el escudo a la espalda, colgado por la correa, para mantener ambas manos libres, o lo llevaba en la mano izquierda para parar los golpes y ataques de las armas de su oponente.

El día del duelo, Carrouges y Le Gris no solo llevaron al campo sus armas, sino también una bota de vino, un poco de pan envuelto en un trozo de tela y una bolsa con monedas de plata para pagar el uso del campo. Llevaban, además, forraje para sus respectivos caballos, por si el duelo no había concluido al anochecer y el combate debía continuar al día siguiente.

Mientras los dos combatientes se vestían para la batalla en sus aposentos a primera hora de la mañana, los espectadores ya acudían en masa al campo de Saint-Martin para ver el duelo. Las noticias del combate se habían extendido por toda Francia, «hasta los puntos más distantes del reino, y causaron tal revuelo que acudió a París gente de muchos lugares distintos para presenciarlo», entre ellos Normandía, donde los dos hombres y sus familias eran muy conocidos, y también la dama.

El duelo no solo cayó durante la semana de Navidad, sino precisamente en la fiesta del santo mártir Tomás Becket. Muchas tiendas en París estaban cerradas por la festividad y la gente tenía ganas de celebración. Los espectadores empezaron a llegar poco después del alba y, para cuando salió el sol —entre las 7.30 y las 8.00 a finales de diciembre—, entraban en masa desde la *rue* Saint-Martin por las puertas del priorato. A media mañana, una multitud de muchos miles de personas abarrotaba los terrenos del monasterio. Se dispusieron guardias armados con lanzas y mazas alrededor del campo vallado para alejar a la multitud de la cerca y mantener despejadas las puertas.

El invierno de 1386-87 trajo mucho frío y nieve al norte de Francia. El sol apenas calentaba la liza y los muros de piedra que rodeaban los terrenos del priorato ofrecían poco refugio de los cortantes vientos que azotaban la ciudad. Así que los primeros espectadores que llegaron esa mañana tuvieron que soportar una larga y gélida espera para asegurarse un buen sitio para ver el combate. Los nobles, prelados e incluso algunos funcionarios y mercaderes de la ciudad tenían asientos asegurados en las gradas y podían llegar cuando quisieran. Pero la mayoría de la gente que llenaba el espacio alrededor del campo —tenderos y artesanos, obreros, aprendices, estudiantes universitarios y pescaderas, así como mendigos y rateros— tuvo que madrugar y abrirse paso a codazos para conseguir los mejores sitios. A medida que las campanas de París tocaban las horas, cada vez quedaba menos espacio en los alrededores de la liza, de modo que algunos se sentaron encima del muro del monasterio o subieron a los pocos árboles que había para ser testigos del acontecimiento.

Los principales espectadores ese día eran el rey Carlos y sus tíos, los duques de Borgoña, Berry y Borbón. La comitiva real llegó varias horas después que los primeros espectadores, aunque bastante antes de mediodía, cuando los combatientes estaban obligados por ley a aparecer en el campo, listos para el combate. Cuando el joven monarca, con su colorido séquito de cortesanos, entró a caballo por la puerta de los terrenos del monasterio, un toque de trompetas anunció su llegada. La multitud que rodeaba el campo se volvió para ver la procesión real, conscientes de que su llegada significaba que las ceremonias oficiales del duelo estaban a punto de comenzar.

Casi todos los acontecimientos públicos en la Edad Media, fueran un matrimonio o un funeral, una coronación o una ejecución, incluían una procesión. Tras los trompetas que anunciaban al rey iba el alguacil, que actuaría como maestro de ceremonias en el campo. Luego venía el rey de armas, que supervisaría todo lo relativo a las armas y armaduras, seguido por varios heraldos, «personas con voces muy potentes» que harían las veces de sistema de megafonía. Los seguía un escudero vestido con la librea real que traía envainada sobre un cojín la Espada de la Justicia, con una larga hoja de plata y una empuñadura enjoyada, que representaba la autoridad del monarca sobre el campo de batalla. Después, en un caballo ataviado con los colores reales, llegó el joven rey Carlos en persona, escoltado por cuatro caballeros que servían como testigos oficiales (*escoutes*) de la lid y, por último, llegaron los tíos del monarca y otros nobles de alto rango, que asistirían a Carlos en el palco real. Guardias armados con lanzas también cabalgaban en el séquito real o lo seguían a pie.

El rey no solo era el espectador más destacado del duelo, sino que, según la ley, también lo presidía. El Parlamento había autorizado el duelo en nombre del rey, y Carlos, como ungido de Dios, actuaba en nombre del Rey y Juez supremo, que estaba a punto de revelar su decisión sobre el caso. Carlos, que había ordenado que el duelo se pospusiera un mes entero para presenciarlo tras regresar de Flandes, insistió también en que el día del combate nada empezara hasta que él hubiera llegado al campo. Una vez que el monarca tomó asiento en el palco real, sobre un trono calentado con carbón, dispuesto con mullidos cojines y envuelto de tela azul con la flor de lis real bordada en dorado, las ceremonias empezaron oficialmente.

Jean de Carrouges, el *appelant,* llegó al campo primero, montado al frente de su propia procesión de garantes y parientes y seguido por escuderos y asistentes que transportaban lo necesario para el combate. De acuerdo con las reglas, se presentó en el campo montado en un palafrén —un caballo de montar— «con el visor levantado, la espada y la daga al cinto y, en todos los aspectos, listo para el combate». Un paje llevaba el caballo de guerra de Carrouges, ya ensillado y acorazado, mientras otros asistentes portaban su lanza y escudo.

Además de sus armas, el caballero llevaba una vara de un metro pintada de azul culminada con un crucifijo de plata, y se santiguó con frecuencia mientras se acercaba al lugar del combate. Su escudo, así como la sobreveste bordada que vestía sobre su armadura, estaba bordado con el blasón de los Carrouges: un campo carmesí sembrado de flores de lis plateadas. En el séquito del caballero se hallaban el conde Waléran de Saint-Pol y el primo de Marguerite, Robert de Thibouville, que también era uno de los garantes.

A continuación llegó la dama Marguerite, ataviada con un largo vestido negro y en un carruaje forrado también de negro. Puede que el vehículo fuera lo habitual para una dama o una concesión al hecho de que Marguerite acababa de dar a luz recientemente. En el séquito de la dama estaban su padre, Robert de Thibouville, y su primo, Thomin du Bois, que ese mismo año había desafiado a Adam Louvel a otro duelo que el Parlamento de París no había autorizado.

La entusiasmada multitud se esforzó por ver algo de la tristemente célebre dama de Carrouges en cuanto apareció el carruaje. La juventud y belleza de Marguerite, su dramática ropa negra y su papel como acusadora en el célebre asunto la habían convertido en el principal objeto de atención para los asistentes. Por un momento, la gente se olvidó del rey y de sus espléndidamente ataviados tíos, e incluso del caballero, presto para la guerra, y se volvió para contemplar cómo la famosa causante del duelo llegaba junto a la liza.

Aunque Marguerite todavía no había sido legalmente condenada, vería el duelo bajo una pena de muerte, que se ejecutaría de inmediato si su marido caía en el combate. El negro, el color tradicional del luto y la muerte, era a menudo el que vestían tanto el verdugo como sus víctimas, entre las que se incluían brujas y herejes condenados a morir en la hoguera. El vestido de Marguerite la señalaba como una mujer cuyo destino pendía de un hilo ese día.

Los parientes y amigos de la dama, y probablemente muchos otros en la multitud, se apiadaban de ella por su situación. Entre los amigos de su esposo había nobles poderosos y respetados que habían recibido con los brazos abiertos a la pareja en París y que se habrían ofrecido como garantes para asegurar la presencia del caballero en la liza. Muchos, según Jean Le Coq, el abogado del escudero, creían en la causa del caballero y sentían simpatía por la dama.

Pero tantos otros, también según el letrado, apoyaban a Jacques Le Gris, entre ellos miembros muy influyentes de la corte real y, quizá, el propio rey, puesto que Le Gris era el favorito del conde Pedro, primo del monarca. La familia y amigos de Le Gris odiaban con encono a Marguerite por haber mancillado el buen nombre del escudero y puesto su vida en peligro al acusarlo del infame crimen. Ansiaban ver muerto al caballero en el duelo y, luego, a su esposa quemada en la hoguera antes de que terminara el día.

Los sentimientos no estaban tan divididos entre la multitud, que no se jugaba nada en el combate. Muchos ni siquiera conocían a fondo los detalles del caso. Para los espectadores menos implicados, el duelo, un acontecimiento muy poco común que jamás habían presenciado, era principalmente un espectáculo que hacía más entretenida la semana de Navidad con su pompa y su violencia. Algunos, sin duda, sentían lástima por Marguerite, pero otros hicieron correr rumores descabellados o cotilleos malvados aquella mañana fresca que aumentaron la expectación por el inminente enfrentamiento y por la todavía más espectacular quema de la dama en la hoguera que podría seguirlo.

¿Acaso era una bruja? ¿Una hechicera? ¿Una seductora? Al llegar al campo y sentir la brisa invernal en el rostro y tirando de su ropa, Marguerite debió de percibir la mezcla de compasión, hostilidad y curiosidad en los miles de rostros que se volvieron para mirarla de hito en hito desde todas partes. Ni siquiera su aparición pública ante el Parlamento de París, varios meses antes, podría haberla preparado para este calvario.

Último en la procesión cabalgaba Jacques Le Gris, con su séquito de familia y amigos, entre ellos los nobles de la corte del conde Pedro, que servían como garantes. Como acusado del infame crimen, Jacques Le Gris también atrajo las miradas curiosas de la masa de espectadores. Tras él iban su séquito de asistentes, que llevaban su lanza y el resto de su equipo, y un paje con las riendas de su caballo de guerra. En un símbolo irónico de la querella, el escudo de armas de la familia Le Gris compartía colores con el del caballero, pero invertidos: un campo plateado cruzado en diagonal por una franja rojo sangre.

El caballero y su partida avanzaron junto a la cerca de la liza hasta situarse a la derecha del rey, mientras que el escudero y su séquito lo hicieron a su izquierda. Ambos se detuvieron frente a la puerta de su lado del campo, junto a su propio pabellón, silla y escabel para montar. El alguacil cabalgó entonces desde su posición bajo el trono del rey hasta la puerta a mano derecha, seguido a caballo por un heraldo y dos de los cuatro caballeros que servían como testigos oficiales. Otro heraldo y los otros dos testigos cabalgaron hacia la puerta que estaba a mano izquierda.

En la entrada de la derecha, el alguacil frenó su caballo frente al *appelant*, que seguía montado en el suyo, y exigió saber quién era, por qué aparecía allí armado para la batalla y la naturaleza de su causa.

En voz muy alta, para que lo oyera la gran masa de espectadores, el caballero contestó:

—Mi muy honorable señor y alguacil del campo, soy Jean de Carrouges, caballero, y me presento ante vos por orden del rey nuestro señor, armado y montado como caballero que debe entrar en liza para presentar batalla a Jacques Le Gris, escudero, en el pleito que concierne a su vil crimen contra mi dama y esposa, Marguerite de Carrouges. Por ese motivo, pongo a Nuestro Señor, Nuestra Señora y al buen caballero san Jorge por testigos de mi causa en este día.* Me presento en persona a cumplir con mi deber y os pido que me deis mi justa porción del campo, del viento y del sol y de todas las cosas provechosas, necesarias y apropiadas en un caso como este. Juro que llevaré a cabo mi deber con la ayuda de Nuestro Señor, Nuestra Señora y el buen caballero san Jorge. Y declaro que lucharé a caballo o a pie, según mejor me parezca, y que me armaré con mi propia armadura, o me desarmaré, y llevaré las armas que me plazcan, tanto para ataque como para defensa, tanto antes de la lucha como durante ella, pues Dios me concede el permiso y la fuerza para hacerlo.

Después de que el *appelant* terminara de hablar, se convocó formalmente al *défendeur* al campo. Tras una señal del alguacil, un heraldo gritó:

—*Monsieur* Jacques Le Gris, acudid a cumplir con vuestro deber contra Jean de Carrouges.

El alguacil cruzó el campo hasta llegar frente a Jacques Le Gris y le exigió también a él que declarase quién era, por qué aparecía armado para la batalla y la naturaleza de su causa.

Le Gris respondió con potente voz:

—Muy honorable señor y alguacil del campo, soy Jacques Le Gris, escudero, y me presento ante vos por orden del rey nuestro señor, armado y montado como caballero que debe entrar en liza para combatir a Jean de Carrouges, caballero, en el

* San Jorge, célebre por matar al dragón, era el santo patrón de los caballeros.

pleito relativo a la infame y muy injusta acusación que ha hecho contra mi honor y mi buen nombre. Apelo a Nuestro Señor, Nuestra Señora y el buen caballero san Jorge como testigos de mi causa en este día y me presento en persona para cumplir con mi deber. Os pido que me deis mi justa porción del campo, del viento y del sol y de todas las cosas provechosas, necesarias y apropiadas en un caso como este. Y juro que llevaré a cabo mi deber con la ayuda de Nuestro Señor, Nuestra Señora y el buen caballero san Jorge.

Después de que ambos hombres hubieran terminado de hablar, presentaron sus cargos por escrito, cada uno mediante un rollo de pergamino previamente preparado por sus abogados y en el que se había escrito un resumen de su versión de los he-

Los rollos: antes del duelo, los combatientes presentan rollos que contienen declaraciones sobre sus cargos. MS. fr. 2258, fol. 14v. Biblioteca Nacional de Francia.

chos en el pleito. Tanto Carrouges como Le Gris, que seguían montados en los extremos opuestos del campo y se miraban el uno al otro, blandieron sus rollos de pergamino en el aire como si fueran armas. La justa verbal de la corte de justicia iba a dar paso al combate real en la liza. El alguacil pidió al rey que declarara el campo abierto para el combate.

A la orden del rey, el alguacil señaló a los combatientes que descabalgaran y tomaran posesión de sus campos. Los dos hombres se sentaron en la gran silla elevada frente a sus respectivos pabellones para encarar a su enemigo al otro lado del campo. Sus garantes fueron liberados de su obligación, pues habían asegurado ya que los combatientes aparecieran en el campo de batalla el día señalado. Todas las monturas, excepto los dos caballos de guerra reservados para el combate, fueron apartadas de la liza.

Mientras Carrouges y Le Gris se sentaban y los árbitros ultimaban los detalles del duelo, Marguerite permaneció junto al campo en su carruaje, esperando a que tuvieran lugar los juramentos formales y comenzara el combate. Pero no llevaba mucho tiempo allí cuando el rey Carlos le ordenó que descendiera de su vehículo.

Marguerite fue conducida a un palco propio, cubierto de negro por completo y desde el cual se contemplaba todo el campo, «para que allí esperara la gracia de Dios y un desenlace favorable de la batalla».

Una vez que los dos combatientes y la dama estuvieron en sus respectivas posiciones, el rey de armas, ayudado por los dos *escoutes* asignados a cada combatiente, examinó las armas de los dos hombres para asegurarse de que no se habían llevado al campo instrumentos ilegales y que las lanzas, espadas, hachas y dagas eran todas de la misma longitud.

Mientras se inspeccionaban las armas, uno de los heraldos salió al campo para proclamar las reglas a la multitud:

—Se hace saber, señores, caballeros, escuderos y toda suerte de personas, que, por orden de nuestro señor, el rey de Francia, está estrictamente prohibido, so pena de muerte y pérdida de propiedad, que nadie aquí esté armado o lleve una espada o daga o cualquier otra arma, a menos que sea uno de los guardianes oficiales del campo o que tenga permiso expreso para ello de nuestro señor el rey.

»Asimismo, por orden de nuestro señor el rey, queda estrictamente prohibido que nadie, sea cual sea su rango, permanezca sobre su montura durante la lid, con la excepción de los propios combatientes. Todo aquel noble que infrinja esta orden perderá su montura, y todo sirviente que infrinja esta orden perderá una oreja.

»Asimismo, por orden de nuestro señor el rey, queda estrictamente prohibido que nadie, sea cual sea su rango, entre en el campo de batalla o esté presente en la liza, con la excepción de aquellas personas expresamente autorizadas a ello. La persona que infrinja esta orden perderá su vida y sus propiedades.

»Asimismo, por orden de nuestro señor el rey, queda estrictamente prohibido que nadie, sea cual sea su rango, no permanezca sentado en su banco o en el suelo u obstruya la vista a cualquier otra persona, so pena de perder una mano.

»Asimismo, por orden de nuestro señor el rey, queda estrictamente prohibido que nadie, sea cual sea su rango, hable, gesticule, tosa, escupa, grite o haga cualquier otra cosa similar durante la batalla, so pena de perder su vida y sus propiedades».

Sin duda, los duelos judiciales no eran un espectáculo escandaloso interrumpido por vítores, gritos o abucheos de la multitud. Cualquier interferencia, incluso un estallido involuntario, sería severamente castigada. Los cronistas describen a los arrebatados espectadores siguiendo los duelos en intenso silencio, sin atreverse apenas a respirar.

Desde este punto, una terrible simetría se adueñó de la ceremonia del duelo. Las elaboradas reglas y rituales tenían por objeto asegurar un combate justo y no dejaban nada al azar —o a la Providencia—, «excepto, por supuesto, el propio resultado del duelo». De la misma manera que se revisaban las armas para comprobar que tuvieran la misma longitud exacta, también ambos hombres debían estar en igualdad de condiciones. Jean de Carrouges era un caballero, pero Jacques Le Gris era un simple escudero. Así que, en ese momento, Le Gris salió al campo y se arrodilló ante el alguacil para ser nombrado caballero.

Ser armado caballero no siempre constituía un ritual complejo que necesitara vigilia, presentación de armas y demás. Tampoco el nombramiento era siempre consecuencia del valor demostrado en combate ni se concedía después de la batalla; en ocasiones, los hombres eran nombrados caballeros antes del combate para motivarlos. Lo único necesario para que el escudero se convirtiera en caballero era que el alguacil le diera tres golpes en el hombro con la parte plana de la hoja de su espada mientras pronunciaba las palabras ceremoniales: «En el nombre de Dios, de san Miguel y de san Jorge, os nombro caballero. ¡Sed valiente, cortés y leal!».

Actuar como un caballero era una cuestión totalmente distinta. Para ello se necesitaba una práctica constante con la espada, así como afinar la habilidad como jinete en justas o torneos y, por supuesto, la experiencia incomparable que solo confería el combate. A lo largo de los años, Jean de Carrouges había combatido en numerosas batallas. Desde niño, había tomado parte —y sobrevivido a— muchas campañas, la más reciente de ellas en Escocia. Jacques Le Gris, aunque era uno de los escuderos personales del monarca y capitán del fuerte de Exmes, tenía mucha menos experiencia militar que su oponente.

Sin embargo, era más grande y más fuerte que Jean de Carrouges, lo que le confería otro tipo de ventaja en combate. El escudero, además, era mucho más rico y, por ello, capaz de equiparse con un caballo, armadura y armas mejores. Y, a pesar de haber caído enfermo en septiembre tras conocer la noticia de que se había ordenado la celebración del duelo, Le Gris gozaba en ese momento de excelente salud «y parecía fuerte», mientras que «Carrouges estaba débil a consecuencia de unas fiebres que había padecido durante mucho tiempo». El caballero, según una crónica, «había sufrido un nuevo episodio de las fiebres ese mismo día».

Cualquiera de estos factores —el tamaño y la fuerza física, la salud, la riqueza, la veteranía militar y la experiencia— podía resultar decisivo en combate. Era imposible calcular qué peso tendrían en la lid una vez se iniciara el duelo. El combate también podía resolverse por una interminable serie de acontecimientos azarosos que no podían preverse, desde un resbalón inoportuno hasta la ruptura de una de las correas de la armadura, pasando por el deslumbramiento por el reflejo del sol en la armadura o en la hoja en movimiento del arma del rival.

Después de que Jacques Le Gris fuera armado caballero y de que hubiera regresado a su silla, el heraldo volvió a salir al campo, esta vez para proclamar las reglas por las que habrían de gobernarse los propios combatientes.

—Si cualquiera de los combatientes lleva al campo de batalla cualquier arma forjada con hechizos, amuletos, encantamientos o cualquier otra arte oscura por la que la fuerza o habilidad de su oponente se vea impedida tanto antes como durante y después del combate, lo hace a riesgo de sus derechos y honor, y el malefactor será castigado como enemigo de Dios, o como traidor o asesino, según sea el caso.

»Cada combatiente debe llevar consigo a la liza pan, vino y demás alimentos y bebidas suficientes para sostenerse por el espacio de todo un día, si hubiera necesidad de ello, así como todo lo demás conveniente o necesario tanto para él como para su caballo.

»Los dos hombres combatirán a caballo y a pie, armados según les plazca, con cualquier arma o instrumento de ataque o defensa, excepto armas o instrumentos de diabólica factura, o hechos con hechizos o encantamientos, o cualquier otra cosa que esté prohibida por Dios y la Santa Iglesia a todos los buenos cristianos.

»Los dos combatientes deben jurar y declarar que, si no place a Dios que derroten a su enemigo o lo expulsen del campo antes de la puesta de sol, aceptarán que esa es la voluntad de Dios y acordarán presentarse de nuevo al día siguiente para reanudar el combate.

Un duelo podía prolongarse todo un día y no haberse resuelto todavía al ocaso (o, como solía decirse, «para cuando las estrellas aparecen en el cielo»). En ese caso, el combate debía reanudarse a la mañana siguiente. En cuanto a influir en el resultado del duelo mediante artes ocultas, esta era una preocupación auténtica en la Edad Media, puesto que los combatientes a menudo recurrían a hechizos, encantamientos e incluso armas especiales forjadas con magia para asegurar un resultado favorable. Los hombres que combatían en un duelo judicial tenían estrictamente prohibido, so pena de muerte, utilizar ningún tipo de arte mágica para alterar el fallo divino.

Tras escuchar las reglas, los dos combatientes debían pronunciar tres juramentos solemnes. El elemento religioso del duelo pasaba ahora a primer plano, pues unos sacerdotes entraban en la liza y colocaban un altar en el centro —una mesa de «cinco pies de largo, tres pies de ancho y dos pies de altura cubierta con suntuoso paño de oro»— sobre el que situaban un crucifijo de plata y un libro de plegarias abierto por una página que mostraba una imagen de la Pasión de Cristo.

Los sacerdotes, el altar y los objetos sagrados en exposición tenían el objeto de santificar el combate como juicio divino, o *judicium Dei*. El crucifijo y el libro de plegarias también evocaban el juicio, sentencia y ejecución que Cristo había sufrido para expiar los pecados de la humanidad. Aquí, en un campo bendito por los símbolos de la Pasión de Cristo, Dios revelaría cuál de las dos partes era culpable y haría que pagara con sangre sus pecados.

El primer juramento lo pronunciaba cada una de las partes por separado, con el alguacil oficiando y los sacerdotes como testigos. Primero, el *appelant,* Jean de Carrouges, se levantó de su silla y se acercó al altar, donde se arrodilló con el visor levantado y la mano derecha desnuda para tocar la cruz.

—Juro sobre este recuerdo de la Pasión de Nuestro Señor Dios Jesucristo y sobre el Sagrado Evangelio que está aquí, y por la fe del verdadero cristiano y del sagrado bautismo, que creo firmemente que mi causa es santa, buena y justa y que me defiendo legalmente en esta apuesta de batalla —dijo el caballero.

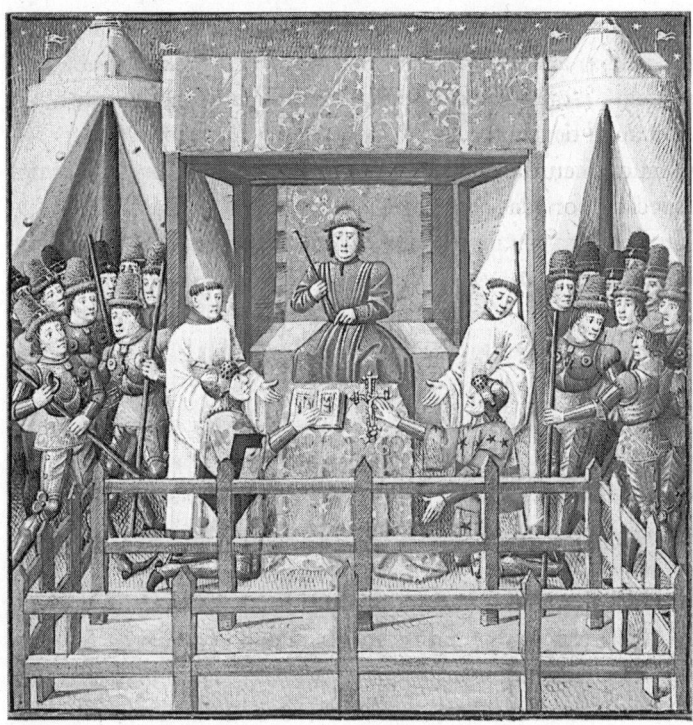

Los juramentos: los combatientes se arrodillaban uno frente al otro, tocaban el libro de plegarias y un crucifijo y pronunciaban solemnes juramentos con sacerdotes como testigos. MS. fr. 2258, fol. 18v. Biblioteca Nacional de Francia.

A continuación, invocó de nuevo a Dios, la Virgen María y san Jorge como testigos.

Después de que el caballero hubiera regresado a su silla, Jacques Le Gris se acercó al altar, se arrodilló y juró en los mismos términos su inocencia.

Para el segundo juramento, ambos combatientes se arrodillaron uno frente al otro a ambos lados del altar, con sus manos desnudas sobre el crucifijo y casi tocándose. Ambos hombres juraron que su causa era justa, que decían la verdad o fueran condenadas sus almas y que renunciaban a la gloria del cielo y aceptaban las torturas del infierno si habían jurado en falso.

Cada uno dio su palabra también de que no llevaba amuletos mágicos en su persona ni en su caballo «y de que confiaba únicamente en la justicia de su causa, su cuerpo, su caballo y sus armas». A continuación, los dos besaron el crucifijo.

El tercer y último juramento era el más solemne. Los dos hombres permanecieron arrodillados frente a frente a ambos lados del altar, con los visores levantados y la mano derecha sobre el crucifijo, pero, esta vez, además, se agarraron el uno al otro con la mano izquierda desnuda *(«la main sinistre»)* mientras el alguacil sostenía sus manos entrelazadas sobre su propia palma abierta. Unidos de este modo, los dos combatientes se hicieron un juramento el uno al otro, empezando por Carrouges:

—Oh, Jacques Le Gris, cuya mano sostengo, juro por los Santos Evangelios y por la fe y el bautismo que tengo ante Dios que los hechos y palabras que os he atribuido y hecho que otros os atribuyan son ciertas, y que tengo buena y verdadera causa para convocaros, mientras que la vuestra es malvada.

Mientras su oponente aferraba su mano izquierda, Jacques Le Gris contestó:

—Oh, Jean de Carrouges, cuya mano sostengo, juro por los Santos Evangelios y por la fe y el bautismo que tengo ante Dios que la causa por la que me convocáis es malvada. Y que yo tengo buena y verdadera causa para defenderme.

Y, tras esto, los dos hombres besaron de nuevo el crucifijo.

Este tercer y último juramento era similar a los que aparecían en muchos rituales medievales, desde el matrimonio hasta el vasallaje. Sin embargo, en esas otras ceremonias, las partes siempre se agarraban con la mano derecha, mientras que en un duelo se agarraban con la izquierda, lo que implicaba que el vínculo que las unía en este caso era hostil.

Al pronunciar estos juramentos, los combatientes no solo ponían en juego sus vidas, fortunas y honor, sino también sus almas inmortales. Uno de los sacerdotes apuntó en ese momento a los objetos sagrados del altar y recordó solemnemente a los dos hombres, y a todos los presentes, que el resultado del duelo decidiría «la condena de aquel que sea hallado culpable, tanto en cuerpo como en alma, como consecuencia de los grandes juramentos que han prestado, que hacen que vayan a ser juzgados y sentenciados por Dios».

Tras la advertencia del sacerdote, los dos combatientes se levantaron a la vez y regresaron a sus sillas en los extremos opuestos del campo.

Una vez que los dos hombres se hubieron identificado, afirmado sus cargos, presentado sus rollos, entregado las armas para que fueran examinadas, escuchado las reglas del combate y prestado solemnemente los tres grandes juramentos, solo quedaba una última ceremonia.

Los duelos a muerte se habían vuelto muy poco habituales en Francia, y todavía menos habituales eran aquellos de los que, además, dependía la vida de una dama. Como principal testigo del caso, Marguerite también hubo de prestar juramento después de los combatientes.

Jean de Carrouges se acercó a su esposa y, en pie frente a ella, con el visor del yelmo levantado, dijo:

—Mi señora, por vuestro testimonio estoy a punto de arriesgar mi vida en combate contra Jacques Le Gris. Vos sabéis si mi causa es justa y verdadera.

Con la multitud escuchando en arrebatado silencio y todos los ojos puestos en ella, Marguerite contestó:

—Mi señor, lo es, podéis combatir con confianza, pues la causa es justa.

A lo que el caballero simplemente respondió:

—Me pongo en manos de Dios.

Estas fueron las últimas palabras que Jean y Marguerite intercambiaron antes de que comenzara el duelo. Ambos sabían que también podían ser las últimas que se dijeran en esta vida.

Entonces el caballero «besó a su esposa, le tomó la mano y se persignó». Tras este último abrazo, se volvió y regresó a su lugar, en la derecha del campo.

Un cronista describe que Marguerite observó nerviosa cómo su marido se aprestaba a entrar en liza para luchar por la vida de ambos: «La dama permaneció junto al campo, rezando fervientemente a Dios y a la Virgen María, suplicándoles con humildad que le dieran la victoria ese día, como era su derecho. Comprenderéis que estaba muy preocupada y no tenía certeza de que su propia vida estuviera a salvo, pues, si su marido se llevaba la peor parte del combate, ella estaba sentenciada a ser quemada viva sin posibilidad de apelación. No sé —pues nunca hablé con ella— si había lamentado a menudo haber llegado tan lejos con el asunto y haberse puesto a sí misma y a su marido en tan grave peligro…, pero ahora, finalmente, no había nada que hacer más que aguardar el resultado».

Marguerite estaba, desde luego, en grave peligro. La espantosa muerte de un oficial real ejecutado tras ser acusado públicamente de herejía durante el reinado de Carlos VI era una

Últimas palabras: Marguerite, retratada aquí en su carruaje, se despide de Jean justo antes de que comience el duelo. Jean de Wavrin, *Chronique d'Angleterre*. MS. Royal 14 E. IV, fol. 267v. Biblioteca Británica.

muestra del horrible destino que la esperaba si su marido perdía el combate: «Lo llevaron a rastras. La hoguera estaba preparada. Se había construido un patíbulo en mitad de la plaza y, a sus pies, había una estaca con una pesada cadena de hierro. Otra cadena colgaba de la parte superior del patíbulo, y en esta había un collar de hierro. Se le puso este collar, que se abría por una bisagra, y, luego, se cerró y se lo izó con él para que durara más. Se le ató con la primera cadena para fijarlo más firmemente a la estaca, contra la que se amontonaron grandes cantidades de madera a las que se prendió fuego. Se incendiaron de inmediato. Así fue a la vez ahorcado y quemado, y el rey de Francia podría haberlo visto todo desde su ventana si lo hubiera deseado».

Si Marguerite iba a ser quemada, el rey de Francia también podría contemplar su muerte. Desde el monarca hasta el campesino más humilde, la gente de la Edad Media acudía en masa y con entusiasmo a presenciar espantosos espectáculos de tortura y muerte, e incluso los niños presenciaban con frecuencia cómo quemaban, decapitaban, ahogaban o enterraban a gente viva, así como toda otra serie de despiadados castigos. Las crónicas sugieren que las víctimas de la hoguera tardaban media hora o más en morir a consecuencia de las llamas.

El cronista difícilmente exagera al afirmar que Marguerite estaba muy nerviosa mientras observaba el campo donde pronto se decidiría su destino. Incluso imagina posible que en esos momentos se arrepintiera de haber llevado sus acusaciones hasta el punto en que había puesto su propia vida, y la de su marido, en tamaño peligro. Sin embargo, admite que no puede saber a ciencia cierta qué pensaba la dama, pues nunca había hablado con ella, y, con ello, tiende un tupido velo sobre sus pensamientos y sentimientos privados en ese momento tan angustioso.

9

COMBATE MORTAL

Celebradas todas las ceremonias y pronunciadas todas las palabras necesarias, había llegado el momento de la batalla. Jean de Carrouges y Jacques Le Gris desaparecieron dentro de sus respectivos pabellones, donde los miembros de sus séquitos inspeccionaron sus armaduras y armas por última vez. Los sacerdotes se apresuraron a retirar el altar, el crucifijo y el libro de plegarias del campo, cuidando de no olvidar ningún objeto sagrado. Dos asistentes barrieron la arena donde había estado el altar y dejaron el campo de nuevo como una alfombra blanca completamente lisa. El rey, su corte y la inmensa multitud miraban con anticipación, deseosos de que empezara la lucha.

Cuando ambos combatientes hubieron señalado que estaban listos, y todo el mundo hubo abandonado la liza por las puertas, un heraldo salió de nuevo al centro del campo. En pie, con la vista fija en el rey, esperó en total silencio. Al callarse por completo la multitud, los únicos sonidos que se oían eran el flamear de los pendones sobre los pabellones rojos y plata y los bufidos de los caballos, que estaban preparados junto a los escabeles de montar.

De repente, en voz muy alta para que lo oyeran desde ambos extremos del campo, el heraldo gritó:

—*Faites vos devoirs!* [¡Cumplid con vuestro deber!].

Antes de que pudiera gritar su orden una tercera vez, como requería la ley, los dos combatientes emergieron de sus pabellones con las armas al costado y los visores ahora bajados y fijados, cada uno de ellos seguido por un gran séquito de ayudantes ansiosos. Carrouges y Le Gris caminaron hacia sus corceles con los pasos marcados por el sonido metálico de sus armaduras. Las monturas estaban listas justo frente a las puertas, situadas en extremos opuestos del campo. Cada uno de los contendientes colocó su escarpe metálico en el escabel junto a su caballo, listo para la acción.

El heraldo salió del palenque y el alguacil ocupó su lugar. Los cuatro *escoutes,* los testigos nobles, ocuparon también sus puestos, un par de caballeros a cada lado del campo, ante las puertas abiertas, y cerraron el paso con una lanza que sostenían horizontalmente entre ambos. El alguacil permaneció en el centro del campo sosteniendo un único guante blanco. Todos los ojos estaban puestos en él. Con los dos guerreros listos junto a sus monturas, mirándolo y escuchándolo con atención, el alguacil levantó lentamente el guante por encima de su cabeza. De súbito, lo lanzó por los aires mientras gritaba la orden que marcaba la costumbre:

—*Laissez-les aller!* [¡Dejadlos ir!].

Antes de que el guante tocara el suelo, o de que el alguacil hubiera gritado su orden por tercera vez, los combatientes agarraron el pomo de sus sillas y se izaron sobre sus caballos ayudados por sus asistentes. Los escuderos situados junto a los caballos entregaron a cada uno de los duelistas su lanza y escudo. Los combatientes ya llevaban en el cinto una espada y una daga y ambos habían colgado de aros de la silla una segunda espada más larga y un hacha. La pesada lanza, que se dejaba para el final, se tomaba desde la silla y se encajaba verticalmente en su propio estribo. Tan pronto como el guerrero estaba montado

Caballeros justando: los contendientes cargaban a caballo con las lanzas en ristre en un campo rodeado por una sólida valla de madera. Jean de Wavrin, *Chronique d'Angleterre*. MS. Royal 14 E. IV, fol. 81. Con permiso de la Biblioteca Británica.

y armado, sus ayudantes daban un paso atrás. El momento de montar era el último en el que se permitía que los duelistas tuvieran contacto con otros humanos antes del combate. A partir de ese momento, debían valerse completamente por sí mismos.

Jean de Carrouges y Jacques Le Gris espolearon al unísono sus monturas. Los cuatro *escoutes* que cerraban el paso al palenque dejaron caer al suelo las lanzas que sostenían y los combatientes cargaron a través de las puertas que se abrían a cada lado del campo. Una vez las atravesaron, los guardias cerraron, atrancaron de inmediato los pesados portones y se apostaron junto a ellos con las armas listas. El alguacil se había apresurado a salir del campo por la puertecita central frente al palco del rey y la había cerrado con sumo cuidado después.

Carrouges y Le Gris estaban ahora presos en el campo de batalla, encerrados por una doble valla y el seto de afilado acero que formaban los guardias. Nada más entrar en la liza, frenaron sus caballos y se miraron desde los extremos del campo con los visores bajados mientras sus corceles pateaban el suelo con impaciencia. «Ambos montaban muy bien, pues eran expertos en armas. Y los señores de Francia se deleitaron al verlos, pues habían venido a ver combatir a los dos hombres».

La multitud hervía con excitación contenida mientras los dos hombres se estudiaban intensamente el uno al otro. Cada guerrero sentía el calor de su propio aliento dentro del visor y, bajo la armadura, ya estaba empapado de sudor. Ambos buscaban la muerte del otro como el agua y el fuego buscan la aniquilación mutua.

El *champ clos,* al principio una prisión, se convirtió ahora en un crisol donde uno de los hombres sería destruido y el otro sería reivindicado en nombre de la justicia. Carrouges y Le Gris combatirían sin cuartel hasta que sucediera una de tres posibles cosas. O bien un hombre mataba al otro, y probaba de ese modo la veracidad de sus cargos y la culpa de su enemigo; o bien un contendiente obligaba al otro a confesar que había jurado en falso, lo que resultaría en la ejecución sumaria en la horca del hombre que confesara; o bien un hombre arrojaba al otro fuera del palenque, lo que se consideraba que también probaba su culpa y, por lo tanto, implicaba una sentencia de muerte.

No solo lucharían sin cuartel, sino también sin reglas. En un combate mortal, a diferencia de lo que sucedía en un torneo amistoso, nada impedía a un hombre apuñalar a otro por la espalda o a través de los agujeros del visor de su casco, cegarlo arrojándole arena, hacerle la zancadilla, propinarle una patada o abalanzarse sobre él si resbalaba y caía. En un duelo celebrado en Flandes en 1127, los dos exhaustos combatientes acabaron por arrojar sus armas al suelo y lucharon propinándose puñetazos con sus guanteletes de hierro hasta que uno metió la mano bajo la armadura del otro y le arrancó los testículos, lo que lo mató allí mismo. Puede que la caballería siguiera viva y activa en torneos y justas, e incluso en las ceremonias preliminares de un duelo judicial, pero, una vez que empezaba un combate, la caballería estaba muerta.

Jean de Carrouges, como acusador, cargó primero. El caballero bajó la lanza hasta su apoyo en el escudo, la fijó bajo su brazo derecho y apuntó cuidadosamente a su enemigo. Entonces, espoleó a su caballo y empezó a avanzar por el campo. Al ver a su enemigo en movimiento, Jacques Le Gris también bajó de inmediato su lanza, picó espuelas a su caballo y galopó directamente contra su oponente.

Cuando empezaron a cargar uno contra el otro, ambos jinetes se encontraban a solo unos sesenta y cinco metros de distancia. Pero un caballo de guerra fuerte podía pasar de estar completamente quieto a galope tendido en solo unos pocos segundos. Incluso a un modesto trote de diez o quince kilómetros por hora, la velocidad combinada de los dos corceles yendo el uno hacia el otro habría hecho que recorrieran la distancia que los separaba en poco más de cinco segundos.

A Marguerite, que contemplaba la acción desde su cadalso junto al campo, esos pocos segundos debieron de parecerle una eternidad. Vio cómo su marido bajaba su lanza y espoleaba a su caballo, cómo los músculos del flanco del animal se tensaban y arrancaba dejando atrás una nube de polvo blanco. Jacques Le Gris inició su carga un instante después, desde el otro extremo del campo, y, de súbito, el estruendo y las vibraciones del ruido de cascos contra el suelo llenaron el aire. Todos los ojos estaban fijos en los dos guerreros a la carga y en sus lanzas en ristre.

Puesto que no se trataba de un torneo ni de una justa, el campo no tenía ninguna valla en el centro paralela a los lados largos para guiar a los combatientes y evitar que sus caballos chocaran, sino que «avanzaron en línea recta, como si se hubiera trazado con una cuerda». Los dos hombres aceleraron uno contra el otro mientras las afiladas puntas de acero de sus lanzas cortaban el aire frente a ellos como letales misiles. El peso combinado de caballo, hombre, armadura y lanza ponía casi una tonelada de impulso al galope tras cada lanza. Un impacto directo podía atravesar escudo, armadura y carne hasta el hueso, o trabarse en una articulación de la armadura y dislocar un hombro, o hacer que el jinete saliera volando de la silla y golpeara el suelo con su pesada armadura de batalla, y quizá incluso provocar que se rompiera o torciera algún miembro.

Los pendones flameaban en las lanzas de los guerreros al galope y las gualdrapas de sus monturas ondeaban sobre la arena que levantaban sus cascos. La luz del sol se reflejaba en sus yelmos y armaduras y emitía destellos por el campo mientras los caballos arremetían a toda velocidad. En el centro del campo, el guante blanco del alguacil seguía donde había caído, sobre la arena.

Muy cerca de ese punto, los dos guerreros oyeron un estruendo terrible al golpearse «el uno al otro con mucha fuerza en los escudos, de modo que casi cayeron ambos al suelo». Los espectadores se estremecieron ante el impacto, a causa del cual ambos hombres «fueron impulsados hacia atrás hasta quedar casi tendidos sobre las grupas de sus caballos». Pero los dos eran jinetes expertos y «se aferraron a sus corceles con las piernas y siguieron sobre ellos». Al golpearse el uno al otro en el mismo preciso instante con lanzas de igual longitud, habían equilibrado perfectamente el impacto de sus golpes, de modo que ninguno de los dos resultó herido o descabalgado ni perdió tampoco su lanza o escudo. Todavía resintiéndose del cruce de lanzas, «regresaron cada uno a su lado del campo para descansar un poco y recuperar el aliento».

Para la segunda embestida, ambos apuntaron la lanza un poco más alto, hacia la cabeza del oponente. Jean de Carrouges bajó y trabó su lanza, «aferró con fuerza su escudo y espoleó su caballo. Cuando su oponente lo vio venir, no se contuvo, sino que galopó hacia él en la línea más recta posible». Cabalgando furiosamente de nuevo el uno contra el otro, los dos caballeros volvieron a chocar con un espantoso ruido e «impactaron sus lanzas en el yelmo del contrario, en un golpe tan limpio y potente que saltaron chispas de fuego». Pero, cuando las lanzas entraron en contacto con la parte de arriba de sus cascos, «resbalaron sobre ellos, así que pasaron uno junto al otro sin hacerse daño».

Los combatientes, «acalorados», descansaron de nuevo antes de su tercera carga. Luego, «tras aprestar sus escudos y haberse contemplado a través de los visores de sus yelmos», picaron espuelas de nuevo a sus caballos y cargaron «lanzas en ristre y preparados». En esta ocasión, apuntaron a los escudos del oponente. Atronando al galope por el campo, se golpearon «con gran violencia» y llevaron cada uno su lanza contra el escudo del otro con un tremendo ruido cuyo eco rebotó contra los muros de piedra de los edificios que rodeaban la liza.

La potencia del impacto astilló las lanzas, trozos de las cuales «salieron volando a mayor altura de lo que nadie habría sido capaz de lanzarlos». Las dos lanzas se rompieron en la base y sus puntas de acero, con un trozo de asta astillada, quedaron clavadas en los escudos. La conmoción del impacto «confundió a sus monturas» y, de nuevo, empujó hacia atrás a los jinetes en sus sillas y a punto estuvo de derribarlos. Pero las propias armas, al romperse, absorbieron gran parte de la fuerza del choque y ambos combatientes lograron permanecer a caballo. «De no haberse roto las lanzas, uno o ambos habrían caído al suelo».

Mientras se recuperaba, Carrouges regresó a medio galope a su extremo del campo, giró de nuevo el caballo, arrojó al suelo su lanza rota e inútil y arrancó la punta de la del rival de su escudo. Acto seguido, tomó su hacha, que colgaba del aro de su silla de montar. Le Gris, en el otro extremo del campo, hizo lo propio.

Con las hachas listas, los dos contendientes cabalgaron una vez más el uno contra el otro, pero esta vez más lentamente, maniobrando sus monturas para conseguir la mejor posición de ataque. A medida que se aproximaban al centro del campo, empezaron a dar vueltas en círculos cada vez más pequeños, hasta que sus caballos estuvieron casi con el hocico pegado a la cola del otro, y los dos hombres lucharon con sus armas en el estrecho espacio que quedaba entre ambos.

Mientras sus caballerías daban vueltas en círculo y levantaban arena por todas partes, los dos hombres combatieron «cuerpo a cuerpo, casi pecho contra pecho», blandiendo sus hachas por encima de sus cabezas. Durante esta caballeresca danza de la muerte, sus hachas se engancharon entre ellas más de una vez. Pugnando contra el otro desde la silla, cada uno intentó «desequilibrar a su adversario y hacerlo caer de la silla enganchándolo con la parte curva del hacha».

Varias veces se separaron, se alejaron cabalgando y se acometieron de nuevo con las hachas en alto, como si quisieran partir al oponente por la mitad de un tajo. Intercambiaron golpes terribles con los caballos moviéndose tan cerca que se daban patadas sin sacar la pierna de los estribos y sus escarpes rechinaban y claqueteaban al maniobrar sobre sus monturas.

En ocasiones luchaban con una sola mano y levantaban el escudo con el brazo libre para protegerse de los golpes del adversario, pero, de esa forma, no podían descargar golpes verdaderamente fuertes, así que a menudo dejaban sus escudos colgando para tomar el hacha con las dos manos y atacaban y se defendían con ella. Las hojas de acero de las armas resonaban al entrechocar, acompañadas por los golpes sordos del asta de un hacha contra la de la otra.

La batalla con hachas continuó sin que ninguno de los dos combatientes se impusiera al otro, hasta que ambos acabaron agotados por el esfuerzo. «En diversas ocasiones se separaron para descansar y recuperar el aliento, y, luego, reemprendieron en vano su lucha».

Finalmente, Jacques Le Gris se alejó espoleando su corcel, como si quisiera retirarse de nuevo a descansar, pero, de súbito, hizo dar media vuelta a su montura y cargó contra el caballero. Carrouges levantó su escudo para defenderse del ataque de Le Gris, que giró sobre sí mismo para descargar un golpe de hacha con ambas manos. La hoja impactó contra el escudo alzado del caballero en un ángulo, resbaló y se desvió hacia el cuello del caballo, justo debajo de las placas de la capizana que, desde la testera, colgaban y protegían su crin.

La hoja cortó la espina dorsal del caballo, que gimió y se estremeció bajo Carrouges. De inmediato, se le doblaron las piernas y se desplomó en la arena sangrando por hocico y cuello. El caballero pudo saltar a tiempo para evitar que su montura le cayera encima, y tuvo la presencia de ánimo de no soltar su hacha.

Sin detenerse, Le Gris dio media vuelta sobre su caballo y cargó otra vez, blandiendo el hacha de forma amenazadora en dirección al desmontado caballero. Al cernirse sobre Carrouges, Le Gris dio la vuelta a la ensangrentada hacha y apuntó a su oponente con el puntiagudo martillo que el arma tenía en el lado opuesto a la hoja. Ese afilado punzón de metal podía abrir un agujero en el yelmo y el cerebro de un hombre, sobre todo si se descargaba con fuerza desde lo alto de la silla contra un enemigo que combatía a pie.

Carrouges vio cómo Le Gris se abalanzaba sobre él con el hacha en alto. Consciente de que su caballo agonizaba y coceaba descontroladamente, se apartó del animal para evitar recibir el impacto de los cascos y se plantó para enfrentarse a la carga de su oponente con su propia hacha en la mano. En cuanto Le Gris inició el movimiento de otro hachazo a dos manos, Carrouges se apartó súbitamente de su paso, provocando que Le Gris se desequilibrara al girar sobre la silla para intentar seguir a su objetivo en movimiento. Le Gris no pudo descargar el golpe.

En el momento en que el caballo de Le Gris pasó al galope a su lado, Carrouges se lanzó hacia adelante y clavó la punta de lanza de su hacha en el vientre del caballo, justo detrás de la cincha. Hundió en las entrañas del animal toda el arma —lanza, hoja y púa—, que se le clavó en el costado como un arpón, de modo que el caballo arrancó el asta de las manos del caballero al continuar su galope. Pero, al instante, la bestia se desplomó sobre el suelo con un terrible bufido y se empotró contra el corcel moribundo del caballero, que continuaba coceando desesperadamente. El sorprendido Le Gris se vio detenido en seco, arrojado hacia adelante en la silla, pero todavía encima de ella y con su hacha en la mano, encaramado precariamente sobre los dos caballos agonizantes.

Al haber perdido el hacha, Carrouges desenvainó la espada. Era la más corta, el *estoc,* o estoque, que llevaba al cinto y se empuñaba con una mano. Su mandoble, más largo, seguía en su vaina bajo su caballo desahuciado.

Le Gris se liberó de su silla y arrojó al suelo su hacha para escapar más deprisa de las coces que daba su caballo en los estertores de la muerte. Mientras corría, desenvainó su propio estoque y, luego, se volvió para encararse a Carrouges, que estaba al otro lado del amasijo de equinos expirantes.

Ambos contendientes resollaban, así que, durante un minuto, no hicieron nada y recuperaron fuerzas. En todo ese tiempo, no se oyó ni el más mínimo ruido entre la multitud, que lo contemplaba todo en completo silencio, muda por el temor y la fascinación que provocaba el duelo. Marguerite se inclinó hacia adelante y se aferró a la baranda de su cadalso con el cuerpo rígido y el color huido del rostro.

Carrouges fue el primero en moverse. Rodeó los caballos para enfrentarse a su enemigo con la espada desenvainada. Le Gris dudó, como si estuviera calculando las posibilidades que tenía de recuperar su hacha o una de las dos espadas largas que seguían en los caballos. Además de sus estoques, cada hombre llevaba una daga colgando del cinturón.

Al acercarse más Carrouges, Le Gris se retiró unos pocos pasos en dirección al palco real y, luego, se plantó en una franja de arena lisa e intacta y esperó allí a Carrouges con su espada en alto.

Agotados por la durísima justa y la lucha con las hachas, y, ahora, descabalgados y a pie, ambos hombres sintieron todo el peso de sus armaduras de veintisiete kilos. Con la espada y el escudo en la mano, debían estar preparados en todo momento para lanzarse al ataque, retirarse de un salto para evitar el peligro o girar de repente para esquivar o bloquear un golpe hostil. A pesar del frío del invierno, estaban acalorados y empapados en sudor dentro de sus armaduras. Y difícilmente podían saciar su sed con el vino que había a mano o enjugarse el sudor del rostro, cubierto por el visor, con sus manoplas y guanteletes de metal.

Se enfrentaron delante del palco real y dieron vueltas el uno alrededor del otro con cautela y con las espadas en alto, en busca de un momento de ventaja. De súbito, se lanzaban y «avanzaban hacia el otro y atacaban con furia e intrepidez». Lentamente al principio, y luego cada vez más rápido, empezaron a fintar, lanzar tajos y bloquear con sus armas, combatiendo ambos «con mucho coraje».

Las hojas de metal de sus armas chocaban en el aire, se estrellaban contra la armadura del adversario y castigaban los escudos de madera en una canción brutal que inundó con sus ecos el recinto del monasterio. El pálido sol invernal casi no proyectaba

Combate a pie con espada: dos combatientes luchan con espadas mientras los árbitros y los espectadores los contemplan desde fuera del recinto. MS. fr. 2258, fol. 22r. Biblioteca Nacional de Francia.

sombras, pero su luz se reflejaba en los destellos de las espadas de acero y de las pulidas armaduras, lo que hacía aún más difícil seguir a través de los huecos del palenque la batalla que tan rápidamente se desarrollaba.

Pronto, el público apenas pudo seguir el remolino de acción a medida que los combatientes evolucionaban de aquí para allá levantando nubes de polvo y arena con sus pesados escarpes de hierro. Todo el mundo estaba sobrecogido y asombrado y, aunque solo algunos se jugaban algo personalmente en el resultado del duelo, todos contenían el aliento y se preguntaban cómo acabaría todo aquello.

Jean de Carrouges, que ahora combatía a pie y notaba el peso de su armadura, también se sentía débil por el reciente ataque de fiebre que había sufrido ese mismo día. Tal vez la fiebre ralentizó sus movimientos, quizá lo cegó un segundo rayo de sol reflejado en la espada de su adversario, o puede que Jean cruzara su mirada un instante con la de Marguerite, y Le Gris aprovechara ese fatídico momento para sorprender al caballero con la guardia baja.

Fuera cual fuera la causa, mientras los dos hombres daban vueltas el uno alrededor del otro, «golpeándose y atacándose con la punta y el filo de la espada», Le Gris encontró de repente un hueco en la defensa de su adversario y lo aprovechó. Se lanzó hacia adelante, clavó su espada en la pierna del caballero y lo hirió en el muslo. Cuando la punta de la espada del escudero le atravesó la carne, Jean de Carrouges sintió un dolor agudo. Empezó a manar sangre de la herida, que resbaló por la pierna del caballero hasta el suelo.

«La visión de la sangre hizo que un estremecimiento recorriera a los espectadores» y la multitud no pudo evitar que se oyera un murmullo sofocado. Las heridas en las piernas, por lo general, y en el muslo, en particular, eran muy peligrosas, puesto que podían provocar una pérdida de sangre muy rápida, inmovilizar a un combatiente e impedirle no solo maniobrar para atacar, sino incluso para defenderse.

Jean de Carrouges corría el gravísimo riesgo de perder el duelo, y «todos cuantos lo amaban sintieron un gran temor». Al ver a su esposo herido y sangrando sobre el campo, Marguerite se derrumbó junto a la baranda de su cadalso. Parecía que todo iba a acabar en cuestión de segundos. «Una sensación de enorme terror se apoderó de cuantos contemplaban la batalla. Todas las bocas se callaron; la gente apenas se atrevía a respirar».

Le Gris cometió entonces un error crítico. En lugar de aprovechar su ventaja, retiró la hoja de su espada del muslo herido del caballero y dio un paso atrás. «La herida podría haber resultado fatal para Carrouges si su enemigo hubiera mantenido el arma en la pierna. Pero el escudero retiró la espada de inmediato».

¿Creyó Le Gris que había herido de muerte al caballero y que, simplemente, se desangraría en unos pocos minutos? ¿O acaso temía permanecer tan cerca de su herido pero todavía formidable enemigo y decidió retirarse más allá del alcance de la espada de Carrouges para rematarlo más tarde, cuando se hubiera debilitado lo bastante a causa de la herida y de la pérdida de sangre?

En cuanto el escudero se apartó, Jean de Carrouges vio que ahora era él quien tenía una oportunidad. A pesar de su dolorosa herida, «el caballero, lejos de estar vencido, mostró un redoblado ardor guerrero. Reunió todas sus fuerzas y valor y se abalanzó sobre su enemigo».

Mientras se lanzaba al ataque contra el asombrado escudero, para que todos lo oyeran, Carrouges gritó:

—¡Hoy se decidirá nuestra querella!

Lo que sucedió a continuación sorprendió a todos cuantos lo presenciaron. «Con la mano izquierda, Jean de Carrouges agarró a Jacques Le Gris por la punta de su yelmo, lo arrastró hacia sí y, dando varios súbitos pasos hacia atrás, arrojó a su oponente al suelo, donde quedó tendido bocarriba cuan largo era, incapaz de levantarse debido al peso de su propia armadura».

Con este repentino e improvisado movimiento, Carrouges cambió las tornas y cobró ventaja. Conmocionado por su abrupta caída e inmovilizado por su armadura, Le Gris no podía ni blandir su espada de un lado a otro ni atacar con la punta desde el suelo. El caballero estaba ahora directamente sobre él, con la espada en la mano, en posición de defenderse fácilmente de cualquier golpe forzado que intentara el escudero mientras estaba tirado en la arena.

Un hombre fuerte —y se tenía al escudero por un hombre muy fuerte— podía moverse ágilmente con su armadura cuando estaba en pie. Pero que un hombre con una armadura pesada pudiera levantarse después de tropezar o caer era otra cuestión, sobre todo mientras un enemigo se cernía sobre él, preparado para volver a derribarlo con su espada o una precisa patada con su escarpe. Los caballeros que caían al suelo a menudo eran masacrados, como las langostas, a través de su caparazón.

El jadeante caballero, espada en mano, se aprestó a dar el golpe de gracia a su enemigo caído, pero resultó que este no era todavía el final de Jacques Le Gris. Aunque el escudero estaba tirado sobre su espalda, apenas capaz de defenderse, el herido y sangrante caballero descubrió, para su consternación, que no podía atravesar la armadura de Le Gris: «Buscó largo rato una hendidura o juntura en la armadura de su enemigo, pero el escudero estaba cubierto de acero de pies a cabeza».*

Carrouges había derribado y, en la práctica, desarmado a su enemigo, pero estaba agotado y su herida era grave. No tenía tiempo que perder. Las fuerzas y la vida se le escurrían con la sangre que seguía manando de la herida de su muslo. Mientras el escudero siguiera protegido por su resistente coraza, el equilibrio del combate se inclinaría poco a poco a su favor. Si Le Gris lograba resistir lo bastante, Carrouges no podría continuar la lucha debido a la pérdida de sangre. Era posible incluso que muriera desangrado.

El caballero, desesperado por aprovechar la pasajera ventaja que tanto le había costado ganar y con Le Gris conmocionado a sus pies, le arrancó el arma al escudero de la mano con un hábil espadazo y saltó sobre su enemigo caído.

Empezó ahora una lucha letal en el suelo. Carrouges, a horcajadas sobre Le Gris, con una rodilla a cada lado del escudero, comenzó a asestar estocadas al yelmo. Le Gris pataleaba y se retorcía bajo el caballero, de modo que levantaba gran cantidad de polvo y arena. La punta de la espada del caballero resbalaba una y otra vez por el puntiagudo y grueso visor de Le Gris y se clavaba en el suelo.

Al cabo de varios intentos, Carrouges cambió de idea e intentó abrir el cierre que mantenía el visor en su sitio. Entonces, Le Gris, que comprendió las intenciones del caballero, se resistió con más brío todavía. Rodó a un lado y a otro y torció la cabeza para evitar que le abriera el cierre del yelmo mientras intentaba,

---

* El acaudalado Le Gris podía permitirse comprar la última moda militar, una armadura completa, aunque una armadura pesada podía acabar convirtiendo a su portador en prisionero de sus propias defensas.

sin éxito, agarrar su espada, que seguía tirada en la arena, lejos de su alcance. Le Gris todavía portaba su daga, pero no podía desenvainarla mientras el caballero continuara sentado sobre él.

Mientras los dos seguían luchando bajo la mirada de la inmensa multitud, que los contemplaba con fascinación y horror, Carrouges empezó a gritar a Le Gris. El visor le apagaba la voz, pero los espectadores que estaban más cerca oyeron sus palabras.

—¡Confesad! ¡Confesad vuestro crimen!

Le Gris sacudió la cabeza todavía con mayor violencia, como si se negara a admitir su culpa mientras resistía los intentos del caballero de abrir su visor.

Carrouges, que trataba desesperadamente de abrir el cierre con sus torpes manoplas de hierro, empezó a utilizar otra vez la espada, pero, en esa ocasión, al revés: la agarró por la guarda y empleó su pesado pomo de hierro para golpear el cierre. El martilleo de metal contra metal se oía desde las cuatro esquinas del campo, y el estruendo dentro del yelmo debió de ser terrible. Le Gris no cesaba de sacudir salvajemente la cabeza de un lado a otro, por lo que Carrouges le agarró el yelmo con la otra mano para intentar inmovilizarlo y ser más certero con sus golpes.

El caballero seguía perdiendo sangre y las fuerzas empezaban a fallarle. Sus ataques se ralentizaron y las pausas tras cada golpe para apuntar con cuidado se hicieron cada vez más largas. Al final, tras otro golpe contundente con el pomo de la espada, soltó el pasador de acero del yelmo. El visor se abrió de inmediato y dejó expuesto el rostro de Le Gris desde la frente hasta justo por debajo del mentón.

Le Gris pestañeó, cegado por la luz, y vio el yelmo de su enemigo a solo unos centímetros de su rostro.

Carrouges desenvainó su daga y gritó de nuevo:

—¡Confesad!

Le Gris, inmovilizado por el implacable caballero, gritó también en un intento de que lo oyeran todos cuantos habían acudido al campo.

—¡En nombre de Dios y por mi alma inmortal, soy inocente del crimen!

—¡Entonces, maldito seáis! —gritó el caballero.

Con eso, Carrouges colocó la punta de su daga bajo la mandíbula del escudero, mientras que con la mano libre sostenía el yelmo, y clavó con todas las fuerzas que le quedaban la afilada hoja en la expuesta carne, hundiéndola en la garganta de su oponente hasta la empuñadura.

Un espasmo sacudió el cuerpo del escudero y empezó a manar sangre de su herida a borbotones. Le Gris abrió y cerró los ojos rápidamente varias veces e intentó respirar, pero solo consiguió asfixiarse con la sangre. Se estremeció una última vez bajo el caballero y, al fin, sus miembros cayeron inertes y yació exánime y quieto.

Carrouges permaneció a horcajadas sobre su enemigo uno o dos minutos más, hasta asegurarse de que Le Gris estaba muerto. Luego, se puso lentamente en pie, dejando la daga clavada en el cuerpo sin vida tendido sobre la ensangrentada arena.

Débil y exhausto por la hemorragia, Carrouges abrió su visor y se volvió para mirar a su esposa. Marguerite estaba apoyada en la baranda y se enjugaba las lágrimas. Ante la silenciosa mirada de la multitud, los cónyuges se miraron el uno al otro y ambos parecieron ganar fuerzas con ello.

Carrouges, entonces, se giró hacia el palco real e hizo una reverencia al monarca. Luego, inclinó la cabeza a uno y otro lado en reconocimiento a la multitud allí reunida, que seguía boquiabierta ante la sangrienta escena. El caballero, con la voz ronca por la sed y la fatiga, llevó la cabeza hacia atrás y gritó al aire tan fuerte como pudo:

—*Ai-je fait mon devoir?* [¿He cumplido con mi deber?].

Diez mil voces, que habían guardado silencio desde el principio del duelo so pena de severísimos castigos, respondieron ahora atronadoramente al unísono:

—*Oui! Oui!*

La rugiente confirmación de la victoria del caballero se elevó por encima del campo de batalla y viajó más allá de los muros del monasterio, donde, hasta entonces, había reinado un silencio sepulcral. Por todo el *bourg* Saint-Martin y las calles de París, la gente oyó el gran clamor y se detuvo un instante en sus quehaceres, quizá adivinando que la famosa querella se había resuelto, pero sin saber todavía cuál de los dos hombres había vencido en el duelo.

Mientras el tremendo grito de la multitud resonaba contra los muros del viejo priorato, los guardias abrieron la puerta de la parte derecha de la liza y Jean de Carrouges salió cojeando del campo. En la misma puerta lo recibió un ayudante, que enseguida desabrochó el quijote de la armadura y le vendó la herida con una tela limpia. Luego, el caballero se dirigió al palco real. Antes de que pudiera abrazar de nuevo a su dama y celebrar su triunfo, debía presentar sus respetos al rey, que seguía siendo quien presidía el duelo.

La multitud calló de nuevo y vio al vencedor caminar lentamente alrededor del campo hasta llegar frente al palco real. El rey Carlos, sus tíos y sus cortesanos contemplaron al lastimado pero victorioso caballero ante ellos, enfundado en su armadura cubierta de polvo y manchada de sangre. La victoria del caballero, costosa y por estrecho margen, sobre un rival —el escudero— más fuerte y con mejor salud que él pareció a los presentes, según un testigo, «un milagro».

Jean de Carrouges se arrodilló ante su soberano, pero «el monarca le ordenó que se levantase, le hizo donación de mil francos y lo convirtió además en miembro de su cámara con una pensión vitalicia de doscientos francos al año». El rey Carlos ordenó a continuación que uno de sus médicos personales acompañara al caballero a sus aposentos y cuidara su herida.

El caballero, que se puso en pie de nuevo con cierta dificultad, agradeció al rey sus generosos regalos e hizo otra reverencia. Se retiró de la zona del palco real, dio media vuelta y, todavía cojeando pero caminando un poco más rápido que antes, rodeó el campo para ir con su esposa.

Los guardias ya habían liberado a Marguerite, que lo esperaba al pie del cadalso, donde «el caballero fue hasta su esposa y la estrechó entre sus brazos». La pareja permaneció abrazada, él todavía con su sucia armadura, ella con su largo vestido negro, ante la mirada extática de la multitud. Justo antes del duelo, los dos se habían besado y abrazado por la que podría muy fácilmente haber sido la última vez. Su reunión después del duelo debió de provocar sentimientos muy distintos. Dios había respondido a sus plegarias. Su largo calvario había terminado, por fin ambos eran libres.

Después de reencontrarse al borde del palenque, rodeados por sus familias y amigos, Jean y Marguerite «fueron juntos a la catedral de Notre-Dame a dar gracias antes de regresar a su casa» en la ciudad. Igual que había sucedido en su trayecto hacia la liza por la mañana, la pareja partió del campo en una procesión solemne, pero en esa ocasión triunfal, con sus gozosos parientes, amigos y asistentes celebrando tras ellos.

La etiqueta exigía que el vencedor abandonase el campo «a caballo y con su armadura», mostrando las armas que había utilizado para matar a su enemigo. Así pues, Jean de Carrouges cabalgó victorioso desde Saint-Martin montado en el palafrén en el que había acudido a la lid mientras sostenía en alto, para que todo el mundo las viera, la espada y la todavía sangrienta daga que había hundido en la garganta de Jacques Le Gris.

La pareja abandonó los terrenos del priorato y, por la *rue* Saint-Martin, recorrió el más o menos kilómetro y medio hasta el río y la Île de la Cité. A lo largo de todo el trayecto, mientras sus caballos avanzaban por las calles adoquinadas de la ciudad, la pareja y su séquito atrajeron las miradas de curiosidad y admiración de los parisinos que regresaban del campo de Saint-Martin. Gente que no había asistido al duelo salía ahora de sus casas para contemplar la procesión victoriosa. La batalla había terminado, pero el espectáculo continuaba.

Notre-Dame se encontraba en el extremo opuesto de la isla respecto al Palacio de Justicia, donde ese verano habían tenido lugar el desafío y la posterior investigación para autorizar el duelo. La catedral se había terminado un siglo antes, en 1285, y, cuando Jean y Marguerite entraron en ella para dar gracias a Dios por su liberación, sus dos grandes torres dominaban la plaza donde los frailes predicaban, los comerciantes vendían sus productos, los mendigos pedían limosna, las prostitutas buscaban clientes, los traidores eran arrastrados y descuartizados y los herejes, quemados en la hoguera.

También allí, durante el reinado de Carlos V, había tenido lugar el famoso duelo entre el hombre y el perro. En aquel escenario, a finales de la tarde de la festividad del mártir Tomás Becket, el caballero y su dama, tras haber sobrevivido a un largo y desgarrador calvario, cruzaron la plaza hacia las altas puertas de bronce de la iglesia y entraron a orar. Frente al gran altar, en la penumbra iluminada por las velas del inmenso santuario y envueltos por la nube del agradable incienso, rezaron juntos y dieron gracias a Dios por su victoria en la lid ese día.

Se dice que en Notre-Dame el caballero ofreció, junto con sus plegarias, parte del botín de su victoria. La costumbre dictaba que el vencedor de un duelo judicial recibía la armadura de su oponente vencido, y una de las crónicas afirma que Jean de Carrouges depositó en el altar la armadura todavía ensangrentada de su enemigo muerto. Con esta donación a la iglesia, el caballero reconocía su deuda con Dios y demostraba su agradecimiento.

¿Y qué sucedió con el cuerpo del escudero? Mientras Jean y Marguerite se marchaban del palenque de Saint-Martin para ofrecer sus oraciones de agradecimiento en Notre-Dame, un destino muy distinto aguardaba a los restos de Jacques Le Gris. Si la familia y los amigos de la triunfante pareja compartían con ellos el regocijo de la victoria, los parientes y amistades del escudero no tenían nada que celebrar; en cambio, cargaban con la vergüenza en que había incurrido el ahora difunto duelista.

Después de que cayera en combate, su cuerpo fue «condenado a ser arrastrado hasta el patíbulo, siguiendo las costumbres establecidas del duelo». El cadáver de Le Gris, sin armadura, fue arrastrado fuera del campo, con los pies por delante, y entregado «al verdugo de París». Este arrojó el ensangrentado cuerpo en un trineo o carreta tirado por un caballo y lo acarreó por las calles siguiendo la habitual ruta hasta la puerta de Saint-Denis y, luego, más allá de las murallas de la ciudad, hasta Montfaucon.

Si el resultado del duelo hubiera sido otro, el verdugo de París, el temible *bourreau,* cubierto por su capucha negra, también se habría encargado del cuerpo muy vivo de Marguerite y la habría atado a la estaca en una gran pira de madera, que habría encendido en cuanto los sacerdotes la hubieran confesado. Ahora, en cambio, este fornido hombre entró al campo para llevarse el cuerpo sin vida del escudero, el cadáver de un hombre que se había demostrado un criminal y que, por tanto, era objeto de desdén y vergüenza.

En la década de 1380, Montfaucon todavía estaba a unos ochocientos metros al norte de París y era una auténtica ciudad de los muertos. Este célebre destino de asesinos, ladrones y otros criminales condenados era una baja colina sobre la que se habían construido unas grandes horcas de piedra de casi doce metros de altura con enormes vigas de madera en las que podían colgar hasta sesenta u ochenta cuerpos a la vez. Allí, criminales vivos con la soga al cuello eran obligados a subir una escalera y ahorcados,

Montfaucon: los cuerpos de los fallecidos en duelos judiciales se arrastraban fuera de las murallas de París y se ahorcaban en el gran patíbulo de piedra que se observa tras los herejes que arden en la hoguera. MS. fr. 6465, fol. 236. Biblioteca Nacional de Francia.

mientras que los restos de los descuartizados, decapitados o ejecutados de otro modo en la ciudad se colgaban de cadenas. Los cuerpos de los que habían muerto en duelo judicial y que, por lo tanto, se había demostrado que eran culpables, eran expuestos aquí y se unían a la vasta «multitud de esqueletos que colgaban en lo alto, cuyas cadenas rechinaban en una melodía macabra con cada ráfaga de viento». Esta infame colina estaba infestada de ratas, cuervos, urracas y otros carroñeros, que tenían comida de sobra con los cuerpos en descomposición y a los que atraía el mismo hedor a muerte que mantenía alejados a los humanos, un olor a podredumbre que, cuando el viento soplaba desde Montfaucon, se percibía incluso desde la ciudad, a menos de un kilómetro.

Se suponía que los cuerpos de los criminales ejecutados debían colgar del patíbulo hasta que los carroñeros hubieran limpiado por completo sus huesos y el viento y el sol los hubieran blanqueado. Un alto muro de piedra con una puerta de hierro con cerrojo impedía a los parientes o amigos retirar los cuerpos y a los médicos robarlos para diseccionarlos. Pero la continua demanda de espacio en el patíbulo hacía que, a menudo, fuera necesario retirar los cuerpos antes y arrojarlos a un osario que había más abajo, donde los criminales muertos no recibían entierro cristiano ni hallaban la paz, sino el espeluznante anonimato de una fosa común.

Jean Froissart, uno de los cronistas que dejó una narración del duelo, no siente la menor piedad por el desgraciado final del escudero en Montfaucon, pues considera que el patíbulo y el osario son lo que Le Gris merece por su notorio crimen. Froissart retrata al escudero como «un hombre de origen humilde que había ascendido en el mundo, favorecido por Fortuna, como sucede a muchos. Pero, cuando están en la cima y se creen seguros, Fortuna los arroja de vuelta al barro y acaban peor que cuando empezaron».

En la escala de valores de Froissart, el barro al que la dama Fortuna arroja al escudero es el equivalente moral de la liza en la que el caballero se vengó de Le Gris y lo mató en combate, así como del suelo al que arrastró a la indefensa dama al avergonzarla y violarla. La caída del escudero, pues, es en último término un acto de justicia a la vez poética y real. El cronista incluso insinúa que una dama, Fortuna, castiga al escudero por su terrible crimen contra la otra. Aunque Fortuna gobierna el mundo con una venda en los ojos y su inexorable rueda da vuelcos a las vidas de inocentes y culpables por igual, en ocasiones torna orgullosos a los humildes para luego humillarlos de nuevo y, si uno lo mira desde una perspectiva amplia, hace, a grandes rasgos, justicia.

10

CONVENTO Y CRUZADA

La pensión real concedida a Jean de Carrouges tras derrotar y matar a Jacques Le Gris en el campo de batalla y su nombramiento como chambelán real no fueron los únicos frutos de su victoria. En menos de dos meses desde el duelo, el Parlamento de París concedió al caballero una suma adicional de seis mil libras en oro. Según un *arrêt* del 9 de febrero de 1387, esta suma compensó a Carrouges por los «gastos y daños» causados por el escudero durante el pleito. Las seis mil libras, que salieron de la herencia del finado, se sumaron al botín obtenido por el caballero. Pero, tras matar a su enemigo, reivindicar su causa, salvar a su esposa de la hoguera, recibir regalos del rey y la aclamación del público junto con una notable indemnización por daños, Carrouges todavía no estaba satisfecho.

Con la muerte de Le Gris, muchas de sus tierras revirtieron al conde Pedro de Alençon, entre ellas Aunou-le-Faucon. Este era el feudo que el padre de Marguerite había vendido al conde Pedro en 1377 y que este, a su vez, había otorgado a Le Gris en 1378. Cuando Jean de Carrouges se casó con Marguerite

dos años después y comprendió que las valiosas tierras de Aunou-le-Faucon se le habían escurrido de entre los dedos e ido
a parar a manos de su rival, inició de inmediato un pleito para
recuperarlas. Pero el conde Pedro obtuvo la aprobación del monarca para su donación al escudero, lo que obligó a su vasallo a
no persistir en sus protestas. Ahora, tras haber matado al escudero en el duelo, Jean de Carrouges intentó una vez más conseguir esos territorios que tanto ansiaba, como si su venganza no
fuera completa hasta que las poseyera.

Carrouges incluso intentó utilizar parte de las seis mil libras
salidas de la herencia del escudero para comprar Aunou-le-Faucon. La nueva disputa sobre el feudo duró dos años. Pero, al
final, el caballero tampoco se salió con la suya por la misma
razón que se le habían denegado antes otras dos propiedades:
el conde Pedro tenía derecho prioritario a quedarse esas tierras.
El 14 de enero de 1389, el Parlamento de París decidió que
Aunou-le-Faucon pertenecía legalmente al conde Pedro y dejó
el feudo permanentemente fuera del alcance del caballero. Años
después, las tierras acabarían en manos del hijo bastardo del
conde Pedro.

El primer enfrentamiento entre Jean de Carrouges y Jacques
Le Gris se había producido por este feudo. ¿Acaso sentía ahora
que su venganza contra el escudero era insuficiente porque no
lo había recuperado? En cuanto a Marguerite, ¿qué significaba
para ella Aunou-le-Faucon? La dama había sido la principal víctima de Jacques Le Gris y había sufrido más que su esposo el
crimen y sus consecuencias. Tras soportar la terrible agresión,
el agónico juicio y el calvario del duelo, ¿cuánto le importaba
de verdad recuperar un pedazo de su patrimonio cuyo mismo
nombre —indeleblemente asociado con estos acontecimientos— le recordaría para siempre cosas que trataría de olvidar
durante el resto de su vida?

En los meses que siguieron al duelo, Marguerite debió de
agradecer distraerse de la traumática experiencia que había vivido y de las preocupaciones señoriales de su marido sobre tierras
y dinero con los cuidados del niño que había nacido poco antes
del duelo. El pequeño, Robert, bautizado en honor del padre

de Marguerite, Robert de Thibouville, era el primogénito de Marguerite, o, al menos, el primer hijo que se le conocía. Más tarde, se le unirían otros dos hermanos.

Al crecer, Robert debió de comprender en algún momento que pertenecía a una de las familias más famosas —o tristemente célebres— de Normandía. Su abuelo había traicionado dos veces al rey de Francia y casi había sido ejecutado por alta traición. Su padre había combatido en un famosísimo duelo en París contra un hombre acusado de haber violado a su madre. Y, a pesar de las creencias de la época sobre la imposibilidad de concebir en casos de violación, puede que corriera el rumor de que Robert, que había nacido después de que sus padres llevaran muchos años casados sin engendrar descendencia, era el hijo bastardo de Jacques Le Gris. En cualquier caso, como primogénito y principal heredero de Jean y Marguerite, Robert heredaría la parte del león de las tierras y riqueza de la familia.

Aunque Jean de Carrouges había perdido Aunou-le-Faucon otra vez, su victoria en la liza lo hizo famoso y le granjeó recompensas que le habían sido negadas durante años en la corte del conde Pedro en Argentan, pues encontró una esfera nueva y más alta para sus ambiciones en la corte real en París. A los pocos años del duelo, Jean fue nombrado caballero del propio monarca. El 23 de diciembre de 1390, el rey Carlos le concedió cuatrocientos francos de oro a Carrouges por convertirse en uno de sus *chevaliers d'honneur*. Este era un puesto todavía más elevado que el que había tenido Jacques Le Gris como escudero real. Tras eliminar a su odiado rival en el duelo, parece que Carrouges ocupó el lugar de Le Gris en la corte real.

Después de unirse al privilegiado círculo que rodeaba al rey, Jean empezó a recibir encargos importantes. En 1391, acompañó a otros nobles franceses a Europa oriental para conseguir información sobre las incursiones otomanas en la región. El sultán había invadido recientemente Hungría con un gran ejército, lo que había despertado temores de que una nueva amenaza musulmana amenazara a la cristiandad. La información de la si-

tuación militar en Turquía y Grecia «la trajeron el anciano Boucicaut, mariscal de Francia, y el caballero Jean de Carrouges».
El hecho de que Carrouges sea nombrado en la misma frase que
el mariscal Boucicaut muestra el prestigio de que el caballero
disfrutaba ahora en la corte real francesa.

Antes de regresar a Europa oriental cinco años después en una
cruzada lanzada para contener a los otomanos, el caballero colabo-
ró en la lucha contra una amenaza mucho más cercana. En 1392,
Francia se vio sacudida por la violencia cuando Pierre de Craon,
un noble caído en desgracia que había sido expulsado de la corte
real el año anterior, intentó asesinar a Olivier de Clisson, el condestable de Francia, a quien culpaba de su exilio. Una noche, Craon
sorprendió a Clisson con un grupo de guerreros a caballo en las oscuras calles de París y lo derribó de su montura con un terrible espadazo en la cabeza que dejó a Clisson tendido en el suelo. Craon
lo dio por muerto, pero Clisson sobrevivió y lo acusó. Cuando
Craon huyó y se puso bajo la protección del duque de Bretaña, que
se negó a entregarlo, el rey Carlos reunió un ejército y partió para
someter al duque rebelde y llevar a Craon ante la justicia.

Fue por este motivo por el que Jean de Carrouges, recién
ascendido al rango de *chevalier d'honneur,* se encontró cabalgando en el séquito del monarca hacia Bretaña en verano de 1392
con diez escuderos en su propia mesnada. El rey Carlos, que
tenía entonces veintitrés años, se había librado recientemente
del yugo de sus tíos y se había declarado gobernante único de
Francia. Pero la campaña liderada por el joven monarca tendría
un desenlace sorprendente.

El 8 de agosto, el ejército del rey atravesaba un gran bosque
cerca de Le Mans. Hacía mucho calor y el tiempo era seco. De
súbito, un hombre con la cabeza descubierta y vestido con un
sayo salió corriendo de entre los árboles y agarró la brida del
caballo del rey mientras gritaba: «¡Majestad, no sigáis cabalgando! ¡Dad la vuelta, pues os han traicionado!». Tomándolo por
un loco, los asistentes del rey empezaron a golpearlo y, cuando
soltó las riendas, la procesión real continuó su camino.

Alrededor de mediodía salieron del bosque y empezaron a
cruzar una ancha llanura arenosa bajo un sol de justicia. Los

grandes señores cabalgaban aparte, cada uno con su propia compañía, y el rey iba en un extremo del ejército, para evitar el polvo, con sus tíos, los duques de Berry y Borgoña, a unos cien metros a su izquierda. Según el cronista describe la escena, «la arena del suelo estaba muy caliente y los caballos sudaban». El rey no estaba vestido de forma adecuada para la estación, pues lucía «un jubón de terciopelo negro que le daba mucho calor y un sencillo sombrero escarlata». Detrás de él cabalgaba un paje que llevaba un yelmo de acero pulido y, tras este, un segundo paje que portaba una lanza con una ancha punta de acero.

En algún momento, el segundo paje dejó caer accidentalmente la lanza, que golpeó el yelmo del paje que cabalgaba frente a él. «Hubo un gran estruendo de acero, y el rey, que estaba muy cerca, pues cabalgaban pisando los talones a su caballo, se sobresaltó. Su mente empezó a dar vueltas, al estar todavía sus pensamientos centrados en las palabras que aquel loco, u hombre sabio, le había dicho en el bosque, e imaginó que una gran hueste de enemigos venía a matarlo. Presa de este delirio, su mente debilitada le hizo perder el control. Espoleó con fuerza su caballo, desenvainó su espada e hizo girar a su montura para encarar a sus pajes, a quienes no conocía, como no conocía a nadie. Pensó que estaba en batalla, rodeado por el enemigo y, alzando su espada para descargarla contra quien se interpusiera en su camino, gritó: "¡Al ataque! ¡Atacad a los traidores!"».

Los espantados pajes frenaron sus caballos para escapar del remolino de golpes de la espada del monarca y, en la confusión, el delirante rey alcanzó y mató a varios hombres de su séquito. Luego vio a su hermano, Luis de Valois, y cargó hacia él. Luis espoleó su caballo y huyó con gran pavor. Al oír la conmoción, los duques de Borgoña y Berry miraron hacia allí y vieron al rey persiguiendo a su hermano con la espada en alto. El de Borgoña gritó: «¡Mirad! ¡El desastre se ha apoderado de nosotros! ¡El rey se ha vuelto loco! ¡Vamos tras él, en nombre de Dios! ¡Atrapémoslo!».

Al escuchar la voz de alarma del duque, muchos caballeros y escuderos se lanzaron en persecución de Carlos. Es muy posible que Jean de Carrouges, que estaba en el séquito del rey, se sumara a la persecución. Pronto, una larga y desordenada línea de jinetes, con el aterrorizado hermano del monarca a la cabeza y el rey pisándole los talones, galopaba sobre la arena bajo el sol abrasador, dejando a su paso una estela de polvo.

Al final, Luis evitó que el rey lo atrapase y los caballeros alcanzaron a Carlos y lo rodearon. Formaron un círculo a su alrededor, pues el rey continuaba dando grandes tajos circulares a sus imaginarios enemigos, y pararon sus golpes mientras esperaban a que se agotara, aunque pusieron buen cuidado en no herirlo. Finalmente, el exhausto monarca se desplomó sobre su silla.

Un caballero se acercó sigilosamente por detrás a Carlos y lo inmovilizó. Otros le quitaron la espada, lo bajaron del caballo y lo tendieron en el suelo. «Los ojos le bailaban de forma muy extraña» y no pudo ni hablar ni tampoco reconocer a sus tíos ni a su hermano. El rey fue llevado de vuelta a Le Mans en una litera y la expedición militar se canceló de inmediato.

Esta fue la primera manifestación pública de la locura que padecería el rey durante el resto de su larguísimo reinado. Durante los siguientes treinta años, hasta su muerte en 1422, Carlos alternó periodos de lucidez, durante los que parecía normal, con ataques de debilitante locura. Era anormalmente sensible a la luz brillante y a los ruidos fuertes y, en ocasiones, él mismo se quejó de ser tan frágil que podía hacerse añicos, como el cristal. Carlos, que hacía muy poco que se había librado del control de sus tíos y se había declarado único gobernante de Francia, era ahora incapaz de gobernarse a sí mismo, y mucho menos a su nación, por lo que sus poderes revirtieron a sus tíos y a su hermano, Luis de Valois, que casi había sido otra víctima de la espada del rey.

Al cabo de menos de un año, Carlos escapó otra vez de la muerte por los pelos cuando se le ocurrió aparecer junto con otros cinco nobles en un abarrotado salón de baile encadenados en fila y disfrazados de salvajes con vestidos de lino cubiertos de brea y linaza. Los nobles, que eran amigos de Carlos, creyeron que esta broma desafortunada distraería al rey de su melancolía y le levantaría el ánimo. Uno de los invitados, excitado ante aquella novedad, acercó demasiado una vela a los supuestos salvajes para tratar de identificarlos. Los disfraces se incendiaron como si fueran antorchas. Los nobles murieron quemados, excepto uno, que saltó a una cercana tina que estaba abierta, y el propio Carlos, que se había apartado para mostrarse a las damas y que se salvó cuando la duquesa de Berry tuvo los reflejos de cubrir al rey con sus faldas para protegerlo de las chispas mientras los jóvenes en llamas se retorcían agonizantes en el suelo. La infernal velada, que pasaría a la historia como el *Bal des Ardents* ['el baile de los ardientes'], destrozó definitivamente los nervios del rey y no hizo sino empeorar su demencia.

Durante todo este tiempo, Francia e Inglaterra estaban inmersas en negociaciones de paz impulsadas por un embajador atípico, Roberto el Ermitaño, un escudero normando que había tenido una visión durante su regreso en barco desde Palestina y que visitó ambas cortes reales para anunciar a los dos reyes que Dios quería que terminasen su larga guerra y repararan el cisma en la Iglesia. La creciente amenaza otomana, además, estaba acercando las posiciones de Francia e Inglaterra, de modo que, en 1396, ambas naciones acordaron una paz de veintiocho años con un matrimonio real entre Ricardo II y la hija de Carlos, Isabel. Estos cónyuges tan dispares —Ricardo tenía veintinueve años e Isabel, solo seis— nunca consumarían su matrimonio, pues Ricardo sería destronado solo tres años después. Pero, cuando se celebraron sus esponsales, en marzo de 1396, las dos naciones se aliaron en una gran cruzada para salvar a la cristiandad de los turcos.

Jean de Carrouges, aparentemente deseoso de emprender otra aventura militar, se unió a la empresa, que atrajo a nobles y caballeros de toda Europa. Los borgoñones lideraron la campaña bajo el mando de Juan de Nevers, hijo del duque Felipe. Entre los comandantes franceses estaban el mariscal Boucicaut, con quien Carrouges había visitado Turquía y Grecia; Felipe de Artois, el conde de Eu, que había servido como uno de los garantes de Jacques Le Gris, y el almirante Jean de Vienne. Carrouges había combatido con Vienne en Normandía contra los ingleses casi veinte años antes y, en 1385, se había unido a Vienne en su desventurada expedición a Escocia. Esta fue la tercera campaña del caballero con el famoso almirante.

Algunos líderes hablaron de seguir marchando hasta la misma Jerusalén, pero aquellos ejércitos en precaria coalición nunca acordaron un plan claro. Los franceses y los borgoñones se reunieron en Dijon a finales de abril de 1396, donde les pagaron cuatro meses de soldadas por anticipado. Desde ahí marcharon al este a través de Suiza, Baviera, Austria y Hungría y se reunieron en Budapest con los demás cruzados, entre ellos el rey Segismundo de Alemania y Hungría. Desde Budapest, algunos cruzados continuaron al sur a través de los Balcanes por el Danubio con una flota de barcos cargados de suministros siguiéndolos por el río, mientras que otros tomaron una ruta más directa por tierra hacia el norte, por Belgrado y Orsova.

Los cruzados se volvieron a reunir a principios de septiembre en Vidin, que asediaron y tomaron y cuya guarnición pasaron entera por la espada. A medida que continuaban su avance por el Danubio, los cruzados se vieron cada vez más escasos de suministros y empezaron a atacar y saquear varias ciudades más. El 12 de septiembre llegaron a Nicópolis, en la actual Bulgaria, una ciudad bien fortificada sobre un alto peñasco que daba al río y que, además, estaba bien defendida por los otomanos. Un ataque inicial, con minas y escaleras de asalto, fracasó por falta de máquinas de asedio.

El sultán Bayaceto, el líder de los otomanos, estaba asediando Constantinopla, a quinientos kilómetros de distancia, desde hacía un año. Al saber que los cristianos estaban atacando Nicópolis, abandonó el sitio y ordenó que su ejército viajara a marchas forzadas hacia el norte. Las fuerzas del sultán se reunieron con sus aliados serbios en Kazanlak alrededor del 20 de septiembre y, con estos refuerzos, avanzaron sobre Nicópolis. Llegaron el 24 de septiembre, acamparon cerca de la ciudad y enviaron mensajeros por la noche a los sitiados, a quienes animaron a resistir, pues la ayuda estaba muy cerca.

En lugar de atacar, el sultán escogió el campo de batalla y preparó sus defensas. Ordenó a sus tropas que plantaran afiladas estacas de madera en una cresta tras una boscosa quebrada a unos pocos kilómetros al sur de la ciudad. Los cristianos vieron que estaban atrapados entre la ciudad y el ejército del sultán. Los cruzados habían hecho miles de prisioneros en asaltos y saqueos a las ciudades vecinas y, en ese momento, temiendo que los intentaran rescatar desde Nicópolis, los masacraron a todos y, en sus prisas por escapar, dejaron sus cuerpos insepultos tirados en el campo.

La mañana del lunes 25 de septiembre, los cruzados cabalgaron al encuentro del ejército del sultán. Los franceses y los borgoñones se negaron a marchar tras las fuerzas del rey Segismundo, a quienes consideraban meros campesinos, e insistieron en tomar la vanguardia. Segismundo cedió, pero advirtió a sus aliados que no se adelantaran demasiado ni abandonaran una buena posición defensiva por sus ansias de acometer al enemigo.

Mientras las líneas de los cruzados se formaban, el tozudo conde de Eu agarró un estandarte y gritó: «¡Adelante, por Dios y por san Jorge!». Jean de Vienne y otros comandantes franceses se horrorizaron, pero, cuando suplicaron al conde que aguardase hasta que las tropas estuvieran listas, los tachó de cobardes y no detuvo su prematuro ataque.

La caballería pesada francesa cargó contra el enemigo, pero pronto se halló descendiendo por la quebrada mientras los arqueros montados otomanos descargaban una lluvia de flechas sobre ellos desde la cresta aledaña. Tras alcanzar el lecho del río seco que había al fondo, los cruzados tuvieron entonces que ascender por la ladera opuesta. Algunos hubieron de subir a pie, pues las flechas enemigas les habían hecho perder la montura; otros desmontaron porque la cuesta era, en algunos puntos, demasiado empinada.

Muchos cruzados llegaron hasta la cima, puesto que sus armaduras desviaron la mayor parte de las flechas. Pero, cuando los arqueros enemigos se retiraron, dejaron al descubierto un bosque de afiladas estacas que protegían al grueso de la infantería otomana. Los cruzados empezaron a romper las estacas para llegar hasta el enemigo y, al emerger de las brechas que abrieron en estas defensas, los caballeros mataron o pusieron en fuga a la

mayor parte de la infantería enemiga, equipada con proteccio-
nes más ligeras.

Los cruzados estaban listos para perseguir al enemigo en fuga
cuando, de súbito, se lanzó sobre ellos la caballería otomana. Durante la *mêlée* que se produjo a continuación, los caballeros franceses combatieron a pie y atacaron a los caballos enemigos con
sus dagas. Hubo muchas bajas en ambos bandos, pero, al final,
fue la caballería turca la que emprendió la retirada. Al pensar que
habían ganado la batalla, los cruzados se echaron a descansar,
agotados tras haber escalado una colina bajo el fuerte sol y bajo
fuego enemigo, haberse abierto camino entre el campo de estacas de madera y haber combatido contra oleadas de infantería y
caballería.

Para su sorpresa, el sultán había guardado en la reserva parte de la caballería, que ahora cayó desde detrás de unos árboles
sobre ellos. Algunos cruzados murieron en la carga inicial, mientras que otros bajaron por la colina que habían ascendido hacía
poco y huyeron hacia la ciudad o intentaron cruzar el Danubio
para ponerse a salvo. El resto se mantuvo firme y continuó combatiendo a pesar de que su número era cada vez menor y los
cadáveres de sus camaradas se apilaban a su alrededor. Jean de
Vienne fue uno de los muchos que cayeron ese día, todavía afe-
rrado al estandarte de la Virgen. Las fuerzas de Segismundo, que
siguieron a la carga francoborgoñona, fueron hechas pedazos.

Al comprender que no había posibilidad de vencer, muchos
cruzados que habían resistido se rindieron al fin, entre ellos Boucicaut y el conde de Eu, que había dirigido la precipitada carga
francesa. Los turcos hicieron hasta tres mil prisioneros. Algunos
cautivos ricos de alto rango fueron luego liberados a cambio de
un rescate, entre ellos Boucicaut y Jean de Nevers, el hijo del duque Felipe. Pero muchos pagaron con su vida la masacre que los
cristianos habían cometido el día anterior, pues el sultán se cobró venganza sobre ellos. El día después de la batalla, los turcos
decapitaron a varios cientos de cruzados, hasta que el sultán, as-
queado por la matanza, ordenó que se detuvieran las ejecuciones.

No se sabe qué pasó con Jean de Carrouges en Nicópolis.
Lo más probable es que muriera combatiendo contra los turcos

Nicópolis: cruzados europeos, entre los que había muchos caballeros normandos, combatieron contra los turcos otomanos y sus aliados en su fortaleza en el Danubio en 1396. Froissart, *Crónicas,* MS. fr. 2646, fol. 220. Biblioteca Nacional de Francia.

no muy lejos de donde cayó Jean de Vienne, su antiguo comandante, y que fuera enterrado con él en una fosa común. O quizá fue uno de los prisioneros ejecutados por los otomanos al día siguiente, en venganza por la masacre cristiana de sus cautivos. Dada su valentía y ferocidad, y su lealtad a sus camaradas de armas, es poco probable que Carrouges fuera uno de los que huyeron del campo de batalla. Nicópolis fue una de las mayores debacles militares de todos los tiempos y puso fin a tres siglos de aventuras militares europeas en Oriente. Jean de Carrouges, pues, murió en lo que acabó por conocerse como la Última Cruzada.

Si la partida de Jean a la cruzada había privado a Marguerite de su defensor, las noticias de su muerte en Nicópolis le arrebataron para siempre a su campeón. Su hijo, Robert de Carrouges, tenía solo diez años cuando su padre murió y le faltaba toda una década para alcanzar la mayoría de edad; con el tiempo, tomaría las armas por Francia cuando Enrique V desembarcó en Normandía con su ejército en 1415. Tal vez Marguerite podía contar con su primo, Thomin du Bois, quien había desafiado a Adam Louvel a un duelo por ella, o con su otro primo, Robert de Thibouville, uno de los garantes jurados de su marido en el campo de Saint-Martin. Pero, después de que Marguerite dijera adiós a Jean por última vez en la primavera de 1396 y él no regresara, debió de sentirse muy sola y abandonada.

El duelo entre Jean de Carrouges y Jacques Le Gris que había tenido lugar diez años antes había puesto punto final oficialmente al juicio legal entre ambos, pero no a los cotilleos, los rumores y las suposiciones. Dos crónicas informan de que, algunos años después del enfrentamiento, otro hombre —en una versión de la historia, un criminal convicto que estaba a punto de ser ejecutado por un crimen distinto; en otra versión, un hombre enfermo en su lecho de muerte— confesó la violación. Ninguna crónica ofrece más detalles sobre esta supuesta confesión, ni ninguna versión de esta historia ha sido nunca demostrada, pero, desde entonces, muchos cronistas e historiadores han repetido esta neblinosa leyenda como si fuera un hecho.

Algunos han alegado que la confesión del «verdadero» criminal fue lo que impulsó a Jean de Carrouges a partir en su cruzada, fuera para escapar del consiguiente escándalo o para conseguir la absolución por sus pecados. Y algunos afirmaron que las noticias de esta tardía confesión llevaron a Marguerite a ingresar en un convento, consumida por la culpa y el remordimiento por haber acusado al hombre equivocado y causado injustamente su muerte. Una crónica dice que Marguerite tomó los hábitos e hizo voto de castidad; otra, que se convirtió en una ermitaña religiosa y acabó sus días realizando ejercicios religiosos encerrada en una celda. Sin embargo, no se ha encontrado ninguna prueba que avale estas inverosímiles historias.* Las mujeres nobles ricas en ocasiones se retiraban a monasterios como «huéspedes» de pago, y algunas incluso se convertían en monjas. Pero Marguerite claramente mantuvo la posesión de sus bienes terrenales, porque, más tarde, los legó a su hijo Robert. Así pues, la idea de que acabara sus días reclusa y torturada por la culpa no es muy plausible.

Irónicamente, sobreviven menos rastros escritos de Marguerite que del hombre que fue acusado de violarla y que murió por su crimen en el famoso duelo. Un contrato fechado el 15 de marzo de 1396, más o menos al mismo tiempo que Jean partió en su cruzada, registra que los monjes de la abadía de Saint-Martin en Sées, cerca de Argentan, recibieron un pago de doscientos francos de oro del hijo del escudero fallecido, Guillaume, para decir misas a perpetuidad por el alma de Jacques Le Gris. Al morir en el campo de batalla sin confesar su crimen, el escudero, si era verdaderamente culpable, se había condenado a sí mismo con sus juramentos. Pero mucha gente, incluida su familia, creía que era inocente. Y las misas que pagaron por él muy bien pudieron ser su manera de sostener su protesta por lo que consideraban su injusta muerte e inmerecida vergüenza. El contrato de la familia con Saint-Martin nombra con actitud desafiante al escudero muerto una década atrás y lo califica como «un hombre de noble memoria». Cinco siglos después, los descendientes del escudero seguían protestando el resultado de una lid que consideraban una injusticia.

Nunca sabremos con certeza qué le sucedió a la dama en el solitario *château*. Aunque parece que el propio abogado del escudero sospechaba de la culpabilidad de su cliente, algunos cronistas dudaron de la palabra de Marguerite y muchos historiadores, a lo largo de los siglos, han coincidido con ellos y han planteado toda una serie de dudas sobre el famoso crimen y sobre el juicio y el duelo que lo siguieron. Pero muchos otros, tanto entonces como ahora, han creído a la dama y dado crédito

---

* Otra leyenda falsa sobre Marguerite afirma que, a causa de las secuelas de haber sido víctima de una violación, se quitó la vida.

a su relato, cuya veracidad ella mantuvo bajo juramento en repetidas ocasiones y sin vacilar, a pesar del gran riesgo que corría personalmente por ello, en la corte más alta de Francia.

En cuanto al famoso combate a muerte entre Jean de Carrouges y Jacques Le Gris, fue el último duelo judicial sancionado por el Parlamento de París. El controvertido resultado del enfrentamiento ha llegado incluso a considerarse un factor que contribuyó a la desaparición de una institución que algunas personas en aquella época, y muchas más en los siglos siguientes, calificaron como una de las prácticas judiciales más bárbaras de la Edad Media. En años posteriores, llegaron al Parlamento de París muchas más peticiones de juicios por combate, pero ninguno de esos casos resultó en un *arrêt* que autorizara un duelo.

Durante el siglo siguiente, sin embargo, siguieron celebrándose duelos judiciales en otras partes de Francia que estaban más allá de la jurisdicción del Parlamento, como, por ejemplo, Bretaña, así como en zonas de Flandes bajo control borgoñón. Dos nobles combatieron en un duelo en 1430 en Arrás; en 1455, dos burgueses combatieron con mazas ante una gran multitud en Valenciennes, y, en 1492, se celebró un duelo en Nancy. Los juicios por combate también persistieron en otros lugares de Europa, especialmente en Gran Bretaña, donde tanto nobles como plebeyos utilizaron con frecuencia este privilegio hasta que cayó progresivamente en el olvido. Incluso en una fecha tan tardía como 1583 se celebró un duelo a muerte en Irlanda con la aprobación de la reina Isabel. Y el juicio por combate no fue declarado ilegal en Inglaterra hasta 1819, cuando el juicio de un asesinato provocó el desafío a un duelo, lo que llevó al Parlamento inglés a abolir la costumbre de una vez por todas.

Para estas fechas, en la mayoría de los países europeos, así como en los recién independizados Estados Unidos, el duelo había evolucionado y se había convertido en un asunto estrictamente privado e ilegal, que se realizaba en secreto, habitualmente con pistolas, por cuestiones quisquillosas de honor entre caballeros en lugar de por acusaciones criminales formales. El vencedor que mataba a su oponente en un duelo privado se arriesgaba a ser acusado de asesinato, lo que demostraba a las claras que el duelo ya no formaba parte del sistema legal, sino que era vestigio de una época pasada.

El duelo era un antiguo ritual que, en sus orígenes, estaba pensado para atajar disputas antes de que se convirtieran en sangrientas venganzas entre clanes o familias y que, durante la Edad Media, se refinó hasta convertirse en un procedimiento legal que incluía una elaborada ceremonia religiosa y una demostración de caballería y que se celebraba en ciudades y pueblos ante cortes de nobles y gran cantidad de espectadores. Pero, en tiempos modernos —a medida que las pistolas reemplazaron a las espadas y las partes rehuyeron el combate cuerpo a cuerpo—, el duelo se convirtió en una costumbre prohibida e ilegal que tenía lugar en claros recónditos de los bosques o en campos vacíos literalmente en los márgenes de la civilización.

En su forma privada e ilegal, el duelo solo conservaba un reflejo muy tenue de la grandeza y solemnidad de su edad de oro medieval, en la que nobles airados se desafiaban unos a otros, recogían el guante, luego se enfundaban sus armaduras, juraban por lo más sagrado ante sacerdotes y espoleaban sus caballos de guerra en un terreno vallado para combatir a muerte ante miles de testigos con lanza, espada y daga para defender su palabra y su honor, su fortuna y su vida, e incluso por la salvación de sus almas inmortales. El mundo no ha vuelto a ver un espectáculo como ese desde entonces.

EPÍLOGO

Capomesnil, el escenario del supuesto crimen, es hoy una aldea tranquila y pacífica en el campo normando. El río Vie sigue siendo la arteria que da vida al pequeño y fértil valle en el que estuvo una vez el feudo de la familia de Carrouges. La mayor parte del año fluye tranquilo entre los campos y las huertas, para alegría de los pescadores de truchas locales, más allá del molino medieval y frente al antiguo risco sobre el que en tiempos se erigía el antiguo *château*. Después de que las tierras salieran de manos de la familia Carrouges, otros ocuparon el *château,* hasta que quedó en ruinas y, finalmente, fue demolido más o menos en la época de la Revolución francesa. Hoy no queda ni una piedra, excepto las que se reutilizaron para las casas y granjas construidas después a lo largo del despeñadero a orillas del río.

A poco más de kilómetro y medio al norte, al otro lado del río y en terreno más elevado, se hallaba la villa de Saint-Crespin, el campanario de cuya iglesia todavía destaca sobre el horizonte, tal y como Jean y Marguerite debieron de haberlo visto muchas veces durante sus estancias en Capomesnil. Al este hay una cadena de suaves colinas y, a unos quince kilómetros tras ellas, se encuentra la ciudad de Lisieux, en la carretera desde Fontaine-le-Sorel que Jean y Marguerite recorrieron hasta Capomesnil durante el invierno de 1385-86, justo antes de que empezara el capítulo más turbulento de sus vidas.

Otro camino se aproxima a Capomesnil desde el sur, desde Saint-Pierre-sur-Dives, la ciudad a la que Nicole de Carrouges fue convocada cuando dejó a Marguerite sola la fatídica mañana del crimen. El visitante moderno puede llegar a Capomesnil siguiendo la autopista D16 al norte desde Saint-Pierre y, luego, conduciendo por la carretera comarcal que va hacia el este siguiendo el río Vie hasta la anodina aldea, formada por una docena de casas, que ocupa hoy en día el lugar.

Esta mañana de principios de marzo, los campos todavía están húmedos por las lluvias del final del invierno y el río discurre caudaloso tras la presa junto a donde estaba el viejo molino. Una compuerta que ha abierto un funcionario del Bureaux des Eaux ha sumergido la carretera que va hacia el norte a través del valle fluvial y, con ello, ha aislado Capomesnil de Saint-Crespin mediante un temporal foso inundado, del mismo modo que los campesinos antiguamente inundaban zanjas y acequias para proteger su grano y su ganado durante la guerra de los Cien Años. Pero el nivel del agua liberada ya está bajando, el sol que cae sobre el fértil suelo trae consigo la promesa de la primavera y los cuervos posados ruidosamente en los manzanos que ribetean la orilla son los únicos que hoy se pelean aquí.

Cerca de la señal que identifica el lugar por su nombre moderno como «Capomesnil» diviso a un hombre con botas de agua que se afana con una pala en su fangoso patio, no muy lejos de donde otrora se erigía el antiguo *château*. Me detengo en la cuneta y salgo de mi Citroën de alquiler. Tras varios días hablando con nativos de Normandía, entre ellos un historiador local que me ha dado generosamente muchos nuevos datos, estoy ansioso por descubrir qué sabe el hombre de la pala del *château* que se levantaba aquí y de la historia de sus famosos habitantes medievales. Quizá incluso haya desenterrado algunas reliquias de ese pasado en su parcela.

Me acerco a la alambrada tras la cual trabaja y lo saludo con mi mejor francés. Me presento y le pregunto si por casualidad sabe algo del viejo *château* o de la familia Carrouges. El hombre deja de cavar entre el barro por un momento y me estudia con cautela, claramente sorprendido por el inesperado visitante que ha llegado a su tranquilo feudo y receloso de mi curiosidad e interés por su terreno.

Quizá es que hablo francés con mucho acento, que no me ha presentado alguien de la región, que soy obviamente estadounidense o, simplemente, la ancestral desconfianza de los normandos —tras mil años de guerras, saqueos, traiciones y recaudadores de impuestos— hacia cualquier extraño que de repente aparezca ante su puerta haciendo preguntas impertinentes. Por el motivo que fuere, el hombre me contesta con sequedad que pregunte en la *mairie,* el ayuntamiento local. Levanta su pala enfangada para apuntar sobre mi hombro hacia Mesnil Mauger, a unos tres kilómetros en la dirección por la que he venido. Un perro enorme y que suena muy feroz empieza a ladrar tras una destartalada empalizada detrás de él, cuya cima golpea con sus enormes patas delanteras mientras salta.

Permanezco en mi lado de la verja, que se alza entre nosotros. Es evidente que el hombre no va a invitarme a pasear por la histórica propiedad para ver las piedras de los cimientos del *château,* ni tampoco a tomar juntos una copa de Calvados, el *brandy* de manzana local, mientras me cuenta coloridas historias sobre las leyendas medievales del lugar. Aquí, cerca de donde se alzó el viejo *château* y donde una mujer sufrió una horrible violencia contra su cuerpo, vive ahora este hombre, quizá con su propia esposa y sus hijos, guardando los secretos que esconde la tierra, poco deseoso de contar lo que sabe o demasiado ocupado como para perder el tiempo con los fantasmas del pasado. Pero difícilmente puedo culparlo por quitárseme de encima con su pala. Normandía tiene una historia larga, cruel y sangrienta, y todavía hoy los extranjeros se consideran potenciales enemigos hasta que se demuestra lo contrario. Mientras el perro sigue ladrando con ahínco y el hombre blandiendo su pala embarrada, le doy las gracias por su tiempo y su útil sugerencia, vuelvo a mi coche y me alejo por la carretera.

APÉNDICE

DESPUÉS DE LA QUERELLA

El notorio crimen contra Marguerite, la investigación del Parlamento de París y el sensacional combate entre Jean de Carrouges y Jacques Le Gris en el campo de Saint-Martin fueron famosos en su época y disfrutaron de una larga vida tras la muerte de sus protagonistas en relatos y leyendas. El celebrado caso siguió generando controversia durante siglos y los comentaristas posteriores se dividieron en bandos de forma tan radical como lo hizo la gente en tiempos de la querella. El cronista Jean Froissart, que escribió a los pocos años del duelo (alrededor de 1390), afirmó que el rey, su corte y la gran multitud de espectadores se alegraron del resultado de la batalla. Pero Jean Le Coq, el abogado del escudero acusado de la violación, nos cuenta que las reacciones en tiempos de la lid fueron diversas: algunos consideraron que Carrouges había demostrado su causa, mientras que otros pensaban que Le Gris había muerto injustamente. Y la Crónica de Saint-Denis, un registro en latín compilado diez o quince años después de los hechos, afirma que Marguerite había acusado erróneamente —y de buena fe— a Le Gris y que un criminal convicto confesó después el crimen. En la década de 1430, Jean Juvénal des Ursins repitió esta última historia en su popular crónica y, aunque en lugar de un convicto puso la confesión en boca de un moribundo en su lecho de muerte, el hecho de que la repitiera muestra que la idea básica tras ella había echado raíces. La leyenda de la acusación falsa, el injusto castigo y la revelación demasiado tardía del verdadero culpable circula todavía entre los historiadores en la actualidad.

La cuestión de lo que sucedió realmente a la dama de Carrouges en Capomesnil el 18 de enero de 1386 probablemente no se resolverá nunca a gusto de todos. Como Jean Le Coq dijo en sus notas sobre el juicio, incluso cuando, al parecer, sospechaba que su cliente era culpable, «nadie sabe qué sucedió de verdad en este asunto». Aun así, parece muy improbable que Marguerite acusara a Le Gris, y a su supuesto cómplice, Louvel, erróneamente y *de buena fe*. Juró en la corte que había visto a ambos hombres a la clara luz del día, que Louvel había mencionado específicamente a Le Gris por su nombre antes de que este último apareciera unos pocos minutos después y que había hablado con ambos cierto tiempo antes de que la atacaran. Todo esto hace que sea muy improbable que confundiera la identidad de su agresor, y hace igualmente improbable que el auténtico culpable fuera otro hombre, por mucho que Marguerite solo hubiera visto antes a Jacques Le Gris una vez en su vida. Además, Marguerite acusó a *dos* hombres del crimen y, sin embargo, la historia sobre el «auténtico culpable» que confesó luego solo incluye a *un* hombre, lo que parece extraño.

La otra teoría principal sobre el caso que ha circulado desde tiempos de la querella —que Marguerite mintió a sabiendas al acusar a Le Gris— también es muy inconsistente. Según este punto de vista, o bien Marguerite se inventó la violación ella misma, quizá para encubrir un adulterio, o bien su marido la obligó a inventársela para vengarse de su rival, que es precisamente la explicación de los hechos que ofreció la defensa de Le Gris. La principal pega de esta versión es la inclusión de Adam Louvel en los cargos. Dada la ausencia de cualquier testigo que pudiera avalar su testimonio, el hecho de que Marguerite acusara también a Louvel era un añadido arriesgado y gratuito a su testimonio *si* su historia sobre la agresión y la violación era realmente una mentira deliberada. En ese caso, cuanto más complicada fuera la historia, más fácil sería desmentirla. La inclusión de Adam Louvel en los cargos simplemente añadía a la carga de la prueba que recaía en la parte que acusaba. En los registros de la corte solo sobrevive la coartada de Le Gris, pero, si Louvel hubiera tenido testigos distintos que lo hubieran situado en otro lugar en el momento del crimen, su testimonio habría exonerado también a Le Gris, igual que la coartada de Le Gris habría ayudado a exonerar a Louvel. Dos coartadas son mucho más difíciles de desmontar que una. Y dos sospechosos son mucho más difíciles de condenar que uno solo, a menos que se lograra volver a uno contra el otro. Pero, al parecer, Adam Louvel no confesó nada, ni siquiera bajo tortura.

Así que la idea de que Marguerite podría haber acusado al hombre equivocado «de buena fe» solo para comprender mucho más tarde el terrible error que había cometido al saber que otro hombre había perpetrado el crimen parece un mito creado por una época caballerosa para salvar el honor de la dama y, al mismo tiempo, explicar por qué mucha gente en aquel momento pensó que se había producido una terrible injusticia. La otra teoría, mucho más inquietante, es que Marguerite se habría inventado adrede los cargos contra Le Gris, bien por su cuenta o bien coaccionada por su esposo, que la violación simplemente sucedió «en sus sueños», por repetir lo que dijo el conde Pedro en su veredicto. Pero esta tesis también parece difícil de sostener. Sin embargo, la leyenda de que Jacques Le Gris fue acusado del crimen y murió en combate injustamente, y de que el verdadero culpable se reveló solo mucho después, cuando ya era demasiado tarde, echó raíces y floreció con el tiempo.

La leyenda de la falsa acusación y la confesión tardía capturó en el siglo XVIII la imaginación de destacadas figuras de la Ilustración, que la utilizaron como prueba de lo bárbara y supersticiosa que había sido la Edad Media. Los *philosophes* denunciaron el juicio por combate en general y señalaron el caso Carrouges-Le Gris como un ejemplo de lo absurdo que era. El enfrentamiento mereció una mención directa en la *Encyclopédie* (1767) de Diderot y D'Alembert, que repitió que el escudero fue acusado falsamente y que el verdadero culpable se reveló más tarde. Y Voltaire citó el caso para demostrar que el duelo judicial era, en sí mismo, «un crimen irrevocable» que, inexplicablemente, estaba autorizado por la ley.

La leyenda de la injusta condena y muerte de Le Gris también cobró una segunda vida gracias a divulgadores de la historia como Louis Du Bois, quien dedicó varias páginas al caso en una popular obra sobre la historia de Normandía publicada en 1824. En la crónica de Du Bois, adaptada de la Crónica de Saint-Denis, la dama Marguerite de Carrouges acusó a Le Gris por error, cosa que comprendió solo mucho más adelante, cuando confesó «el verdadero autor del crimen, un escudero que, sin duda *[sans doute]*, guardaba cierto *[quelque]* parecido con el desventurado Le Gris». Du Bois concluye con una embellecida versión del desenlace que ya nos resulta familiar: «Víctima de la desesperación y decidida a hacer penitencia por su imprudente acusación, la dama se hizo monja. Murió arrepentida y triste, inconsolable por la cruel injusticia que había causado y por la que ella misma habría perdido la vida en la hoguera de haber sido derrotado Carrouges».

La controversia sobre el famoso asunto resucitó al entrar en liza historiadores regionales y genealogistas de las familias que, en ocasiones, tenían un interés personal en el caso y eran parciales a un bando u otro. En 1848, Auguste Le Prevost publicó una historia de Saint-Martin-du-Tilleul, un feudo que había pertenecido en tiempos al padre de Marguerite. Le Prevost, un prolífico historiador de Normandía, y también nativo de Tilleul, dedicó varias páginas a lo acontecido y mantuvo que Marguerite fue, en efecto, atacada por Jacques Le Gris y que el escudero murió con toda justicia por el crimen que había cometido. Le Prevost admite que, desde el tiempo de la lid hasta su propia época, se habían planteado muchas dudas sobre si Le Gris era de verdad culpable. Pero subraya que la política de la corte del rey Carlos, favorable al escudero y cargada de prejuicios contra Marguerite, marcó cómo los historiadores contemporáneos y posteriores contaron la historia, generalmente desacreditando a la dama.

Le Prevost censura a aquellos responsables de transmitir la historia y afirma que Le Gris, como favorito y protegido del conde Pedro, era bienvenido en París por el monarca y sus tíos «con una benevolencia que compartieron la mayoría de los historiadores de su época y continuada por sus sucesores, quienes nunca se tomaron la molestia de examinar el tema ni siquiera superficialmente, como ha sucedido con tantas otras cosas que se dan por ciertas en la historia». También afirma que, en la decadente corte del rey Carlos VI, pocos «se habrían conmovido por el grito de indignación de una provinciana que no tenía otra manera de recomendarse a la corte que recordar que era la hija de aquel viejo traidor, Robert de Thibouville». Le Prevost concluye reprendiendo a los historiadores por reproducir sin criterio las opiniones del cronista de Saint-Denis, quien proclamó que la dama se había equivocado, y los apremia a releer las fuentes originales (de las que ofrece extractos), entre ellas las notas de Jean Le Coq, el letrado del escudero, «quien, después de enumerar con gran elocuencia los argumentos de ambos bandos, decide que la balanza se inclina en contra de su propio cliente».

El punto de vista contrario lo ofreció en la década de 1880 F. Le Grix White, quien afirmaba ser descendiente de Jacques Le Gris y que protestó indignado ante la vergonzosa suerte que había corrido su antepasado, que le parecía completamente injusta e inmerecida. Le Grix defiende a su ancestro básicamente discutiendo detalles erróneos en la crónica de Froissart, pero, al parecer, sin haber consultado las actas de la corte ni tampoco el diario que llevó el abogado del escudero (a pesar de que ambos textos estaban editados y disponibles desde hacía tiempo). Le Grix duda de que el escudero pudiera haber viajado a y desde la escena del crimen en el tiempo que se le atribuía (aunque sus cifras, extraídas de Froissart, son erróneas). Y, aunque tiene razón al afirmar que «ningún juicio por combate podía arrojar más luz sobre aquello que, por la naturaleza del caso, era oscuro e incierto», Le Grix trata la antigua leyenda de que otro hombre confesó después el crimen como una «prueba irrefutable» de la inocencia de Le Gris. Le Grix, un caballeroso victoriano, considera que Marguerite sufrió realmente una agresión, pero que luego la dama fue injusta con su antepasado al acusarlo del horrible crimen. Nada de esto constituye una prueba razonable de la inocencia del escudero, pero sí que demuestra el poder del caso para provocar un debate enconado e incluso despertar pasiones personales hasta cinco siglos después del duelo.

A pesar de la insistencia de Le Prevost en que había que leer de nuevo las fuentes primarias, los estudiosos del siglo XX continuaron repitiendo los mitos y errores que habían empezado a acumularse sobre el famoso caso casi desde el principio. La muy alabada decimoprimera edición de la *Encyclopaedia Britannica* (1910) dedicó unas pocas líneas al caso Carrouges-Le Gris en su entrada sobre el «duelo», aunque muchos de los detalles que ofreció eran erróneos y convirtió la supuesta violación en una especie de juego de dormitorio:

> En 1385, se celebró un duelo cuyo resultado fue tan absurdo que incluso los más supersticiosos empezaron a perder la fe en la eficacia del juicio de Dios. Un tal Jacques Le Gris fue acusado por la esposa de Jean Carrouges de haberse introducido de noche vestido a la guisa de su marido, a quien ella estaba esperando a su regreso de las cruzadas. El Parlamento de París ordenó que se celebrara un duelo, que se combatió en presencia de Carlos VI. Le Gris fue derrotado y ahorcado allí mismo. Poco después, un criminal arrestado por algún otro delito confesó ser él el autor del ultraje. Ninguna institución podría haber sobrevivido a una refutación tan diáfana, así que fue derogada por el Parlamento.

Aquí, Marguerite es engañada por un hombre que se hace pasar por su esposo mientras su marido está en las cruzadas, un relato embarullado que recuerda al caso de Martín Guerre.* Incluso en la década de 1970, la *Britannica* reimprimió una variante de esta leyenda en la que la dama de Carrouges acusaba a Le Gris de haberla «seducido» mientras su marido estaba fuera solo para saber después de la muerte de Le Gris en el duelo que otro hombre había confesado ser «el seductor». El caso Carrouges-Le Gris desapareció finalmente de la *Britannica* en su decimoquinta edición, sin que nunca se corrigieran los errores.

Unos cuantos comentaristas modernos del duelo, entre ellos un jurista francés que ofreció una reevaluación pública del caso en Caen en 1973, han confirmado la culpabilidad de Le Gris y la veracidad de las acusaciones de Marguerite. Pero la mayoría han repetido también la historia espuria de la acusación injusta y la confesión tardía. Una de las autoridades más influyentes sobre este asunto, R. C. Famiglietti, escribe en sus *Tales of the Marriage Bed from Medieval France* (1992) ['Historias del lecho marital de la Francia medieval'] que el asunto Carrouges-Le Gris es «uno de los casos más siniestros de abuso que se han registrado». Famiglietti afirma que Carrouges, después de saber que Marguerite había sido violada, «resolvió utilizar la violación en su provecho» y «obligó a su esposa a acusar a Le Gris de ser su violador». Citando las actas de la corte, pero aceptando la versión de los hechos de Le Gris sin cuestionarla, Famiglietti reduce los cargos de Marguerite a poco más que el «guion» de su esposo para destruir a su odiado rival. Así pues, la dama acusa al hombre equivocado no por error, sino como parte de una conspiración con su marido. Famiglietti también repite la vieja leyenda de que otro hombre confesó más tarde el crimen y que Marguerite, «expuesto su perjurio», se retiró a un convento

---

* Un famoso caso de impostura judicial que tuvo lugar en 1556 en el que un hombre muy parecido a Martín Guerre se hizo pasar por él y se acostó con su mujer. Al regresar el auténtico Martín Guerre, no hubo manera de saber cuál era el auténtico. Michel de Montaigne sirvió de abogado al impostor, pero al final se demostró su delito y se lo ahorcó ante la casa del propio Guerre. *(N. del T.)*

avergonzada. Pero, de nuevo, no se cita ninguna nueva evidencia acerca de esa historia tantas veces repetida de una confesión en el último momento por parte del «verdadero» culpable.

Esta dudosa leyenda, nacida después del célebre caso y resucitada por cronistas e historiadores a lo largo de los siglos, sin duda vivirá tanto tiempo como la famosa historia del caballero, el escudero y la dama se siga contando, debatiendo y reformulando en las páginas de la historia.

AGRADECIMIENTOS

Este libro se ha escrito a lo largo de diez años, desde la primera vez que encontré la historia de la querella entre Carrouges y Le Gris en las *Crónicas* de Froissart, y ha necesitado miles de horas de investigación y escritura, varios viajes a Europa e incontables conversaciones con las muchas personas que me han ayudado a convertir un sueño en realidad.

Sobre todo, quiero dar las gracias a mi maravillosa esposa, Peg, quien exploró conmigo los archivos, hizo fotos para documentar la investigación, leyó cuidadosamente el manuscrito varias veces, ofreció muchas sugerencias cruciales y apoyó con cariño este proyecto en todo momento. Nunca lo habría logrado sin ella, y por eso este libro está dedicado a ella, junto con mi agradecimiento.

Tengo otra gran deuda con mi magnífico editor, Charles Conrad, vicepresidente y editor ejecutivo de Broadway Books, en Random House. Charlie ha guiado este libro desde el primer borrador al producto terminado y me ha ofrecido sus brillantes consejos estratégicos, muchas páginas de comentarios editoriales y un apoyo entusiasta durante todo el proceso. Tengo mucha suerte de haber trabajado y aprendido con él.

También quiero dar las gracias a mis magníficos agentes literarios, Glen Hartley, Lynn Chu y Katy Sprinkel, en Writers' Representatives, quienes supieron ver las grandes posibilidades de este libro, lo acogieron con entusiasmo y hábilmente guiaron a este autor en su primera experiencia comercial en el mercado editorial.

En Broadway, un gran equipo convirtió el manuscrito en un libro. Alison Presley supervisó el complicado equilibrio de textos, fotos, mapas y permisos. Luisa Francavilla dirigió sin sobresaltos el proceso de producción. Janet Biehl corrigió meticulosamente el manuscrito y Sean Mills fue el técnico editorial. Deborah Kerner diseñó el interior del libro. Jean Traina creó la bella cubierta. Y John Burgoyne dibujó los espectaculares mapas. También estoy agradecido a Gerry Howard, Jackie Everly-Warren y Oliver Johnson por su entusiasmo desde el principio.

Mucho más atrás, antes de la génesis de este libro, mis padres me llevaron a ver castillos en Europa cuando era un niño pequeño y, luego, se negaron sabiamente a dejarme abandonar el francés en el último curso de la escuela primaria e hicieron que mi profesora de Francés en el instituto, *madame* Morden, me diera una base sólida en ese idioma. Mi madre, Marilyn, de cuya muerte se cumplen ahora veinticinco años, estaría, lo sé, muy orgullosa de este libro. Y ha sido un placer compartir el manuscrito terminado con mi padre, Marvin, un entusiasta de la historia.

Estoy también en deuda con mis muchos amigos y colegas. El profesor Henry A. Kelly, de la UCLA, leyó y anotó generosamente todo el manuscrito, compartió conmigo su inmensa erudición en derecho y religión medieval, latín y otras áreas especializadas y me corrigió muchos errores. Los que queden, son, por supuesto, todos míos.

Andrea Grossman, fundadora y directora de Writers Bloc, en Los Ángeles, me presentó a gente del sector del libro, leyó con entusiasmo el manuscrito, me ofreció astutos consejos editoriales y ha sido siempre una amiga fantástica para Peg y para mí.

Catherine Rigaud, en cuya *gîte* normanda nos alojamos durante un frío y lluvioso marzo, nos mostró castillos, viejas granjas fortificadas y otros edificios y lugares medievales. Jack Maneuvrier, un historiador local que ha escrito sobre el duelo Carrouges-Le Gris, nos alojó amablemente en su casa con su esposa, Danie, contestó muchas preguntas sobre la historia de la región, nos dio valiosa información e incluso me informó de nuevos descubrimientos una vez que yo había vuelto a California.

Tom Wortham, catedrático de la Facultad de Literatura Inglesa de la UCLA, y Lynn Batten, vicecatedrática, me facilitaron un muy oportuno periodo sabático y me programaron un óptimo calendario de clases. Carolyn See me ofreció sus expertos consejos sobre edición en un momento muy temprano del proyecto. El profesor Richard Rouse me brindó consejos muy valiosos sobre cómo utilizar los archivos parisinos. Otros colegas de la UCLA compartieron conmigo su variada erudición, entre ellos Chris Baswell, Al Braunmuller, Jonathan Grossman, Gordon Kipling, Del Kolve, Robert Maniquis, Claire McEachern, David Rodes, Debora Shuger y Stephen Yenser. Jeanette Gilkison, Doris Wang, Nora Elias y Rick Fagin me ayudaron con muchos detalles logísticos. Christina Fitzgerald y Andrea Fitzgerald Jones rastrearon referencias elusivas en bibliotecas y comprobaron pistas prometedoras.

Estoy también agradecido al recientemente fallecido Howard Schless, de la Universidad de Columbia, pues fue a instancias suyas que leí a Froissart por primera vez; a Jim Shapiro y Andy Delbanco, también de Columbia, por compartir conmigo su experiencia editorial, y a Margaret Rosenthal (USC), Howard Bloch (Yale), Michael Davis (Mount Holyoke), John Langdon (Alberta), Kelly DeVries (Loyola-Baltimore), Martin Bridge (University College de Londres) y Stuart W. Pyhrr y Donald LaRocca del Departamento de Armas y Armaduras del Museo Metropolitano de Arte. Stella Paul, también del Metropolitano, y James Bednarz, de la Universidad de Long Island —ambos amigos desde hace tiempo—, aportaron valiosas informaciones y contactos profesionales. Mark Vessey y sus colegas de la Universidad de la Columbia Británica ofrecieron un foro amistoso para una conferencia extraída del libro que estaba todavía escribiéndose y me acogieron con generosa hospitalidad.

Muchos archivistas en París y Normandía me permitieron amablemente examinar documentos esenciales. Estoy especialmente agradecido a Françoise Hildesheimer y Martine Sin Blima-Bareu de los Archivos Nacionales (CARAN); a la profesional plantilla de la Biblioteca Nacional de Francia; a los Archivos Departamentales de Calvados (Caen), Eure (Évreux) y el Orne (Alençon); a Monique Lacroix, Françoise Guindollet y Marie-Françoise Bellamy, de la Asociación París Histórico (Marais); a Laurent Boissou, del *château* de Vincennes, y a Thierry Devynck, de la Biblioteca Forney. Las fotos y los permisos corrieron a cuenta de Pierre Sozanski d'Alancaisez, de la Biblioteca Bodleiana; Dominik Hunger, de la Biblioteca de la Universidad de Basilea; Isabelle Le Mée y Isabelle Pantanacce, del Centro de Monumentos Nacionales; Rebecca Akan, del Museo Metropolitano, y Christine Campbell, de la Biblioteca Británica.

También fue crucial la ayuda de muchos bibliotecarios de la UCLA: Victoria Steele, directora de Colecciones Especiales en la Biblioteca de Investigación Joven; Barbara Schader, de la Biblioteca Biomédica; Christopher Coleman, del Departamento de Bibliografía de la YRL; Jonnie Hargis y David Deckelbaum, de la Colección de Mapas Henry J. Bruman, y Octavio Olvera, de las Colecciones Especiales. La eficiente oficina de préstamo interbibliotecario de la UCLA me permitió acceder a muchas de mis fuentes.

El doctor Terence Bertele me aportó valiosa información médica. Boris Kushnir, del Club de Esgrima de Beverly Hills, me ayudó a comprender, mediante máscara y florete, cómo era cruzar espadas contra un oponente habilidoso al ataque. El coronel George Newberry (USAF) me instruyó sobre mapas militares. Muchas otras personas del sector editorial, audiovisual y legal compartieron conmigo sus consejos profesionales: Nadia Awad, Philippe Benoit, Therese Droste, Randy Fried, Rick Grossman, Lisa Hamilton, Dave Johnson, Joe Johnson, Sarah Kelly, Kerrin Kuhn y Kathleen McDermott.

Por último, quiero dar las gracias a mis estudiantes de la UCLA. Son una inspiración continua y me han enseñado mucho sobre cómo transmitir el asombro, emoción y peligro de la vida en la Edad Media.

Eric Jager
Los Ángeles
Abril de 2004

NOTAS

Las notas están dispuestas por capítulo y tema (o cita), y las referencias remiten a la lista de fuentes recogida tras las notas. Las fuentes escritas se citan por autor y página (o artículo), con títulos abreviados cuando la lista de fuentes contiene más de una obra bajo el mismo nombre. Las fuentes de los manuscritos se citan por archivo, serie, signatura (por ejemplo, número de clasificación o marca de estante) y folio. Así pues, «AN X 2A10, fol. 232r» se refiere a los Archivos Nacionales (París), serie X, manuscrito 2A10, folio 232 recto (v sería verso). Las referencias a PP, el sumario del testimonio ante el Parlamento de París, incluyen el folio del manuscrito seguido por la página correspondiente de la transcripción en la edición de Buchon de las *Crónicas* de Froissart, volumen 10 (= *Collection des chroniques nationales françaises,* vol. 20). Así, «PP 208r/512» se refiere a AN X 2A11, fol. 208r / Froissart-Buchon, 10:512. Se ha añadido una nota entre paréntesis en la fuente del testimonio (C por Carrouges, L por Le Gris) cuando es relevante y no queda claro por el contexto. A lo largo de las notas se utilizan las siguientes abreviaturas:

AD	Archivos Departamentales de Francia
AN	Archivos Nacionales de Francia
BN	Biblioteca Nacional de Francia
CG	*Cérémonies des gages de bataille*
Fr-Br	Froissart, *Crónicas* (traducción de Brereton)
Fr-Bu	Froissart, *Crónicas* (edición de Buchon)
Fr-J	Froissart, *Crónicas* (traducción de Johnes)
Fr-L	Froissart, *Crónicas* (edición de Lettenhove)
Fr-M	Froissart, *Crónicas* (edición de Mirot)
JJU	Jean Juvénal des Ursins, *Histoire de Charles* VI
MS.	Manuscrito
n. e.	nuevo estilo (el año empieza el 1 de enero)
P. O.	Pieza original
PP	Parlamento de París, testimonio escrito
RSD	Religieux de Saint-Denis, *Chronique du religieux* de Saint-Denys

Capítulo 1: Carrouges

Ruta a China: Juan de Montecorvino, un fraile franciscano que fundó una iglesia en Cambalec (hoy Pekín) en la década de 1290, escribió que un viaje siguiendo la ruta por tierra desde Europa hasta China duraba «cinco o seis meses» (Yule, 37), una estimación un poco optimista. *Musulmanes, España, Sicilia, cruzadas:* Cantor, 136–37, 289–303. *Tiempo que duraban los trayectos (en Francia):* Gilles le Bouvier, citado en Boyer, 597.

Guerra entre Inglaterra y Francia: Fr-Br, 55–62, 68–110, 120–45, 151–60; Contamine, 5–13, 27–43; Sumption, 1:489–586 (Crécy, Calais), 2:195–249 (Poitiers), 2:294–350 (revueltas populares), 2:447 (rescate del rey); Seward, 41–102. *Cosechas, clima, peste y población:* Braudel, 157–61; Fagan, 79–84; Ziegler, 63–83. *Cisma:* Keen, *Medieval Europe*, 284–88. *«Cruzada» inglesa en Francia:* Autrand, *Charles VI*, 145–46. Routiers, *Francia fortificada:* Sumption, 2:28–30, 38–44, 351–484. *Monjas bretonas:* Seward, 125.

Carlos VI (época, fechas): Van Kerrebrouck, 114–29. *Familia real, Francia en 1380:* Contamine, 46–72; Autrand, *Charles VI,* 9–19, 39–53. *Los tres estados:* Adalberón de Laon (alrededor de 1025), citado en Duby, *Orders,* 4–5. *Feudalismo:* Bloch, *Feudal Society,* 1:145–254; Bishop, 109–41 («Ni señor sin tierra», 110). *Normandía:* Mabire y Ragache, 15–199.

Carrouges, historia de la familia: BN, P. O. 605, Carrouges, n.º 1–21; Fr-M, 13:xxxi–xxxiii (extractos); *Cartulaire de Marmoutier,* 74–77 (no. 57); *Dictionnaire de la noblesse,* 4:738–39; Odolant-Desnos, 1:439–47; Diguères, 161–63; Rousseau, 3–9; Le Prevost, *Eure,* 3:479, 481; Le Prevost, *Tilleul,* 64, 124; Tournouër, 355–59; Terrier y Renaudeau, 6. *Conde Ralph:* Vanuxem, Veillerys, 40–43. *Escudo de armas familiar:* BN, Dossier bleu 155, Carrouges, n.º 1; Le Prevost, *Tilleul,* 64 (ilustrado).

Retrato perdido de Jean IV: Malherbe, 3:537–38 (carta n.º 203). *Carrera y carácter:* Fr-Br, 309; PP 206r/503–4 (C), 208r/512–13 (L); BN P. O. 605, Carrouges, n.º 4–10, 17–18; Canel, 642; Desmadeleines, 36; Dewannieux, 34; Vanuxem, «Le duel», 198. *Analfabetismo de Jean:* Fr-L, 20:507. *Caballería (en general):* Wise, 21; France, 58–59. Ingresos basados en las cifras de 1424: Tournouër, 357. *Hermanos de Jean IV: Rousseau,* 7; Nortier, 110–111, n.º 463; Diguères, 163.

Carrouges (lugar): Lagrange y Taralon; Terrier y Renaudeau, 6–8, 41, 57; Rousseau, 4; Tournouër, 356; La Noë, 4–5. *Bellême:* Mériel, 46–47; Pernoud, 131–33.

Jean IV, esposa e hijo: PP 206r/503; Le Prevost, *Eure,* 3:479 (tres hijos supervivientes, todos de la segunda esposa de Jean); La Noë, 5. *Chambois:* Deschamps, 293–300.

Alençon, familia: Van Kerrebrouck, 412–19; Autrand, *Charles V,* 648–54; Fr-L, 20:22–23; Vanuxem, «Le duel», 197–99. *Pierre como rehén:* BN MS. fr. 23592, fols. 62r–65r. *Argentan:* Odolant-Desnos, 1:418–39; Prieur; Barbay, 48–49, 51. *Jean como chambelán:* Canel, 642; Dewannieux, 34.

Le Gris, chambelán: BN n. a. 7617, fol. 265v. *Amistad con Ca-rrouges:* PP 206r/503 (C); Dewannieux, 35. *Le Gris en la corte del conde Robert:* PP 208r/512. *Historia de la familia, carácter:* Fr-Br, 309; Fr-L, 22:85; Caix, 367, 370; Canel, 642; Vérel, 167–68 (con armas); Dewannieux, 34–35; Guenée, 331–32.

Le Gris, constitución física: Fr-Bu, 10:278; Fr-L, 12:32. *Capitán de Exmes, 1370:* Nortier, 136–37 (n.º 569). *Educación:* Le Coq, 110; Desmadeleines, 36. *Hijos:* Le Coq, 112; Contades y Macé, 87 («Guillaume Le Gris fils»). *Supuestas seducciones:* PP 206v/504 (C); Canel, 645; Ducoudray, 404; Dewannieux, 35. *Le Gris, padrino:* PP 206r/503 (C); PP 208r/512 (L). *Vínculo familiar:* PP 206r/503 (C); Canel, 642; Desmadeleines, 36; Dewannieux, 35. *Juramentos en el bautismo:* Bishop, 118.

Aunou-le-Faucon: BN n. a. 7617, fols. 265v–266v; Odolant-Desnos, 1:439. *Robert de Thibouville:* Le Prevost, *Tilleul,* 56–57. *Jean celoso de Le Gris:* Canel, 642.

Jeanne, muerte de: PP 206r/503 (C); PP 208r/512 (L), que implica que el niño nació *después* de que los dos escuderos se unieran a la corte de Pedro en 1377 y que, por lo tanto, Jeanne murió entre 1377 y 1380. *Muerte del niño:* La Noë, 5; Rousseau, 7. *Parto, mortalidad en el:* Gottlieb, «Birth», 232–33; Verdon, 43–47.

Campaña de 1379–80: De Loray, 133–48. *Servicio militar de Jean:* BN P.O. 605, Carrouges, n.º 4–10; extractados en Fr-M, 13:xxxi. *Matrimonio feudal:* Duby, *Marriage,* 1–22; Verdon, 22–33.

Capítulo 2: La disputa

Matrimonio de Jean y Marguerite, alrededor de 1380: Le Prevost, *Tilleul,* 63; La Noë, 5. *Nacimiento de Marguerite, edad:* Le Prevost, *Tilleul,* 56. *Belleza, carácter:* Fr-Bu, 10:277; JJU, 371; PP 206v/504 (C), 209v/518 (L). *Retrato perdido:* Malherbe, 3:537–38 (carta n.º 203). *Belleza femenina, ropa: Roman de la Rose,* 37–38 (versos 523–72); Verdon, 13–21; Horne, 39–40. *Casa, modales, moral:* La Tour Landry; Bishop, 116–18; Ariès y Duby, 348–56. *Castidad:* Duby, *Marriage,* 7. *Juventud y edad:* Chaucer, 158. *Edad al contraer matrimonio:* Verdon, 28–29.

Tierras de los Thibouville: Le Prevost, *Eure,* 2:115–18, 3:248–49; Keats-Rohan, 732–33 (con referencias). *Historia familiar:* BN, P. O. 2825, Thibouville, n.ºs 1–13; AD Eure, Serie E. 2703, Seigneurie de Carsix (copia de testamento, 11 de enero de 1451); Le Prevost, *Tilleul,* 47–65 (armas, 54), 121–23, y *Eure,* 3:424–34, 472–80; Charpillon, 2:201–202. *Traición de Robert V:* Le Prevost, *Tilleul,* 52–56 (y nota E); Mauboussin, cap. 2; La Roque, 4:1899–1906. *Carlos el Malo:* Sumption, 2:365–73, 418–19. *Perdón de 1360 a Robert V:* La Roque, 4:1426. Robert V en 1370: Charpillon, 2:973 (s. v. «Vernon»). *Guillaume de Thibouville:* Le Prevost, *Eure,* 3:478. *Thibouville como rehén:* BN MS. fr. 23592, fol. 66v.

Sainte-Marguerite-de-Carrouges: Tournouër, 388–90; Rousseau, 4. *Santa Margarita:* Ferguson, 131. *Rituales matrimoniales y dote:* Stevenson, 68–76; Leonard, 188–94; Verdon, 31–33; Le Prevost, *Tilleul,* 95–97; Ducoudray, 791–96.

Disputa sobre Aunou-le-Faucon: La Noë, 5; Odolant-Desnos, 1:439. *Carta del 29 de mayo de 1380:* BN n. a. 7617, fols. 265r–269r. Le Gris claramente no asistió a la boda de Jean y Marguerite (1380), pues, aunque mintiera sobre haber visitado Capomesnil el 18 de enero de 1386, no se habría jugado su credibilidad ante el tribunal afirmando haber visto por primera vez a Marguerite en 1384 si lo cierto es que la había visto en su boda, cuatro años antes, algo que habría sido fácilmente atestiguado por cualquiera de los allí presentes.

Le Gris en París, agosto de 1381: Le Fèvre, 8–9. *Como escudero real:* PP 208r/512. *Disputa y pleito por Bellême:* PP 208r/512 (L); Odolant-Desnos, 1:439; Dewannieux, 35. Cuigny y Plainville: PP 208r/513 (L); Odolant-Desnos, 1:442–43; La Noë, 5–6; Dewannieux, 35. *Jean, «bon sol-*

dat, mais mauvais courtisan»: Vanuxem, «Le duel», 198.
Carrouges culpa a Le Gris: PP 208r/512 (L); Caix, 369;
La Noë, 6; Dewannieux, 35. *Carrouges brevemente en
Flandes (1383):* La Noë, 6 (citando a August 23, 1383,
quittance); Autrand, *Charles VI,* 146–47 *(montre* de agos-
to 15).

Reunión de Crespin: PP 206v/504 (C), 208v/513 (L); Canel, 645;
Dewannieux, 35. *Crespin como guardabosques:* Le Prevost,
Tilleul, 105n. *La reconciliación:* la ocasión, compañía, saludo y beso proceden de las fuentes; algunos detalles sobre
el ambiente y gestos se han añadido. La Noë, 6, afirma que
Carrouges solamente fingió reconciliarse. *Interés de Le Gris
por Marguerite:* Canel, 645.

CAPÍTULO 3: BATALLA Y ASEDIO

Expedición de 1385 a Escocia: Fr-J, 2:35–37, 47–50, 52–57;
RSD, 1:361–70, 384–92; JJU, 364–66; *Crónica de
Westminster,* 120–33; *Libro de Pluscarden,* 1:246–47;
De Loray, 179–205; Palmer, 59–60. *Jean de Vienne:* De
Loray, 79–85. *Carrouges en Escocia:* PP 206r/503–4; De
Loray, cviii. *Carrouges y la aventura:* Fr-L, 12:30. *Gue-
rra, saqueos y rescate:* ensayos en Keen, *Medieval Warfare,*
sobre todo Rogers, 136–60, y Jones, 163–85.

Marguerite en Fontaine-le-Sorel, buena relación con Jean: PP
206r/503–4 (C); Dewannieux, 35. *Robert de Thibouville:*
De Loray, cviii. Sluys: Fr-Br, 305. *Armadura, dinero y
cañones:* De Loray, 185–87, cxxxviii. *Paga de Carrouges:*
De Loray, cviii. *Quejas de los escoceses, exigencias del rey
Roberto:* Fr-J, 2:35–36.

Northumberland: Fr-J, 2:47–50. *Wark:* Long, 166–67; Fr-J,
2:49; RSD, 1:366–69 («Dovart»); JJU, 365 («Drouart»).
Escalada (en general): Wise, 174–76. *«Atravesando al instante cualquier cabeza…»:* Warner, 39 (adaptado de un
asedio similar). *«La muerte, el saqueo y el fuego»:* RSD,
1:366, 370. *Contraataque inglés: Crónica de Westminster,*

120–33; Fr-J, 2:52–54. *Los escoceses conceden derecho de paso, los franceses levantan campamento y los ingleses en Edimburgo:* RSD, 1:388–91. *Cumberland:* Fr-J, 2:53–54; White, 47–48. *Carlisle:* Summerson, 1:313–15. *Asedio de Carlisle y ataque de Percy: Crónica de Westminster,* 132–35. *Revista del 28 de octubre:* De Loray, cviii. *Nuevos ultrajes escoceses:* Fr-J, 2:55–56. *Aventura del almirante:* RSD, 1:390–92; JJU, 366. *Franceses empobrecidos:* Fr-J, 2:56–57; JJU, 366. *Desastrosa expedición:* Autrand, *Charles VI,* 148.

Le Gris supuestamente le dijo a Marguerite que sabía que su esposo había regresado del extranjero con poco o ningún dinero; ver PP 207r/506 (C); Dewannieux, 36. *Enfermedad de Jean:* Le Coq, 111; Fr-L, 12:367 (corrigiendo a Le Coq); JJU, 371. *Título de caballero para Jean:* De Loray, cviii. *Viaje a Capomesnil:* PP 206r-v/504; Dewannieux, 35. *Tiempo en invierno, 1385–86:* JJU, 363.

Capítulo 4: El crimen de crímenes

Señales de alejamiento: Nicole en un domicilio aparte; creencia de Jean de que su esposa y su madre se habían peleado en su ausencia (PP 207v/509). *Vías romanas:* Talbert, imágenes 7, 11; Loth, 22–23. *Rutas medievales:* Cassini de Thury, Carte, n.ºs 61–2; Mariette de La Pagerie. *Terreno:* mapas IGN, Série Top 100, n.º 18 (Caen/Alençon); Série bleue Francia 17130 (Livarot). *Capomesnil:* Hippeau, 58. *Casas:* PP 209v/519 (L). *Lejanía:* PP 206v/504 (C). *Habitaciones:* PP 207r/507. *Torre del homenaje:* Asse, 132. *Pueblo en la orilla:* Le Fort, 98. *Demolición:* Le Prevost, *Tilleul,* 105n2.

Carrouges se detuvo en Argentan en su viaje a París por negocios o asuntos legales (negotiis): PP 206v/505 (C). *Sus instrucciones a la criada:* PP 208v/514 (L). *Argentan:* Barbay, 48–60. *Encuentro de Jean con Le Gris y otros:* PP 206v/505 (C).

Carácter de Adam Louvel: PP 206v/504–5 (C); Odolant-Desnos, 1:440; Desmadeleines, 37; Caix, 367. *Un «Adam Louet» sirvió bajo Carrouges en 1379–80:* BN P.O. 605, Carrouges, n.º 18 (Louvel aparece como «Louvet», AN X 2A10, fol. 233r). *Motivos completos de Le Gris:* PP 207v/504 (C); Fr-Br, 309–10; Ducoudray, 404. *Le Gris enviuda (en 1386):* Le Coq, 110.

Nicole citada: PP 206v/505 (C); 208v/514 (L). *Le Gris informado por Louvel:* PP 206v/505 (C); Canel, 645. *Marguerite se queda «prácticamente sola» (quasi solam):* PP 206v/505 (C). *Declaración de una sirvienta que se quedó:* Le Coq, 112.

Mi crónica de lo que sucedió en Capomesnil el 18 de enero de 1386 sigue de cerca la declaración ante la corte de Carrouges, basada en el testimonio jurado de su esposa: PP 206v–207v / 505–509. El discurso indirecto se representa en ocasiones como diálogo y se han añadido algunos detalles por mor de la continuidad (por ejemplo, las excusas de Louvel sobre el frío).

«Haro»: Wolfthal, 42–43. *«Contra su voluntad»:* Fr-Br, 310; Fr-Bu, 10:278; PP 207r/508 (C). *Llanto y ropas desaliñadas:* Wolfthal, 43. *Amenazas de Le Gris, votos de Marguerite y bolsa de monedas:* PP 207v/509; Fr-Br, 310. La breve conversación entre Le Gris y Louvel es adición mía.

Legislación y actitud medieval hacia la violación: 1–20, 122–44; Wolfthal, 1–6, 99–107, 127–29; Saunders, 48–75, 141–42, 173–77. Beaumanoir, n.º 824. *Caen, 1346:* Fr-Br, 76–77. *«El crimen de crímenes»:* Rougemont, 222. *Eduardo III:* Saunders, 173–75. *«Pesar»:* Pisan, 161. *Clérigos:* Gravdal, 124–27; Wolfthal, 54.

Pesar de Marguerite: Fr-Br, 311; Wolfthal, 45–46. *Honor femenino:* La Tour Landry, 3–4. *Prerrogativa del marido:* Bloch, *Law,* 55. *«Fijó firmemente en su memoria»:* Fr-Br, 311. *Regreso de Jean de París:* PP 208v/514 (L). *Depresión de Marguerite:* PP 207v/509 (C). *Escena en el dormitorio:* Fr-Br, 311. *Costumbres a la hora de dormir:* Bishop, 127. *Marguerite le cuenta a Jean todo lo sucedido:* PP 207v/509

(C). *Consejo familiar:* PP 207v/510 (C); Fr-Br, 311–12; RSD, 1:464. *Embarazo:* Le Coq, 111 *(puerperium);* La Noë, 6.

Capítulo 5: El desafío

Las noticias llegan al conde Pedro, investiga: PP 208v/515 (L). *Dilema de Pedro:* Vanuxem, «Le duel», 197–99. *Tribunal, ausencia de acusador y arresto de Louvel:* PP 209r/515–16 (L); Dewannieux, 36. *Caso desestimado:* PP 209r/516 (L). *«Debió de soñarlo»:* Fr-Br, 312.

Procedimiento de apelación: Ducoudray, 528–38, 664–68; Bloch, *Law,* 136–39; Shennan, 71. *El conde escribe al rey:* PP 209r/516 (L). *Furioso con Carrouges:* Fr-Br, 313. *Amigos de Jean en París:* La Noë, 6. *Le Gris favorecido, prejuicio contra Marguerite:* Le Prevost, *Tilleul,* 103.

Historia de los duelos judiciales, intentos de suprimirlos: Bongert, 228–51; Ducoudray, 375–406; Neilson; Lea, 101–247, 255–59; Monestier, 7–97; Bloch, *Law,* 18–28, 119–21; Bartlett, 103–26; Cohen, 55–61. *Tentar a Dios:* Lea, 207; Guenée, 333. *Decreto de 1306 de Felipe IV:* CG, 1–35; *Ordonnances,* 1:434–41.

París medieval: Favier; Couperie, 19–26; Sumption, 1:1–9; Horne, 42–64; Autrand, *Charles VI,* 233 (mapa). *Peleas de estudiantes:* Haskins, 25–26 (citando a Jacques de Vitry).

Abogados de Carrouges: AN X 2A10, fol. 243v («Jehan de Bethisy»); Le Coq, 99 (alguacil).

Château de Vincennes: Chapelot; De Pradel de Lamase. *Bureau de La Rivière:* Autrand, *Charles VI,* 156–58. Intento de asesinato (1385): JJU, 364; De Loray, 183–84. *Texto de la apelación* adaptado de *Abrégé du livre des assises de la Cour des Bourgeois,* citado en Cohen, 62. *El rey escribe al Parlamento:* PP 210v/522. *Papel del Parlamento en las apelaciones:* Shennan, 78.

Abogados de Le Gris: Le Coq, 110. *Detalles biográficos:* Boulet (ed.) en Le Coq, vi–xvii; Ducoudray, 223–25; Delachenal, 345–46. *Privilegio del clero:* Ducoudray, 593–600. *Consejo de su abogado, que Le Gris rechaza:* Le Coq, 110. *Gastos legales y retrasos:* Ducoudray, 959–71.

Alojamiento de Carrouges y Le Gris: AN X 2A10, fol. 239r. *Lugares:* Hillairet, *Rues,* s. v. «Saint-Antoine (rue)»; «Baudoyer (place)»; «Louvre (rue du)». *Palacio de Justicia:* Ducoudray, 11–21; Shennan, 98–109; Sumption, 2:196. *Acontecimientos de 1356–58:* Sumption, 2:254–55, 312–13. *Ujieres:* Ducoudray, 285–94; Shennan, 48–49. *Gran Cámara:* Shennan, 106–7. *Arnold de Corbie:* Delachenal, 170n.

Sesión del 9 de julio de 1386: AN X 1A1473, fol. 145v; Le Coq, 95n. *Discursos adaptados del* formulaire *de 1306:* CG, 7–9; *Ordonnances,* 1:435–36. Rapporteur: Shennan, 64–65. Arrêt *del 9 de julio de 1386 (listado de garantes):* AN X 2A10, fols. 232r-v; Fr-L, 12:368–69. *Waleran de Saint-Pol:* Fr-L, 23:77–78. *Conde de Eu (Felipe de Artois):* Dictionnaire de biographie française, 13:231–32.

CAPÍTULO 6: LA INVESTIGACIÓN

Testimonio de Marguerite: PP 210v/523. *Marguerite ante la corte:* PP 208v/513. *Testimonio de Jean, basado en el de Marguerite:* Le Prevost, *Tilleul,* 103 *(«sous sa dictée»). Escribas:* Ducoudray, 257–61; Shennan, 45–46.

Sumario del caso: AN X 2A11, fols. 206r–210v. He examinado este manuscrito en los Archivos Nacionales (París) y comprobado la precisión de la transcripción en Fr-Bu, 10:503–26. Existe una transcripción parcial (solo de la versión de Carrouges) en Le Prevost, *Tilleul,* 104–9.

Carrouges dice (PP 206v/505) que Nicole fue citada a Saint-Pierre por el vizconde de Falaise (Regnaut Bigaut). Le Gris, que ofrece información distinta, pero no incompatible, afirma (PP 208v/514) que apareció allí ante el alguacil de Caen (Guillaume de Mauvinet) a petición de un tal Robert Seurel. Le Gris menciona solo a Seurel; para Bigaut y Mauvinet, ver Dupont-Ferrier, 1:496 (art. 4541), 1:450 (art. 4232).

«Apenas dos leguas»: PP 208v/514. La legua (4,4–4,8 kilómetros): Chardon, 133. Desde Capomesnil a Saint-Pierre hay 8,8 kilómetros a vuelo de pájaro y, por lo tanto, un poco más por el camino que probablemente tomó Nicole hacia el oeste a lo largo del Vie y, luego, al suroeste, hacia Saint-Pierre (Mariette de La Pagerie). Una legua de 4,8 kilómetros da una distancia de 9,6 kilómetros de ida y otros tantos de vuelta, lo que parece más o menos correcto.

En Capomesnil (49° 5′ N, 0° 5′ E) el sol salió y se puso el 18 de enero a las 7:23 y 16:36 respectivamente (datos de las tablas de la Armada de Estados Unidos, ajustados teniendo en cuenta el cambio de diez días del calendario gregoriano y el día solar). El alba y ocaso civiles (luz utilizable) empiezan unos veinte minutos antes de la salida del sol y terminan unos treinta minutos después de su puesta.

«Hacia la comida de la mañana»: PP 208v/514. La principal comida del día se realizaba entre las nueve de la mañana y el mediodía, siendo las diez de la mañana la hora típica (Bishop, 134). Nicole, pues, podría haber regresado tan tarde como a mediodía, o incluso después, dada la calificación de Le Gris. *«Prima»:* originalmente las seis de la mañana (o el amanecer), pero hacia el siglo XIV, habitualmente, sobre las nueve de la mañana (Oxford English Dictionary, s. v.). *«Una costurera y otras dos mujeres»:* PP 208v/514. *Palizas con puñetazos:* PP 208v/515. *Actitud hacia el maltrato físico a la esposa:* Verdon, 38–39.

Hay unos treinta y siete kilómetros de Argentan a Capomesnil a vuelo de pájaro, pero considerablemente más por tierra. Si una legua eran aproximadamente 4,8 kilómetros, entonces nueve leguas eran poco más de cuarenta y tres kilómetros, una estimación razonable. Mariette de La Pagerie muestra una ruta probable que sale hacia el norte desde Argentan a Trun y luego pasa por Montpinçon, cerca de Livarot y, luego, sigue al oeste más allá de Saint-

Julien-le-Faucon hasta Capomesnil. En un típico día de viaje (alrededor de 1400) se recorrían entre treinta y cincuenta kilómetros, y jornadas de ochenta kilómetros solo eran posibles para hombres capaces de disponer de caballos frescos a lo largo del trayecto; ver Boyer 606.

Heridas como prueba de una violación: Saunders, 63 (que menciona un límite de cuarenta días en la Inglaterra medieval); Gravdal, 129–30 (que cita exámenes médicos en la Francia del siglo XIV). *«Diez o doce casas»:* PP 209v/519 (L). *Muerte de Nicole:* PP 209v/519.

Respuesta de Carrouges: PP 210r-v/521–22. *El riesgo de deshonor para una mujer que acusaba de violación:* La Marche, 51. *Hijo de Marguerite:* Le Coq, 111, sitúa su nacimiento entre el 9 de julio y el 29 de diciembre. *Violación y concepción:* Gottlieb, «Pregnancy», 157; Saunders, 73–75.

Recibos de gastos de Berengier: BN MS. fr. 26021, n.os 899, 900; Moricet, 207 (extractos). *Citación a Adam Louvel (20 de julio):* AN X 2A10, fol. 233r. Jour d'avis *(explicado):* Bloch, Law, 126–27. *Thomin du Bois desafía a Adam Louvel (22 de julio):* AN X 2A10, fol. 233r-v; Le Coq, 97n.

Más arrestos (20 de agosto): AN X 2A10, fol. 235r; Le Coq, 97n (extractos). *Adam Louvel y criada interrogados bajo tortura:* Le Coq, 112. *Tortura judicial y métodos:* Ducoudray, 506–19; Peters, 67–69. *Jeanne de Fontenay:* AN X 2A10, fol. 239v. *Arresto de Beloteau:* AN X 2A10, fol. 236r-v; Le Coq, 99.

Planes de invasión francesa: Fr-Br, 303–8; Fr-L, 11:456–57 (Influencia de Borgoña); Fr-J, 2:174–77, 195–200 (voto del rey, 196); Palmer, 67–87.

«Nadie conoce realmente la verdad»: Le Coq, 111–12. *Las sospechas de Le Coq:* Odolant-Desnos, 1:445n; Le Prevost, *Tilleul*, 104. *Actas del 15 de septiembre de 1386,* arrêt: AN X 2A10, fols. 238v–239r; Fr-L, 12:369–70. *Texto en latín del* arrêt: AN X 2A11, fols. 206r–210v; Fr-Bu, 10:503–23. *Firma de Arnold de Corbie:* fol. 210v. *Saqueo,* rapporteur: Shennan, 64–65. *Duelos no autorizados (1330–83):* Ducoudray, 396–406. *Duelo autorizado por violación en*

1354: Diderot y D'Alembert, s. v. «Duel». *Fecha original del duelo (27 de noviembre):* AN X 2A10, fol. 239v.

Razonamiento del Parlamento, controversia, enfermedad de Le Gris: Le Coq, 96–97, 110–111. *«El escudero enfermó»:* AN X 2A10, fol. 239v. *Marguerite quemada en la hoguera si se demuestra perjurio:* Fr-Br, 314; Fr-M, 13:107. *Quemar mujeres por perjurio:* Ibelín, 175, citado por Reinhard, 187; La Marche, 16, 51; Lea, 172–73.

CAPÍTULO 7: EL JUICIO DE DIOS

Saint-Martin-des-Champs: Biver y Biver, 27–29; Hillairet, *Rues,* s. v. «Bailly (rue)», «Montgolfier (rue)», «Saint-Martin (rue)». *San Martín:* Ferguson, 133. *Nuevas murallas de la ciudad (1356–83):* Couperie, 19; Autrand, *Charles VI,* 233. *Acueducto:* Lacordaire, 219–21. *Tribunal, prisión:* Hillairet, *Gibets,* 233–39. *Registros de la corte: Registre criminel,* 220–22, 227–28.

Localización del campo de batalla: Chronographia, 85; Le Coq, 110; Hillairet, *Gibets,* 236, y *Rues,* s. v. «Montgolfier (rue)», «Saint-Martin (rue)», n.º 292. *Tamaño del campo:* CG, 20–21 (cuarenta por ochenta pasos); Pizán, *Traité du droit d'armes,* citado en Fr-L, 20:508–9 (veinticuatro por noventa y seis pasos, corregido de «noventa y cuatro»). *Un paso (setenta y seis centímetros): Oxford English Dictionary,* s. v. *«pace»,* 3. «La liza [...] que fue construida [...]»: Pizán *(op.cit.);* Le Coq, 110; Desmadeleines, 41. *Vallas, elementos:* Jaille, 142–44; CG, 31. *«Grandes gradas...»:* Fr-Br, 313. *Arena:* Jaille, 142; Fr-J, 2:229.

Homero, *Ilíada* 3.310–80 (Lattimore, 108–10). *Duelos en islas:* Lea, 111–12. *Desafíos reales:* Huizinga, 107–8; Autrand, *Charles VI,* 146–47. *Duelo entre perro y hombre:* Bullet, 70–71; Monestier, 82; Cohen, 60–61.

Itinerario de Carlos VI: Petit, 28–32; Lehoux, 2:194. *Tormentas, presagios y cancelación de la invasión:* Fr-J, 2:201–3; RSD, 1:457–62; Palmer, 77–81.

Carlos deseoso de justas, consulta a tíos: Fr-J, 2:28, 205, 440. *Parlamento, 24 de noviembre:* AN X 2A10, fol. 243v (no 24 de septiembre, como se afirma en Fr-Bu, 10:289). *El rey en París:* Petit, 31–32.

Matrimonio real: Fr-Br, 252–59; RSD, 1:357–61; Autrand, *Charles VI,* 152–58. *Isabel (fechas):* Van Kerrebrouck, 115. «Toute nue»: Fr-L, 10:345. *Nacimiento y muerte del delfín:* RSD 1:456; Van Kerrebrouck, 115; Autrand, *Charles VI,* 171. *Duelo como punto culminante de las fiestas navideñas de la corte:* Lehoux, 2:196–97. *Parto de Marguerite:* Le Coq, 111.

CAPÍTULO 8: JURAMENTOS Y ÚLTIMAS PALABRAS

Plegarias, ayuno y misa: Le Coq, 111; Dewannieux, 32; Bloch, *Law,* 24; Monestier, 71, 74 (cita una *missa pro duello* especial).

Armadura, armas y arnés del caballo: Lobineau, 2:672–77 (Duelo de Bretaña, 19 de diciembre de 1386); CG, 10 (lanza, espada, daga, escudo); Fr-M, 13:107 *(lances, espées);* Bran- tôme, 51–52 *(«masses qu'on nomme* becs de corbin [probablemente hachas], *et une forte* courte espée [espada corta] *en façon de grand dague»);* Malherbe, 3:537–38 (ambos hombres *«à cheval . . . [avec] lances»).* Dewannieux, 41–42, citando a Brantôme, dice que cada uno llevaba un hacha.

Información adicional: Wise, 66–87 (lanza, espada, daga); Hewitt, 2:261–65 (hachas); Davis, 11–29, 55–58, 67 (caballos de guerra, lanzas); Monestier, 57–58 (espadas); ensayo de Ayton en Keen, *Medieval Warfare,* 186–208; Viollet-le-Duc, s. v. «armure», «bacinet», «chanfrein», «chausses», «cotte», «dague», «ecu», «épée», «gantelet», «hache», «harnois», «lance», etc.*Pan, vino y dinero:* CG, 19–20; Jaille, 155; Lobineau, 2:676. Hillairet, *Rues,* s. v. «Montgolfier (rue)», dice un noble que perdió un duelo y tuvo que pagar sesenta libras.

Notoriedad del duelo y gran multitud: Fr-Br, 309, 313; RSD, 1:464; Dewannieux, 31. La salida del sol en París (48° 48' N, 2° 30' E) el 29 de diciembre de 1386 (ajustada diez días para el calendario gregoriano) fue alrededor de las 7.45 y el amanecer civil (luz útil) empezó poco después de las 7.00. *Invierno de 1386–87:* Lebreton, 72.

Procesión real: Jaille, 149–50. *Reglas para los combatientes al llegar al campo de combate:* CG, 10–11, 15; Jaille, 153–54. Un *formulaire,* quizá redactado expresamente para el duelo Carrouges-Le Gris (Guenée, 335), especifica que ambos combatientes tienen que llegar hacia mediodía *(mydi)* pero que todas las ceremonias deben esperar a que llegue el rey; BN MS. fr. 2699, fol. 189r. *Garantes:* Fr-Br, 313. *Lista de garantes:* AN X 2A10, fols. 243v–244r; Fr-L, 12:371.

Ropajes y carruaje de Marguerite: Fr-Br, 313; Le Coq, 111; Brantôme, 51; La Marche, 16. *Robert de Thibouville (en 1386):* Le Prevost, *Tilleul,* 57; *Eure,* 3:478. *No se autoriza el duelo Du Bois-Louvel:* AN X 1A 1473, fol. 224r; Le Coq, 97n.

Ceremonias previas al duelo: CG, 12–29; Jaille, 153–65; Lobineau, 2:670–71 (duelo de Bretaña); Villiers, 31–41; Ibelín, 165–75; Du Breuil, 101–23; Summa, 167–74; Beaumanoir, n.os 1828–50; Fr-Br, 313–14; BN MS. fr. 2699, fols. 188v–193r; BN MS. fr. 21726, fol. 189v (tercer juramento). *Más información:* Cohen, 56–59; Monestier, 74–75; Bartlett, 121.

Se ordena a Marguerite bajar del carruaje: Le Coq, 111; Le Prevost, *Tilleul,* 111n. *Marguerite en el duelo:* Fr-L, 12:37 («[la] femme . . . là estoit»); cf. La Marche, 16. *Cadalso:* Brantôme, 51.

«No dejaban nada al azar»: Monestier, 70. *Le Gris nombrado caballero:* Le Coq, 111. *Nombramiento como caballero:* Bloch, *Feudal Society,* 2:312–16; Keen, *Chivalry,* 64–82. *Salud de los combatientes:* Le Coq, 111; Fr-L, 12:367 (corrigiendo a Le Coq); JJU, 371.

Altar: CG, 23; Jaille, 148. *Tercer juramento:* Cohen, 57–58. *Palabras de Marguerite:* Fr-Br, 313–14; Fr-Bu, 10:383–84; Le Coq, 111 *(dicendo [...] in die duelli). Oraciones de*

Marguerite, muerte en la hoguera (Betisac): Fr-Br, 314, 369.

Capítulo 9: Combate mortal

Retirada del altar, órdenes, mando y escoutes: CG, 30–31; Villiers, 39; Jaille, 164–65; Monestier, 75. *Posibles desenlaces:* CG, 32–33; Jaille, 165–66. *Sin cuartel ni cortesía:* Beaumanoir, n.º 1843; Monestier, 71; Lea, 178; Bartlett, 111. *El duelo de 1127:* Gualberto de Brujas, 212–13 (muy citado).

Justa con lanzas: Fr-Bu, 10:284; Fr-L, 12:38; Fr-M, 13:107. RSD, 1:464, dice que los dos hombres desmontaron tras entrar en el campo y combatieron a pie con espadas. Le Coq, 111, dice que Le Gris atacó a su enemigo montado a pie. JJU, 371, describe solo un combate con espada. *Chronographia,* 84–85, no da detalles del combate. Malherbe, 3:537–38, cita un mural (que seguía existiendo en 1621) que mostraba a ambos hombres a caballo armados con lanzas. Los detalles de la justa están adaptados del torneo de Saint-Inglevert (1390), al que también asistió Carlos VI, Fr-J, 2:434–46. Cf. «lanzas afiladas» utilizadas sin causar daños, Fr-J, 2:229–30.

Velocidades: un caballo de carreras moderno puede alcanzar unos sesenta y cinco kilómetros por hora en cuatrocientos metros, que es unas doce veces la distancia de un extremo de la liza en Saint-Martin hasta el centro. El caballo de guerra medieval, más lento y pesado, cargaba con hasta 135 kilos de peso, pero aun así es plausible una velocidad máxima de veinticuatro kilómetros por hora, o casi 6,7 metros por segundo. Si contamos una media de dieciséis kilómetros por hora durante la carga, Carrouges y Le Gris se habrían encontrado en el centro de la liza en unos siete segundos.

Combate con hacha: Los duelos con hacha a caballo y a pie eran comunes en los torneos *(e. g.,* Fr-J, 2:230), y los *formulaires* de combates judiciales mencionan hachas *(e. g.,*

Jaille, 165). Brantôme, 52, menciona *becs de corbin,* lo que sugiere un tipo de hacha, y las hachas aparecen en la única imagen que ha sobrevivido del duelo, British Library MS. Royal 14 E. iv, fol. 267v. Dewannieux, 41–42, dice que Carrouges y Le Gris combatieron a caballo con hachas, un pasaje que cito, lo que llevó a la muerte de los caballos, que yo he incluido. *Tácticas de combate con hacha:* Hewitt, 2:261–65.

Detalles del combate con espada: Fr-Bu, 10:284–85; Fr-L, 12:38; Fr-M, 13:107; RSD, 1:464–66; JJU, 371. Tanto Froissart como RSD dicen que Carrouges fue herido en el muslo. *«Golpeándose y atacándose con la punta y el filo de la espada»:* Fr-Br, 314 (típico combate con espada). Froissart dice que Carrouges derribó a Le Gris; RSD, que Carrouges agarró a Le Gris por el casco, estiró hacia atrás y lo tiró al suelo; JJU, que Le Gris cayó y Carrouges le saltó encima. *Armadura pesada de Le Gris y dificultades de Carrouges para penetrarla*: RSD, 1:466.

La Crónica de JJU de que Carrouges se subió encima de Le Gris hace que un golpe de gracia con la daga sea muy probable. *Yelmo y visor:* Viollet-le-Duc, s.v. «bacinet». *Exigencia de confesión y negativa:* Fr-M, 13:107; JJU, 371; RSD, 1:466–67.

Grito del caballero y respuesta de la multitud: Fr-Bu, 10:285; Desmadeleines, 42. *Cuidado de las heridas del vencedor:* Jaille, 169. *Carrouges y el rey, recompensas, reunión con su esposa y Notre-Dame:* Fr-Br, 314. *Se ordenan cuidados médicos (adaptado de la historia de Clisson):* Fr-J, 2:525. *Victoria del caballero «como un milagro»:* Le Coq, 111; Fr-L, 12:367 (corrigiendo a Le Coq). *Costumbre en la partida del vencedor:* CG, 33–34; Jaille, 168–69.

Derecho del vencedor a la armadura del perdedor: Jaille, 169. *Armadura donada:* Desmadeleines, 35. *Cuerpo de Le Gris:* Fr-Br, 314; Jaille, 188–89. *Montfaucon:* Hillairet, *Gibets,* 31–39. *«Multitud de esqueletos»:* White, 51. *Fortuna castiga a Le Gris:* Fr-Br, 309; Fr-M, 13:107.

CAPÍTULO 10: CONVENTO Y CRUZADA

Premio de seis mil libras: PP 211v–212r/523–26; Le Coq, 112–13. *Tierras de Le Gris vendidas:* Caix, 370. *Au-nou-le-Faucon:* Odolant-Desnos, 1:439n; Van Kerrebrouck, 417. *Robert de Carrouges y hermanos:* Le Prevost, *Eure,* 3:479.

Jean IV como chevalier d'honneur: BN P.O. 605, Carrouges, n.º 11 (23 de noviembre de 1390). *Viaje de Carrouges en 1391 a Oriente:* Fr-L, 12:39, 14:386. *Craon y Clisson, campaña de Bretaña, locura del rey:* Fr-J, 2:521–35; RSD, 2:2–23 (cuatro hombres muertos); Autrand, *Charles VI,* 289–95. *Carrouges en Bretaña:* Fr-L, 20:509. *Bal des Ardents:* Fr-J, 2:550–52; Autrand, *Charles VI,* 290–303.

Conversaciones de paz, Roberto el Ermitaño, Ricardo e Isabel: Fr-J, 2:584–88, 599–600. *Nicópolis:* Fr-J, 2:622–27; Nicolle, 33–71; Atiya. Los tres compañeros de Carrouges que conocemos (Fr-Br, 314–15) murieron todos en Nicópolis junto con su viejo comandante, Jean de Vienne, lo que hace muy probable que también él muriera allí, como suponen Le Prevost, *Tilleul,* 112n; Dewannieux, 43.

Crónicas de la confesión de otro hombre: RSD, 1:466; JJU, 371. *Supuesto suicidio de Marguerite:* Minois, 20. Su muerte (¿1419?), herencia de Robert: La Noë, 7. *Tierras de Marguerite:* AD Eure, E.2703, Señorío de Carsix (copia de testamento, 11 de enero de 1451); Le Prevost, *Tilleul,* 63–65, y *Eure,* 3:481. *Contrato con la abadía de Saint-Martin (15 de marzo de 1396, n. e.):* Contades y Macé, 83–92. *Protestas de los descendientes de Le Gris:* White, 42–56.

Duelo Carrouges-Le Gris como el último autorizado por el Parlamento y combates posteriores: Morel, 613; Gaudemet, 131; Cohen, 59–60; Bartlett, 120–22; Neilson, 17, 204–5, 304–7, 328–31; Ducoudray, 405 (una apuesta de batalla de 1388 no autorizada por el rey). *El duelo de 1455 en Valenciennes:* La Marche, 17–19; Monestier, 79. El duelo de 1547 entre Jarnac y La Châtaigneraie, que tuvo lugar en París ante el rey Enrique II, no fue un auténtico duelo judicial (aunque fue precedido por juramentos), sino un duelo de honor que surgió de un supuesto insulto en la corte real: Monestier, 105–6. *El desafío de 1818 (Inglaterra):* Fr-Bu, 10:290n; Neilson, 328–31.

APÉNDICE: DESPUÉS DE LA QUERELLA

Alegría: Fr-M, 13:107. *Sentimientos contradictorios:* Le Coq, 110. *Supuesta confesión de un convicto:* RSD, 1:466. *Confesión de un enfermo:* JJU, 371. Uno de los primeros comentaristas, La Marche, 14–17, cree que Le Gris era culpable y que el duelo era la única manera de «demostrarlo». *Narraciones posteriores:* Diderot y D'Alembert, s. v. «duelo»; Voltaire, 119–20 (cap. 20); Du Bois, 1:257–61; Le Prevost, *Tilleul*, 102–4. *Descendiente de Le Gris lo defiende:* White, 42–56. *Comentarios modernos: Encyclopaedia Britannica,* 8:639a; Dewannieux (Caen 1973); Famiglietti, 137–41.

FUENTES

Esta lista se limita a las fuentes citadas en las notas y no incluye multitud de historias generales y obras de referencia especializadas que he consultado en mi investigación. Las fuentes de los manuscritos se enumeran por ciudad, archivo, signatura y folio, siempre que es necesario. Las fuentes primarias se listan por autor, título, ciudad y año de publicación. A menudo se omiten subtítulos.

Manuscritos

Caen: Archivos Departamentales de Calvados (AD Calvados)
   Serie F. 6279: cédula, Mesnil Mauger, 1394
Évreux: Archivos Departamentales del Eure (AD Eure)
   Serie E. 2703: testamento Carrouges-Thibouville, 1451
París: Archivos Nacionales (AN)
   Serie X—Parlamento de París
       1 A 1473, fols. 145v, 224r-v, sesiones de 9 de julio y 15 de septiembre (microfilm)
       2 A 10, fols. 232r–244r, Registro penal, 9 de julio de 1386 – 1 de diciembre de 1386 (microfilm)

2 A 11, fols. 53r-v, 54v, 206r–210v, 211v–212r, *arrêts* y testimonio, 13 de septiembre de 1386 – 9 de febrero de 1387

París: Biblioteca Nacional (BN)

Dossier bleu 155, Carrouges: notas sobre la historia familiar

Manuscritos franceses:

2258: copia del decreto de 1306 y *formulaire* del duelo
(microfilm)

2699, fols. 188v–193r: *formulaire* del duelo

21726, fols. 188r–190v: *formulaire* del duelo

23592: Alençon y Thibouville, rehenes en el tratado de
1360

26021, n.ᵒˢ 899, 900: recibos de Guillaume Berengier,
julio de 1386 n. a. 7617, fols. 265r–269r: cédula real re-
lativa a Aunou-le-Faucon

Manuscritos latinos:

4645: *Questiones Johannis Galli* (Jean Le Coq libro de
casos, copia de París)

Piezas originales (P. O.):

605, Carrouges, n.ᵒˢ 1–20: registros militares, etcétera.

2825, Thibouville, n.ᵒˢ 1–16: documentos familiares

Manuscritos

Beaumanoir, Philippe de. *Coutumes de Beauvaisis.* Editado por
Amédée Salmon. 2 vols. París, 1899–1900; reimpr. 1970.

The Book of Pluscarden. Editado por Felix J. H. Skene. 2 vols.
Edimburgo, 1877, 1880.

Brantôme, Pierre de Bourdeilles, abad y señor de. *Discours sur
les duels.* Editado por J. A. C. Buchon. París, 1838; reimpr.
Arlés, 1997.

Cartulaire de Marmoutier pour le Perche. Editado por el abad
Barret. Mortagne, 1894.

*Cérémonies des gages de bataille selon les constitutions du Bon Roi
Philippe de France.* Editado por G. A. Crapulet. París, 1830.

Chaucer, Geoffrey. *The Canterbury Tales.* Editado por Larry D.
Benson. Boston, 1987. [Edición en castellano: *Los cuentos*

de Canterbury. Edición de Pedro Guardia Massó. Cátedra: Madrid, 2018].

Chronographia regum francorum. Editado por H. Moranville. Vol. 3 (1380–1405). París, 1897.

Du Breuil, Guillaume. *Stilus curie parlamenti*. Editado por Félix Aubert. París, 1909.

Froissart, Jean. *Chroniques*. Editado por J. A. C. Buchon. 15 vols. (= *Collection des chroniques nationales françaises,* vols. 11–25). París, 1824–26. [Edición de fragmentos seleccionados en castellano: *Crónicas*. Traducción de J. E. Domenec y Victoria Cirlot. Siruela: Madrid, 1988].

————. *Chroniques*. Editado por Kervyn de Lettenhove. 25 vols. Bruselas, 1867–76.

————. *Chroniques*. Editado por Léon y Albert Mirot, *et al.,* 15 vols. (hasta la fecha). París, 1869–.

————. *Chronicles*. Traducido por Thomas Johnes. 2 vols. Londres, 1839.

————. *Chronicles* (selecciones). Traducido por Geoffrey Brereton. Londres, 1968.

Gualberto de Brujas. *The Murder of Charles the Good, Count of Flanders*. Editado y traducido por James Bruce Ross. Nueva York, 1960.

Homero. *Iliad*. Traducida por Richmond Lattimore. Chicago, 1951; reimpr. 1961. [Edición en castellano: *Ilíada*. Traducción de Emilio Crespo Güemes. Gredos: Madrid, 2010].

Ibelín, Juan de. *Assises de la haute cour*. Editado por Auguste-Arthur Beugnot. En *Assises de Jérusalem*, 1:7–432. París, 1841.

Jaille, Hardouin de la. *Formulaire des gaiges de bataille*. En Prost, 135–91.

Juvénal des Ursins, Jean. *Histoire de Charles VI*. Editado por J. A. C. Buchon. *Choix de chroniques et mémoires sur l'histoire de France*, 333–569. París, 1838.

La Marche, Olivier de. *Livre de l'advis de gaige de bataille*. En Prost, 1–28, 41–54.

La Tour Landry, Geoffroy de. *Le livre du chevalier*. Editado por Anatole de Montaiglon. París, 1854.

Le Coq, Jean. *Questiones Johannis Galli*. Editado por Margueri-te Boulet. París, 1944.

Le Fèvre, Jean. *Journal*. Editado por H. Moranville. Vol. 1. París, 1887.

Lobineau, Gui Alexis. *Histoire de Bretagne*. 2 vols. París, 1707; reimpr. 1973.

Ordonnances des roys de France de la troisième race. Editado por Eusèbe Jacob de Laurière. Vol. 1. París, 1723.

Pizán, Cristina de. *The Book of the City of Ladies*. Traducido por Earl Jeffrey Richards. Nueva York, 1982. [Edición en castellano, *La ciudad de las damas*. Traducción de Marie-José Lemarchand. Siruela: Madrid, 2013].

Prost, Bernard, ed. *Traités du duel judiciaire, relations de pas d'armes et tournois*. París, 1872.

Registre criminel de la justice de Saint-Martin-des-Champs à Paris au XIVe siècle. Editado por Louis Tanon. París, 1877.

Religieux de Saint-Denis. Chronique du religieux de Saint-Denys (1380–1422). Editado por L. Bellaguet. 6 vols. París, 1839–52.

The Romance of the Rose. De Guillaume de Lorris y Jean de Meun. Traducido por Charles Dahlberg. Princeton, 1971; reimpr. 1986. [Edición en castellano, *Román de la Rose*. Traducción de Carlos Alvar y Julián Muela. Cátedra: Madrid, 1998].

Summa de legibus normannie in curia laicali. Editado por Ernest-Joseph Tardif. Coutumiers de Normandie, vol. 2. París, 1896.

Villiers, Jean de. *Le livre du seigneur de l'Isle Adam pour gaige de bataille*. En Prost, 28–41.

The Westminster Chronicle, 1381–1394. Editada y traducida por L. C. Hector y Barbara F. Harvey. Oxford, 1982.

FUENTES SECUNDARIAS

Anglo, Sidney. *The Martial Arts of Renaissance Europe*. New Haven, 2000.

Ariès, Philippe y Georges Duby, eds. *A History of Private Life*. Vol. 2, *Revelations of the Medieval World*. Traducido por Arthur Goldhammer. Cambridge, Mass., 1988. [Edición en castellano: *Historia de la vida privada (T. 2): La Alta Edad Media*. Traducción de Francisco Pérez Gutiérrez. Taurus: Madrid, 2017].

Asse, Camille. *En pays d'Auge: St-Julien-le-Faucon et ses environs*. 2.ª ed. Saint-Pierre-sur-Dives, 1981.

Atiya, Aziz Suryal. *The Crusade of Nicopolis*. Londres, 1934.

Autrand, Françoise. *Charles V: le sage*. París, 1994.

―――. *Charles VI: la folie du roi*. París, 1986.

Barbay, Louis. *Histoire d'Argentan*. 1922; reimpr. París, 1993.

Bartlett, Robert. *Trial by Fire and Water: The Medieval Judicial Ordeal*. Oxford, 1986.

Bishop, Morris. *The Middle Ages*. Nueva York, 1968; reimpr. 1987.

Biver, Paul y Marie-Louise Biver. *Abbayes, monastères et couvents de Paris*. París, 1970.

Bloch, Marc. *Feudal Society*. 2 vols. Traducido por L. A. Manyon. Chicago, 1961. [Edición en castellano: *La sociedad feudal*. Traducción de Eduardo Ripoll Perrelló. Akal: Madrid, 2011].

Bloch, R. Howard. *Medieval French Literature and Law*. Berkeley, 1977.

Bongert, Yvonne. *Recherches sur les cours laïques du X e au XIII e siècle*. París, 1949.

Boyer, Marjorie Nice. «A Day's Journey in Mediaeval France». *Speculum* 26 (1951): 597–608.

Braudel, Fernand. *The Identity of France*. Vol. 2, *People and Production*. Traducido por Siân Reynolds. Nueva York, 1990.

Bullet, Jean-Baptiste. *Dissertations sur la mythologie françoise*. París, 1771.

Caix, Alfred de. «Notice sur la chambrerie de l'abbaye de Troarn». *Mémoires de la société des antiquaires de Normandie* (ser. 3) 2 (1856): 311–87.

Canel, A. «Le Combat judiciaire en Normandie.» *Mémoires de la société des antiquaires de Normandie* (ser. 3) 2 (1856): 575–655.

Cantor, Norman F. *The Civilization of the Middle Ages*. Nueva York, 1994.

Cassini de Thury, César-François. *Carte de France*. París, alrededor de 1759.

Chapelot, Jean. *Le château de Vincennes*. París, 2003.

Chardon, Roland. «The Linear League in North America.» *Annals of the Association of American Geographers* 70 (1980): 129–53.

Charpillon, M. *Dictionnaire historique de toutes les communes du département de l'Eure*. 2 vols. Les Andelys, 1868–79.

Cohen, Esther. *The Crossroads of Justice*. Leiden, 1993.

Contades, Gérard y Abbé Macé. *Canton de Carrouges: essai de bibliographie cantonale*. París, 1891.

Contamine, Philippe. *La guerre de cent ans*. París, 1968.

Couperie, Pierre. *Paris au fils du temps*. París, 1968.

Davis, R.H.C. *The Medieval Warhorse*. Londres, 1989.

Delachenal, Roland. *Histoire des avocats au parlement de Paris, 1300–1600*. París, 1885.

De Loray, Terrier. *Jean de Vienne, Amiral de France, 1341–1396*. París, 1877.

De Pradel de Lamase, Martial. *Le château de Vincennes*. París, 1932.

Deschamps, Paul. «Donjon de Chambois.» *Congrès archéologique de France, bulletin monumental* 111 (1953): 293–308.

Desmadeleines, A. Desgenettes. «Duel de Jean de Carrouges et de Jacques Legris.» *Bulletin de la société bibliophile historique* 3 (1837–38), n.º 2: 32–42.

Dewannieux, André. *Le duel judiciaire entre Jean de Carrouges et Jacques Le Gris: le 29 décembre 1386*. Melun, 1976.

Dictionnaire de biographie française. Editado por J. Balteau *et al.* 20 vols. París, 1933–2003.

Dictionnaire de la noblesse. Editado por François-Alexandre Aubert de La Chesnaye Des Bois y Jacques Badier. 3.ª ed. 19 vols. París, 1863–76.

Diderot, Denis y Jean Le Rond d'Alembert, eds. *Encyclopédie*. 28 vols. París, 1751–72.

Diguères, Victor des. *Sévigni, ou une paroisse rurale en Normandie*. París, 1863.

Du Bois, Louis-François. *Archives annuelles de la Normandie.* 2 vols. Caen, 1824–26.

Duby, Georges. *Medieval Marriage.* Traducción de Elborg Forster. Baltimore, Md., 1978.

———. *The Three Orders.* Traducción de Arthur Goldhammer. Chicago, 1980. [Edición en castellano: *Tres órdenes o lo imaginario del feudalismmo.* Traducción de Arturo Firpo. Taurus: Barcelona, 1992].

Ducoudray, Gustave. *Les origines du Parlement de Paris et la justice aux XIIIe et XIVe siècles.* 2 vols. París, 1902; reimpr. 1970.

Dupont-Ferrier, Gustave. *Gallia regia.* 7 vols. París, 1942–66.

The Encyclopaedia Britannica. 11.ª ed. 29 vols. Nueva York, 1910–11.

Fagan, Brian. *The Little Ice Age.* Nueva York, 2000.

Famiglietti, R. C. *Tales of the Marriage Bed from Medieval France.* Providence, R.I., 1992.

Favier, Jean. *Paris: Deux mille ans d'histoire.* París, 1997.

Ferguson, George. *Signs and Symbols in Christian Art.* Nueva York, 1954; reimpr. 1975.

France, John. *Western Warfare in the Age of the Crusades.* Ithaca, Nueva York, 1999.

Gaudemet, Jean. «Les ordalies au moyen âge: doctrine, legislation et pratique canoniques.» En *La preuve.* Vol. 2, *Moyen âge et temps modernes,* 99–135. Bruselas, 1965.

Gottlieb, Beatrice. «Birth and Infancy»; «Pregnancy.» *Encyclopedia of the Renaissance,* 1:232–35, 5:155–57. Nueva York, 1999.

Gravdal, Kathryn. *Ravishing Maidens.* Filadelfia, 1991.

Guenée, Bernard. «Comment le Religieux de Saint-Denis a-t-il écrit l'histoire?». *Pratiques de la culture écrite en France au XVe siècle,* 331–43. Editado por Monique Ornato y Nicole Pons. Louvain-la-Neuve, 1995.

Haskins, Charles H. *The Rise of Universities.* Nueva York, 1923.

Hewitt, John. *Ancient Armour and Weapons in Europe.* 3 vols. 1860; reimpr. Graz, 1967.

Hillairet, Jacques. *Dictionnaire historique des rues de Paris.* 9.ª ed. 2 vols. París, 1985.

————. *Gibets, piloris et cachots du vieux Paris.* París, 1956.

Hippeau, Célestin. *Dictionnaire topographique du département du Calvados.* París, 1883.

Horne, Alistair. *The Seven Ages of Paris.* Nueva York, 2002.

Huizinga, Johan. *The Autumn of the Middle Ages.* Traducido por Rodney J. Payton y Ulrich Mammitzsch. Chicago, 1996. [Edición en castellano: *El otoño de la Edad Media.* Traducción de Alejandro Rodríguez de la Peña. Alianza Editorial: Madrid, 2001].

Keats-Rohan, K. S. B. *Domesday Descendants.* Vol. 2, *Pipe Rolls to Cartae Baronum.* Londres, 2002.

Keen, Maurice. *Chivalry.* New Haven, Conn., 1984.

————, ed. *Medieval Warfare: A History.* Oxford, 1999.

————. *The Penguin History of Medieval Europe.* Londres, 1991.

Lacordaire, Simon. *Les inconnus de la Seine.* París, 1985.

Lagrange, Louis-Jean y Jean Taralon. «Le Château de Carrouges.» *Congrès archéologique de France, bulletin monumental* 111 (1953): 317–49.

La Noë, René de [= Louis Duval]. *Robert de Carrouges.* Alençon, 1896.

La Roque de La Lontière, Gilles-André de. *Histoire généalogique de la maison de Harcourt.* 4 vols. París, 1662.

Lea, Charles Henry. *The Duel and the Oath.* (Orig. en *Superstition and Force,* 1866.) Editado por Edward Peters. Filadelfia, 1974.

Lebreton, Charles. «L'Avranchin pendant la guerre de cent ans, 1346 à 1450». *Mémoires de la société des antiquaires de Normandie* (ser. 3) 10 (1880): 12–172.

Le Fort, V. «L'Affaire de Carrouges». *La revue illustrée du Calvados* 7.7 (julio de 1913), 98–99.

Lehoux, Françoise. *Jean de France, duc de Berri.* 4 vols. París, 1966–68.

Leonard, John K. «Rites of Marriage in the Western Middle Ages». En *Medieval Liturgy,* editado por Lizette Larson-Miller, 165–202. Nueva York, 1997.

Le Prevost, Auguste. *Histoire de Saint-Martin du Tilleul.* París, 1848.

————. *Mémoires et notes pour servir à l'histoire du département de l'Eure*. Editado por Léopold Delisle y Louis Passy. 3 vols. Évreux, 1862–69.

Long, Brian. *Castles of Northumberland*. Newcastle upon Tyne, 1967.

Loth, Yan. *Tracés d'itinéraires en Gaule romaine*. Dammarie-les-Lys, 1986.

Mabire, Jean y Jean-Robert Ragache. *Histoire de la Normandie*. París, 1976.

Malherbe, François de. *Oeuvres*. Editado por M. L. LaLanne. 5 vols. París, 1862–69.

Maneuvrier, Jack. «L'affaire de Carrouges au Mesnil-Mauger». *Histoire et traditions populaires* 56 (diciembre 1996): 29–35.

Mariette de La Pagerie, G. *Carte topographique de la Normandie*. París, c. 1720.

Mauboussin, Christophe. *La première révolte de Godefroy d'Harcourt*. Tesis de máster. Caen, 1993.

Mériel, Amédée. *Bellême: notes historiques*. 1887; reimpr. París, 1992.

Minois, Georges. *Histoire du suicide*. París, 1995.

Monestier, Martin. *Duels: les combats singuliers des origines à nos jours*. París, 1991.

Morel, Henri. «La fin du duel judiciaire en France et la naissance du point d'honneur.» *Revue historique de droit français et étranger* (ser. 4) 42 (1964): 574–639.

Moricet, Marthe. «Duel de Le Gris et de Carrouges.» *Cahier des annales de Normandie* 2 (1963): 203–207.

Neilson, George. *Trial by Combat*. Glasgow, 1890; reimpr. 2000.

Nicolle, David. *Nicopolis 1396*. Oxford, 1999.

Nortier, Michel. *Documents normands du règne de Charles V*. París, 2000.

Odolant-Desnos, Pierre Joseph. *Mémoires historiques sur la ville d'Alençon*. 2 vols. Alençon, 1787; reimpr. 1976.

The Oxford English Dictionary. Editado por J. A. Simpson y E. S. C. Weiner. 2.ª ed. 20 vols. Oxford, 1989.

Palmer, J. J. N. *England, France and Christendom*, 1377–99. Londres, 1972.

Pernoud, Régine. *Blanche of Castile.* Traducido por Henry Noel. Nueva York, 1975.

Peters, Edward. *Torture.* 2.ª ed. Filadelfia, 1996.

Petit, Ernest. *Séjours de Charles VI: 1380–1400.* París, 1894.

Prieur, Lucien. «Château d'Argentan.» *Congrès archéologique de France, bulletin monumental* 111 (1953): 84–90.

Reinhard, J. R. «Burning at the Stake in Mediaeval Law and Literature». *Speculum* 16 (1941): 186–209.

Rougemont, Denis de. *Love in the Western World.* Traducido por Montgomery Belgion. Ed. rev. Nueva York, 1956.

Rousseau, Xavier. *Le château de Carrouges.* 4.ª ed. La Ferté-Macé, 1955.

Saunders, Corinne. *Rape and Ravishment in the Literature of Medieval England.* Cambridge, Inglaterra, 2001.

Seward, Desmond. *The Hundred Years' War.* Londres, 1978.

Shennan, J. H. *The Parlement of Paris.* Ed. rev. Stroud, 1998.

Stevenson, Kenneth. *Nuptial Blessing.* Nueva York, 1983.

Summerson, Henry. *Medieval Carlisle.* 2 vols. Kendal, 1993.

Sumption, Jonathan. *The Hundred Years' War.* 2 vols. Filadelfia, 1990, 1999.

Talbert, Richard J. A., *et al.,* eds. *Barrington Atlas of the Greek and Roman World.* Princeton, N. J., 2000.

Terrier, Claude Catherine y Olivier Renaudeau. *Le château de Carrouges.* París, 2000.

Tournouër, H. «Excursion archéologique dans le Houlme.» *Bulletin de la société historique et archéologique de l'Orne* 22 (1903): 349–95.

Van Kerrebrouck, Patrick, *et al. Les Valois.* Villeneuve d'Ascq, 1990.

Vanuxem, P.-F. «Le duel Le Gris–Carrouges». *Le pays d'Argentan* 6 (1934): 197–205, 236–43.

———. *Veillerys: légendes de Basse-Normandie.* Argentan, 1933; reimpr. 1967.

Verdon, Jean. *La femme au Moyen Age.* París, 1999.

Vérel, Charles. «Nonant-le-Pin». *Bulletin de la société historique et archéologique de l'Orne* 22 (1903): 157–205.

Viollet-le-Duc, Eugène-Emmanuel. *Dictionnaire raisonné du mobilier français*. 6 vols. París, 1854–75; reimpr. 1926.

Voltaire. *Histoire du Parlement de Paris*. Ámsterdam, 1769.

Warner, Philip. *Sieges of the Middle Ages*. Londres, 1968.

White, F. Le Grix. *Forgotten Seigneurs of the Alençonnais*. Penrith, *ca.* 1880.

Wise, *Terence*. Medieval Warfare. Nueva York, 1976.

Wolfthal, Diane. *Images of Rape*. Cambridge, Inglaterra, 1999.

Yule, Henry, ed. y trad. *Cathay and the Way Thither*. 2.ª ed. Londres, 1914.

Ziegler, Philip. *The Black Death*. Nueva York, 1969; reimpr. 1971.

ÍNDICE ONOMÁSTICO
Y DE MATERIAS

Ático de los Libros le agradece la atención
dedicada a *El último duelo* de Eric Jager.
Esperamos que haya disfrutado de la lectura
y le invitamos a visitarnos
en www.aticodeloslibros.com,
donde encontrará más información
sobre nuestras publicaciones.

Si lo desea, puede también seguirnos
a través de Facebook, Twitter o Instagram y
suscribirse a nuestro boletín utilizando su teléfono
móvil para leer los siguientes códigos QR: